KB080953

케라스로
완성하는
인공 신경망
기본기

7가지
실전 예제와
노하우

케라스로
완성하는
인공 신경망
기본기

이준 지음

에이콘

 에이콘출판의 기틀을 마련하신 故 정완재 선생님 (1935-2004)

이준(leejun1672@snu.ac.kr)

서울과학고등학교를 졸업한 뒤 서울대학교 전기·정보공학
부에서 학사와 석박사 통합 과정을 마쳤다. 새로운 것을 배우
는 즐기고 취미를 만드는 것이 취미다. 학부 동기들과 함께한
스타트업에서의 프로그래밍 경험 덕에 인공 신경망과 쉽게
친해질 수 있었다. 학위 중에는 인공 신경망을 활용한 전동기
의 온도 추정과 인버터 고장 진단을 연구했다. 지금은 삼성전자에서 반도체 설비와
친해져 가는 중이다.

차례

02   실습: 케라스를 활용한 인공 신경망 구현   97

인공지능^{AI, Artificial Intelligence}과 인공 신경망^{ANN, Artificial Neural Network}은 날로 발전하며 그 적용 분야를 넓히고 있다. 수학적인 이론의 발전도 한몫하고 있지만 연산 장치의 발전이 인공 신경망의 수준에 미친 영향이 특히 엄청나다. 어느새 자동차의 완전 자율주행이 법적으로 허용될 것인가를 진지하게 논하는 시대가 왔다는 점을 생각하면 발전된 인공지능이 우리 곁에 멀리 떨어져 있지도 않음을 새삼 느낀다.

특히 인터넷상에는 인공지능과 인공 신경망을 친절하게 설명하는 글이 많다. 문제는 너무 많다는 것이다. 인공 신경망을 직접 구현하고자 컴퓨터 앞에 처음 앉은 사람은 어디서부터 시작할지 막막함을 느낄 수도 있다. 자신의 분야에 신경망을 어떻게 적용할지, 데이터 취득, 입력과 출력 변수의 설정과 가공, 신경망의 구조, 학습 기법 등 인공 신경망 설계자가 결정할 부분이 너무나 많다. 관련 조언을 해주는 글이 많지만 여러 군데에 산재돼 있어 인공 신경망을 처음 접하는 설계자가 모두 파악하기까지는 어려움이 있다.

이 책은 케라스^{Keras}라는 파이썬 오픈 소스 신경망 라이브러리를 활용해 인공 신경망을 구현하는 방법을 예제를 통해 설명한다. 피드포워드 신경망^{FNN}, 합성곱 신경망^{CNN}, 신경망^{RNN, LSTM}의 구조와 연산 방법을 살펴본 뒤 이들을 활용해 7가지 실전 예제를 해결해본다. 기초적인 실전 예제로 부동산 가격 추측, 뉴스 분류 등의 문제를 다루고, 다양한 분야에서 인공 신경망을 활용하기 원하는 독자들을 위해 비선형 시스템의 묘사(상태 페루프 추정), 고장 진단 등의 문제도 살펴본다. 이 책은 예제를 해결해 가며 인공 신경망의 구성 방법뿐만 아니라 인공 신경망의 성능 검토 방법과 성능 향상 방법을 설명한다.

이 책은 인공 신경망을 처음으로 직접 구현하거나 자신의 문제에 어떻게 적용할지 막막해 하는 독자들, 공학도를 대상으로 쓰였다. 이에 다양한 주제의 예제를 다루려고 노력했고, 공학 예제를 다수 다뤘다. 다양한 주제를 다뤘지만 난이도는 높지 않으며, 사용되는 인공 신경망은 단순한 형태를 가진다. 하지만 예제를 해결하면서 인공 신경망을 구성하는 방법과 성능을 향상시키는 방법을 알아갈 수 있으며, 이는 독자들이 세상에서 각광받고 있는 인공 신경망을 이해하는 데, 나아가 직접 다양한 신경망을 연구하는 데 도움을 줄 것이라 기대한다.

이 책은 조금이라도 프로그래밍을 경험해본 독자를 대상으로 쓰였다. 코드의 각 줄을 자세히 설명하진 않지만 어떤 언어든지 기본적인 문법을 이해한 경험이 있다면 코드의 원리는 충분히 이해할 수 있다. 특히 파이썬 사용 경험이 있고 튜플, 리스트의 처리에 익숙하다면 코드를 원활히 작성할 수도 있을 것이다. 인공 신경망의 구조를 결정하고 데이터를 준비하고, 학습 알고리즘을 선택하는 등의 작업이 인공 신경망의 성능에 영향을 주는데, 이러한 부분의 코드는 사실 간단한 편이며 높은 수준의 프로그래밍 실력을 요구하지 않으니 프로그래밍 경험이 조금이라도 있다면 케라스 활용에 과감히 도전해보자.

이 책을 접한 독자들이 자신이 직면한 문제에 적합한 인공 신경망을 구성하고 그 성능에 확신을 갖게 되길 바란다.

이 책의 다루는 내용

- 인공지능과 인공 신경망 기초 이론
- 인공 신경망을 사용하기 전 살펴봐야 할 기존 지도학습 기법
- 실무자가 알아야 할 인공 신경망 활용을 위한 실질적인 과정
- 파이썬 개발 환경 구성 방법과 트러블슈팅
- 케라스를 포함한 인공 신경망 학습 관련 파이썬 라이브러리 소개
- 인공 신경망 관련 노하우를 배울 수 있는 7가지 실전 프로젝트
- 파이썬 코드 제공(데이터 가공, 다양한 신경망의 생성/학습/저장)

대상 독자

- 적은 노력으로 훌륭한 성능의 인공 신경망을 만들고 싶은 누구나
- 인공 신경망의 개념은 알지만 직접 만들기 막막한 분
- 인공 신경망을 생성/학습시킬 줄 알지만 성능에 자신이 없는 분
- 인공지능도 공부해봤다고 말하고 싶은 개발자

예제 코드 다운로드

이 책에 사용된 소스 코드는 에이콘출판사의 깃허브 저장소(https://github.com/AcornPublishing/keras-ann)에서 다운로드할 수 있다.

정오표

정오표는 에이콘출판사의 도서정보 페이지 http://www.acornpub.co.kr/book/keras-ann에서 확인할 수 있다.

질문

이 책과 관련해 질문이 있다면 이 책의 지은이나 에이콘출판사 편집 팀(editor@acornpub.co.kr)으로 문의해주길 바란다.

01
이론: 인공지능과 인공 신경망

01

인공지능의 분류

이 책의 목표는 **케라스**^{Keras}라는 파이썬 오픈소스 신경망 라이브러리를 활용해 **인공 신경망**^{Artificial Neural Network}을 구성하고 학습시켜 다양한 문제를 해결하는 방법을 익히는 것이다. 이를 위해서는 인공 신경망이 어디에 사용될 수 있으며 언제 강력한 힘을 발휘하는지 알아야 한다. 그리고 그 단점과 한계도 생각해봐야 할 것이다. 이에 서론에서는 인공지능부터 시작해 관련 용어의 정의와 이의 구현을 위해 사용되고 있는 기법을 살펴본다.

인공지능이란 기계 혹은 시스템에 의해 만들어진 지능으로, 인간이 지닌 지적 능력을 인공적으로 구현한 모든 것을 뜻한다. 인간의 학습 능력, 추론 능력, 자연어 이해 능력 등을 컴퓨터 프로그램으로 실현한 기술이다. **머신러닝**^{ML, Machine Learning, 기계학습}이란 기계가 코드로 명시하지 않은 동작을 데이터로부터 학습하는 것이다. 즉, 인간의 학습을 컴퓨터에서 실현하는 기술이다. 기능적으로 이야기하자면 머신러닝은 훈련된 기계가 통계에 기반해 새로운 데이터를 예측하거나 분류하는 것이다. **딥러닝**^{DL, Deep Learning}은 머신러닝의 일부로, 인공 신경망을 사용하는 경우를 말하며 특히 충분한 복잡도를 가져 어려운 문제를 해결하게 되는 과정을 의미한다. 그림 1.1은 인공지능, 머신러닝, 딥러닝의 관계를 표현한다.

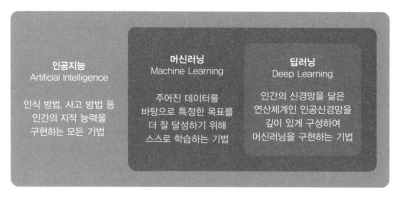

그림 1.1 인공지능, 머신러닝, 딥러닝의 정의와 관계

인공지능의 구현은 사람의 인지 체계를 이해하는 것에서 시작된다. 먼저 그림 1.2를 보고 무슨 동물인지 맞춰보자.

그림 1.2 고양이 두 마리의 사진

위의 사진을 보고 어떻게 고양이라고 맞췄는가? 뾰족한 귀, 무늬, 눈코입의 위치, 4개의 다리. 위와 같은 특징을 인지하면서 그동안 우리가 알게 모르게 학습한 정보를 바탕으로 고양이라 판단했을 것이다. 사진을 보면 이러한 특징이 한 마리에게서는 모두 나타나지만 다른 한 마리에게서는 모두 나타나지는 않는다. 하지만 우리는

그림의 오른쪽 반절 또한 하나의 분리된 고양이라고 쉽게 인식해낸다. 사람의 인지 능력과 과정을 천천히 되살펴보면 실로 놀랍다.

그런데 만약 홍채의 모양 또는 발톱 모양만을 사람에게 보여줬다면 과연 사람은 그것들이 고양이의 것임을 맞출 수 있을까? 물론 몇 사람은 맞출 수도 있지만 그 정답률은 상당히 낮을 것이다. 즉, 어떤 물체를 구분하는 데에는 적절한 정보가 주어져야 한다. 이러한 정보를 머신러닝에서는 **특징**Feature이라 부른다. 대상의 적절한 특징을 찾아 데이터화하는 것은 인지 모델 구현의 필수적인 준비 과정이다.

그렇다면 기계(추정 모델)는 어떻게 이렇게 취득한 정보를 통해 학습하고 결과를 도출할까? 머신러닝의 학습(활용) 방법은 크게 지도학습, 비지도학습, 강화학습으로 분류된다. 이어지는 각 절에서는 학습의 종류에 따른 동작과 그 구현 방법을 설명한다.

표 1.1 머신러닝의 세 가지 분류와 특징

지도학습 Supervised Learning	레이블이 붙은 데이터 결과 미래 등에 대한 추정 추정에 대한 피드백(명확한 오차)
비지도학습 Unsupervised Learning	레이블이 없는 데이터 추정에 대한 피드백 없음 데이터에 담긴 의미 찾기
강화학습 Reinforcement Learning	결정을 위한 학습 보상의 최대화 시스템의 최적 제어

이 책의 2부에서는 7가지 실전 예제를 인공 신경망으로 해결하는데, 이 예제들은 모두 지도학습 문제다. 사실 인공 신경망이 지도학습에만 사용되는 것은 아니고 비지도학습과 강화학습에서도 많은 활용이 이뤄지고 있다. 하지만 지도학습에서의 충분한 경험을 통해 어떤 형태의 인공 신경망을 어떻게 훈련시키는 것이 좋은지에 대한 감을 익히는 것이 더 넓은 영역에 인공 신경망을 이용하는 데에 큰 도움이 된다고 생각해 지도학습 예제 7가지를 준비했다. 비지도학습, 강화학습에서의 활용도 결국에는 적합한 입력과 출력을 결정한 뒤 오차를 정의해 학습이 수행된다는 이유도 있다.

여러 지도학습 문제를 접해본 후에 비지도학습과 강화학습의 기법을 마주하게 된다면 각 기법의 원리와 난이도를 쉽게 파악할 수 있을 것이다.

1.1 지도학습

지도학습Supervised Learning은 데이터에 대한 레이블Label, 명시적인 정답을 설계자가 직접 주며 기계를 학습시키는 방법이다. 지도학습에서는 {데이터Data, 레이블Label} 형태로 각 샘플이 구성된다. 그림 1.3의 28 × 28 크기의 손글씨 숫자 이미지인 MNISTModified National Institute of Standards and Technology database 데이터셋은 가장 유명한 분류 문제용 데이터셋이다. 이를 이용해 학습을 진행할 때, 기계에는 각 그림에 해당하는 숫자를 정답으로 알려주고 그 정답을 학습/추측하도록 한다. 이와 같이 지도학습을 수행할 때에는 데이터를 먼저 보고 올바르게 레이블링Labeling해야 한다.

그림 1.3 MNIST 손글씨 숫자 데이터셋의 일부

지도학습에는 **훈련 데이터셋**과 **평가 데이터셋**이 사용된다. 이때 두 데이터셋은 모두 결괏값을 가지고 있거나 레이블링돼 있다. 훈련 데이터셋은 말 그대로 기계를 훈련시키는 데 사용된다. 반복적으로 훈련 데이터셋을 보면서 기계는 점차 훈련 데이터에 대한 정확도를 확보하게 된다. 학습을 마치고 나면 기계는 더 이상 기능(내부 구조)을 수정하지 않으며, 평가 데이터셋으로 그 성능이 평가된다. 훈련 데이터셋과 평가 데이터셋에서 유사한 수치로 높은 성능을 보인다면 일반적(객관적)으로 좋은 성능을 보이는 기계가 학습됐다고 판단된다. 나아가 분리된 데이터셋에서의 추정 성능으로 기계가 적절한 복잡도를 가졌는지, 훈련이 충분히 이루어졌는지, 일반성을 확보했는지 등을 알 수 있다. 또, 이를 기반으로 기계의 구조, 데이터셋 구성, 훈련 기법 등을 조정할 수 있다. 훈련 데이터셋과 평가 데이터셋에 대한 추정 결과(학습 곡선)를 기반으로 한 개선 방향 판단에 대해서는 4.2절에서 설명한다.

지도학습은 회귀 문제와 분류 문제 해결에 주로 활용한다. 데이터셋의 레이블 값이 이산^{Discrete} 값인 문제를 분류^{Classification} 문제라고 부른다. 이는 앞선 예의 '이 이미지에 해당하는 숫자는 1인가 2인가?'와 같은 문제다. 레이블 값이 연속^{Continuous}적이라면 회귀^{Regression} 문제라고 한다. 예로는 '3개월 뒤 이 아파트 가격은 얼마일 것인가?' 등이 있다. 인공지능이 다루는 문제의 종류를 더 세분화하면 표 1.2와 같다.

표 1.2 분류와 회귀 기법의 종류

구분	기법	설명
분류	이진 분류	– 두 가지 중 하나로 분류하는 기법 예) 주어진 그림이 고양이가 "맞다" 혹은 "아니다"
	다중 분류	– 여러 종류 중 하나로 분류하는 기법 예) 주어진 그림을 "고양이"로 분류
회귀	독립 변수 기반 분석	– 독립 변수의 설정에 따른 묘사 성능 분석 – 단순/다중 회귀분석

지도학습을 구현하는 데에는 여러 기법이 있다. 인공지능을 구현하는 **기계가 반드시 인공 신경망인 것은 아니다.** 인공 신경망이 대중적으로 사용되기 전에도 수집한 데이터의 일반화, 해석, 추정 등을 위한 기법은 과거에 다양하게 존재했고 발전해왔다. 즉, 우리가 이 책에서 다룰 인공 신경망은 수많은 묘사 기법 중 하나일 뿐이다. 다른 기법들로는 수학적인 원리에 기반해 분류 및 회귀 문제를 해소하는 기법에는 선형 회귀^{Inear Regression}, 로지스틱 회귀^{Logistic Regression}, 서포트 벡터 머신^{SVM, Support Vector Machine} 등이 있다. 통계적인 기법에 기반하는 기법으로는 K-최근접 이웃^{KNN, K-Nearest Neighbors}, 결정 트리^{Decision Tree}, 랜덤 포레스트 알고리즘 등이 있다.

이렇게 다양한 알고리즘이 있기에 인공 신경망의 장점과 단점을 살펴보고 나아가야 한다. 인기가 있다는 이유만으로 인공 신경망으로 입출력 사이의 관계를 묘사하려는 것은 잘못된 시도다. 과거 발전돼 온 수많은 훌륭한 묘사 모델들을 자신의 상황에 적용해보는 것은 중요하다. 자신의 상황을 가장 잘 묘사하는 모델을 찾을 수 있을 뿐더러 그 과정에서 자신의 상황에 대해 더 깊게 이해할 수도 있기 때문이다. 사실 인공 신경망에 대한 지식을 어느 정도 이미 접한 독자들은 인공 신경망의 대표적인 단점을 알고 있을 것이다. 바로 "내 신경망이 왜 좋은 (혹은 나쁜) 성능의 결과를 내는지 모른다"는 것이다. 이러한 사실 때문에 어떤 활용 분야(안정성이 보장돼야 하는 곳 등)에 있어서는 인공 신경망의 활용이 부정적으로 여겨지는 경우가 있다.

얕은 깊이의 신경망은 어떻게든 값의 흐름을 눈으로 쫓아가며 그 연산 과정을 이해할 수 있고 필요 시 신경망을 고칠 수도 있을 것이다. 하지만 이러한 과정은 딥러닝을 사용하는 근본적인 이유에 위배된다. 사람이 데이터 사이의 관계를 이해하기 어렵고 특징을 추출하는 데에 한계가 있기에, 이를 묘사할 능력을 갖는 인공 신경망은 그 이용 가치가 있다. 그리고 이러한 능력 덕에 앞에 단점이라고 언급된 특징은 강점이 된다. 다시 말하자면 인공 신경망을 적용하기에 적합한 상황과 문제가 있다는 것이다. 앞서 언급된 다른 회귀 기법이나 분류 기법으로 주어진 문제를 해결할 수 있다면 그것을 활용하고, 인공 신경망의 적용을 늦추는 것도 진지하게 고려해보면 좋을 것이다. 필자는 독자가 다른 모델에서 한계를 발견(입증)한 뒤, 이를 해결하거나 개선하기 위해 이 글을 읽고 있으리라 믿는다. 어떻게 데이터를 확보하고 신경망을 구성하며 최적의 성능을 이끌어낼지는 4.2절의 내용과 케라스 실전 예제를 통해 생각해보자.

더 나아가기에 앞서 분류 문제와 회귀 문제의 구체적인 예를 더 살펴보자. 스팸 필터는 (이진) 분류 문제의 좋은 예다. 이메일 서비스를 사용하다보면 스팸 메일함에 자동으로 몇 메일이 분류돼 있는 것을 보게 된다. 스팸 필터는 많은 메일 샘플과 그 것들이 스팸인지 아닌지에 대한 분류 결과로 훈련되고, 나중에 마주칠 새 메일을 학습 결과로부터 판단한다. 이 기능의 구현을 위해서는 단어들을 기계가 인식하는 기법의 구현이 필요하고 각 단어 및 그 조합이 만들어내는 의미를 잡아낼 구조가 필요하다. 또, 새롭게 나타나는 단어들에 대응하는 방법에 대해서도 고민해야 한다.

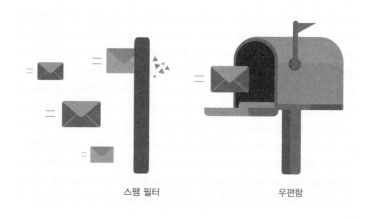

스팸 필터   우편함

그림 1.4 정상 메일과 스팸 메일을 구분해 분류(삭제)하는 필터

회귀 문제의 예로는 여러 조건에 기반해 중고차 가격을 산정하는 문제를 생각해보자. 중고차의 가격과 관련된 연속적인 입력으로는 주행 거리와 주행 기간 등이 있고, 이산적인 입력으로는 제조사, 사고 횟수 등이 있다. 보통 회귀 문제의 출력은 연속적인 값이지만 입력에는 이산적인 값이 주어질 수도 있음을 주목하자. 중고차 거래 사례들에서 위 정보들을 잘 수집해뒀다면 새로운 중고 차량의 적절한 가격을 정할 수 있다. 다음 그림 1.5는 한 개의 연속된 입력과 연속된 출력 사이의 관계를 선형 회귀 모델을 사용해 묘사한 예다.

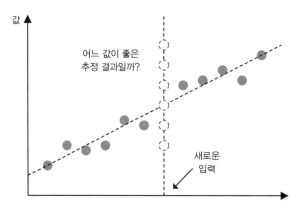

그림 1.5 회귀 문제의 예 – 진한 점들에 근거해 새로운 입력에 대한 값을 추정

1.2 비지도학습

비지도학습Unsupervised Learning은 데이터에 대한 레이블(정답)이 주어지지 않은 상태에서 기계를 학습시키고 유의미한 결과를 얻는 과정이다. 비지도학습의 대표적인 구현 목표로는 **군집화**Clustering, **연관 규칙**Association Rule **학습**, **변환**Transformation이 있다.

군집화의 예로 그림 1.6과 같이 데이터가 무작위로 분포돼 있을 때, 이 데이터를 비슷한 특성을 가진 부류로 묶는 문제가 있다. 더 구체적인 예로는 영화 장르 분류 혹은 뉴스 기사의 카테고리 분류가 있다. 군집화는 수많은 데이터가 섞여 있는 상황에서 그들을 (미리) 구분해내, 그 자체로 의미를 얻거나 더 유의미한 결과를 조금 더 손쉽게 얻어내는 데 도움이 되는 기법이다.

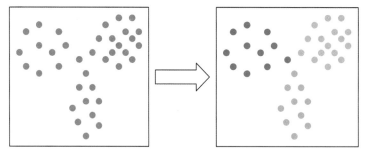

그림 1.6 비지도학습의 예: 군집화

군집화가 앞에서 봤던 분류 문제와 개념이 비슷해 의아하게 생각하는 독자도 있을 것이다. 대형 마트의 경우를 예로 들어보자. 대형 마트에는 수만 가지의 물품이 있는데 이들을 적당한 그룹으로 묶어 배치해둬야 고객들은 편하게 자신이 원하는 물건을 찾을 수 있다. 먼저 이미 이런 작업이 돼 있는 상황을 생각해보자. 새로운 물품이 주어진 경우 그 특징들을 사용해 그 물품이 이미 있는 그룹 중 어디에 속할지를 판별하는 분류기를 생성할 수 있다. 이는 분류 문제의 해결이다. 그렇다면 군집화는 무엇일까? 바로 물품들의 특징들을 살펴봐 그룹을 어떻게 생성하는 것이 가장 효과적일지 알아내는 과정이다. 군집화가 그다지 중요해 보이지 않을지도 모르지만, 대형 마트의 물품 구성이 시시각각으로 변한다는 점에서 군집화는 빛을 발한다. 때로는 이미 존재하고 있던 물품 그룹을 없애고 새로운 물품 그룹을 형성한 뒤 물품들을 재배치하는 것이 더 합리적이다. 기존 그룹의 구성에 자신도 모르게 익숙해져 가는 직원들에게 자동으로 새 그룹 구성을 추천하는 시스템은 신선한 도움이 된다.

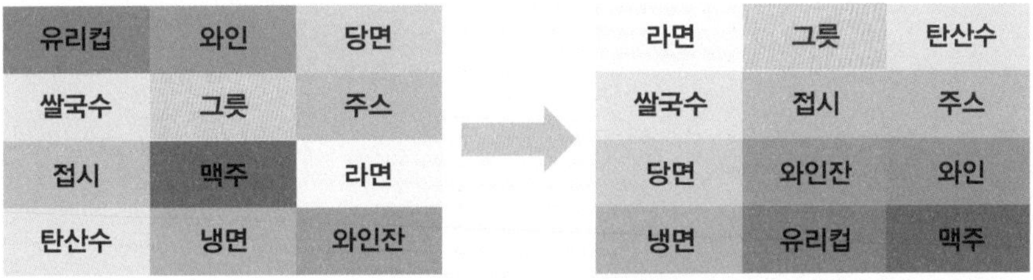

유리컵	와인	당면
쌀국수	그릇	주스
접시	맥주	라면
탄산수	냉면	와인잔

라면	그릇	탄산수
쌀국수	접시	주스
당면	와인잔	와인
냉면	유리컵	맥주

그림 1.7 대형 마트 물품들의 군집화(Clustering)

연관 규칙 학습은 데이터 사이에 숨어 있는 규칙을 발견하는 것이다. 연관 규칙 학습을 대형 마트의 운영으로 다시 쉽게 이해해보자. 사실 대형 마트에서는 물건의 특징만으로 그룹으로 묶어 진열하지 않는다. 이 방법이 합리적으로 보일 수는 있지만 고객들에게 있어서는 불편하기 때문이다. 고객은 보통 한 그룹의 물건들만을 구매하러 대형 마트에 가지 않기 때문에 완전히 그룹으로 물건들을 모아 진열하는 방식은 고객의 동선을 길어지게 만든다. 그렇다면 더욱 합리적인 (그리고 매출이 상승되는) 진열 방식은 무엇일까? 바로 고객들의 구매 내역을 파악하고 종종 함께 구매한 이력에 맞춰 관련성이 있는 물품을 나란히 진열하는 것이다. 예를 들면 와인잔은 다른 그릇류의 옆에만 진열하기보다는 와인 코너 옆에도 함께 진열하곤 한다. 어떤 고객은 처음부터 와인잔을 함께 살 생각으로 마트에 왔을 수도 있고, 어떤 고객은 충동적으로 구매했을 수도 있지만 중요한 점은 두 고객 모두 편의성을 느끼고 기쁜 마음으로 와인잔을 구매했을 것이라는 점이다. 이와 같이 연관 규칙을 학습하는 것은 데이터에 숨어 있는 유의미한 정보를 추출하는 과정이다.

마지막 비지도 학습의 예는 변환이다. 변환은 앞서 살펴본 군집화나 연관 규칙 학습과 달리 그룹을 묶는 동작을 수행하지 않는다. 대신 데이터에 숨어 있는 의미들이 잘 드러나도록 연산을 수행해 새 데이터로 바꾼다. 대표적인 변환 방법으로는 **주성분 분석**PCA, Principal Component Analysis이 있다. 주성분 분석은 회전 변환과 확대/축소 변환을 적용해 데이터들이 서로 가장 잘 분리되는 순으로 축을 새로 정의한다. 새로 정의되는 축의 개수는 이전 데이터의 차원과 개수가 같을 수도 있고 더 적을 수도 있다. 보통 데이터의 차원이 낮을수록 그 의미를 파악하기에 용이하기 때문에 주성분 분석의 목적은 가장 중요한 정보만 밀도 있게 남기고 이외의 차원을 없애는 데에 있다. 이 책에서 주성분을 수학적으로 파악하고 변환하는 기법을 소개하는 것은 범위를 넘어간다고 생각돼 다음의 예를 준비했다. 예에는 9개의 데이터가 있는데 두 개의 독립 변수(x_1, x_2)와 한 개의 종속 변수(y)의 쌍들이다.

표 1.3 종속 변수 간 연산을 통한 차원 축소의 예(주성분 분석의 원리 설명 예)

x_1	x_2	y	$z = 2x_1 - x_2$
1	1	11	1
1	2	10	0
1	3	9	−1
2	1	13	3
2	2	12	2
2	3	11	1

3	1	15	5
3	2	14	4
3	3	13	3

앞의 표에서 y를 설명하는 데에는 분명 x_1과 x_2가 모두 필요해 보인다. 주성분 분석의 목적은 x_1과 x_2를 사용한 연산으로 새로운 변수를 만들어 그 하나의 변수만으로 y를 설명하는 것이다. 본 예에서는 새로운 변수 $z = 2x_1 - x_2$를 만들었다. 종속 변수 y와 새로운 변수 z 사이에는 10의 차만 있기 때문에 훨씬 그 관계를 이해하기가 쉬워졌다. 실전에서는 본 예처럼 차원의 축소 이후 종속 변수를 완벽하게 (오차 없이) 설명하는 경우들이 나타나지는 않을 테지만 이러한 과정은 데이터를 이해하는 데 도움을 주고 생성할 모델을 단순화하는 데에도 도움이 된다.

주성분 분석과 같이 데이터 간의 연산을 통해 숨어 있는 의미를 추출하는 대표적인 다른 기법으로는 인공 신경망을 이용한 **오토인코더**^{Auto Encoder}가 있다. 오토인코더는 데이터의 값을 가지고 직접적으로(수학적으로) 효과적인 압축 방법을 얻어내기보다는 적절한 구조와 손실함수를 선택해 변환된 결과가 효율적으로 원래의 데이터의 의미를 담도록 학습시킨다. 오토인코더는 그림의 생성, 고화질화^{Super-resolution}, 노이즈 신호 제거 그리고 데이터 전처리 등 다양한 상황에서 활용된다.

1.3 강화학습

강화학습^{RL, Reinforcement Learning}은 앞서 살펴본 지도학습과 비지도학습과 함께 비교하기에는 조금 다른 종류의 학습 알고리즘이다. 앞서 살펴본 알고리즘이 데이터가 주어진 **정적 환경**^{Static Environment}에서 학습을 진행했다면, 강화 학습은 그림 1.8과 같이 에이전트^{Agent}가 주어진 **상태**^{State}에서 어떠한 **행동**^{Action}을 취하고 그로부터 **보상**^{Reward}을 얻어가며 학습을 진행한다. 이때 에이전트는 보상을 최대화하는 것을 목표로 한다. 즉, 강화학습은 **동적 환경**^{Dynamic Environment}에서 데이터를 수집하며 학습하는 알고리즘이다. 주어진 상태에서 보상의 최대화를 위해 어떤 행동을 취할지 해결하는 문제는 마르코프 의사 결정 과정MDP, Markov Decision Process 문제라고도 부른다. 보통 마르코프 의사 결정 과정 문제를 풀 때는 과거의 행동 이력이 이후의 행동에는 영향을 미치지는 않는다고 가정하고 각 순간 미래의 보상합이 최대가 되게 하는 행동을 택하는 것을 목표로 한다. 많은 강화학습 관련 자료에서는 마르코프 의사 결정 과정에 대해 수식적으로 표현하고 이를 기반으로 여러 강화학습 방법을 비교하거나 그 갱신 방법을 논하는데, 이 책에서는 수식은 배제하고 예제를 통해 개념만 짚어본다.

강화학습은 에이전트가 앞으로 받게 될 보상에 대해 예상을 하며 행동을 정하도록 훈련시키는 과정이다. 이 결정 과정에는 지도학습 기법이 주로 많이 활용된다. 지도학습을 강화학습 중 활용하는 방법은 무궁무진하다. 에이전트가 받게 될 보상을 예상하는 데에 활용할 수도 있고, 어떤 동작을 할지 결정하는 데에 활용할 수도 있다. 혹은 어떤 행동을 취했을 때에 상태가 어떻게 변화할지 예상하는 데에 활용할 수도 있다. 즉, 어느 기능을 위해 어떤 형태로 지도학습을 활용할지는 에이전트를 구현하는 설계자에게 달린 일이며 환경, 행동, 상태, 보상에 대한 이해를 기반으로 적절한 방법을 선택해야 한다.

그림 1.8 환경에서 상태와 보상 정보를 받아 행동을 결정하는 에이전트

강화학습은 크게 시스템의 모델이 먼저 주어지는 **모델 기반**Model-based **강화학습**과 모델이 주어지지 않는 **모델 자유**Model-free **강화학습**으로 나뉜다. 모델 기반 강화 목표는 시스템 동작 원리를 알고 있는 상황에서 운전 중 시스템의 경시 변화를 감지해 계속 시스템의 운용 상태를 최적으로 유지하는 데에 있다. 그림 1.8과 같은 게임의 경우

방향키를 누른 시간에 따른 에이전트의 속도가 어떻게 변할지, 점프 키를 눌렀을 때 시간에 따라 에이전트의 높이가 어떻게 변할지 모두 파악하고 있다면 이에 기반해 행동을 결정하는 알고리즘을 구현할 수 있다.

모델 자유 강화학습은 시스템에 대한 정보를 충분히 갖지 못한 에이전트가 다양한 (허용된) 행동을 시도하면서 최고의 보상을 얻기 위해 노력하는 과정이다. 처음에는 높은 확률로 랜덤하게 동작하며 보상을 관찰하는 단계를 갖고, 보상을 최대화하는 동작이 무엇인지 예상이 될 즈음부터 랜덤성을 낮춰 최종적으로는 늘 최적화된 행동을 선택하게 되는 것이 목표다. 물론 시스템이 계속 변화한다면 계속해 일정 확률로 랜덤한 행동을 취함으로써 더 높은 보상을 얻을 여지가 없는지 검토하도록 두기도 한다. 고정된 규칙에 따라 행동을 택하는 것은 on-policy라고 하고, 탐색을 위해 규칙에 어긋나는 행동을 택하는 것을 off-policy라고 한다.

강화학습의 다른 분류 방법으로는 에이전트의 사고 방식에 따른 방법이 있다. 에이전트는 다음으로 행할 행동을 정하는 방법에는 대표적인 두 가지가 있다. 한 가지는 주어진 상태로부터 곧바로 행동을 정하는 '정책^{Policy}' 기반 방법이고, 다른 한 가지는 각 상태의 보상을 비교하거나 각 행동이 가져올 보상을 비교하고 보상이 최대가 되게 하는 행동을 선택하는 '가치^{Value}' 기반 방법이다. 가치의 개념은 정책 기반 방법에서도 사용되기 때문에 종종 용어를 다시 두 가지로 분류해 사용하기도 한다. 정책 기반 방법에서 정해진 정책을 따라 행동했을 때에 각 상태가 얻게 될 보상이 정해지게 되기에, 각 상태는 가치를 갖게 되고 이를 '상태-가치$^{State-Value}$'라고 부른다. 이와 달리 '행동-가치$^{Action-Value}$'는 특정 상태에서 취할 각 행동이 가져올 보상을 의미하는데, 각 행동을 한 뒤에는 정해진 정책을 따라 에이전트가 계속 행동해 나간다는 가정이 따른다. 각 행동을 하더라도 그 뒤에 어떤 정책이 사용되는가에 따라 해당 행동의 행동-가치는 변하기 때문이다. 때문에 사실 가치 기반 방법은 정책 기반 방법의 일종이다. 앞서 설명한 정의인 '미래에 가져올 보상이 최대가 되게 하는 행동을 선택한다'가 정책인 셈이다. 분류 방법에 대한 설명이 복잡했지만 결론적으로 두 방법 모두 미래에 얻게 될 보상들을 에이전트가 배우는 것을 목적으로 한다. 두 방법 중 어느 것이 더 우월한 방법이 있는 것은 아니고 문제에 따라 적합한 방법이 선택돼 사용된다. 다음 미로 찾기 예제를 통해 위 두 방법을 비교해보자.

강화학습을 설명하거나 이해하는 데 있어서 가장 많이 활용되는 환경은 단연 그리드월드^{Grid-World}다. 그리드월드는 말 그대로 격자로 이뤄진(2D) 환경인데, 그 안에서 상하좌우로 움직이는 에이전트가 목표 지점에 도달하는 문제를 주로 다룬다. 그리드월드는 단순한 형태이지만 그 설정에 따라 문제가 쉽게 바뀌고 난이도도 조절하기 쉽기 때문에 자주 사용된다. 예를 들어 에이전트와 목표 지점을 랜덤하게 두는 것, 중간에 벽을 세워서 지나가지 못하게 하는 것, 도달하면 곧바로 실패로 판정되는 위험 칸을 두는 것, 미끄러짐 등이 그리드월드 문제에서 자주 사용되는 문제의 변형 방법이다. 그림 1.9를 통해 정책 기반 방법과 가치 기반 방법의 차이와 구현에 대해 생각해보자.

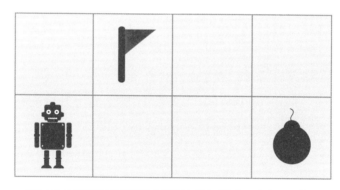

그림 1.9 그리드월드의 예(로봇은 폭탄이 아닌 깃발에 도달하고 싶다)

이 문제에서는 로봇이 폭탄을 거치는 일 없이 깃발에 도달하는 것이 목표다. 정책 기반 강화학습은 깃발과 폭탄이 없는 6개의 칸에서 어느 방향으로 움직일지를 정해두는 방법이고, 가치 기반 방법은 6개의 특정 칸에서 각 방향으로 한 칸 움직이는 행동들의 가치를 판단하고 그 중 가장 높은 것을 선택해 움직이는 방법이다.

두 방법 모두 문제가 처음 주어졌을 때에는 완전히 랜덤하게 에이전트가 움직이도록 구현을 하고, 에이전트가 탐험을 하는 도중 보상이 발생하거나 게임이 끝나게 되면 이전의 결정들에 이 결과를 반영해 정책 혹은 행동-가치를 갱신한다. 당연하게 들릴 수도 있지만 구현을 위해서는 에이전트가 취한 모든 행동들을 상태와 함께 기록해둬야 한다.

각 강화학습 방법을 더 비교하기에 앞서 보상에 대해 생각해보자. 본 문제에서는 깃발에 도달하는 것으로 1점을, 폭탄에 도달하는 것으로 −1점을 주는 것, 그 외의 동작에는 0점을 부여하는 것이 자연스러워 보인다. 그런데 이 정의만 주어졌을 때 에이전트는 어느 행동을 할지 결정할 수 없다. 가령 그림 1.9의 상황에서는 어느 방향으로 움직여도 보상이 없기 때문이다. 따라서 강화학습에서는 미래의 보상을 모아 반영하는 가치함수를 사용한다.

그렇다면 이제 에이전트가 미래의 보상을 어떻게 현재의 판단에 반영할지 생각해보자. 먼저 생각해볼 보상 취합 방법은 미래의 보상을 모두 더하는 방법이다. 마지막 행동을 통해 깃발에 도달한 에이전트는 1점을, 폭탄에 도달한 에이전트는 −1점을 얻게 됐을 것이다. 미래의 보상을 모두 더하는 방법을 택할 경우 이 보상은 에이전트가 이동한 경로에 그대로 전달된다. 에이전트는 자신의 (기록해둔) 행동을 하나씩 되돌아보며 자신이 따라 행동한 정책을 갱신하거나 취한 행동의 가치 함수를 갱신한다. 그런데 이 방법에는 문제가 있다. 에이전트는 깃발에 도달만 하면 된다고 인식하게 되고 최단 경로로 깃발에 도달할 행동을 취하지 않을 수도 있기 때문이다. 그림 1.10부터 그림 1.12는 미래의 보상을 모두 그대로 더해 가치를 판단하는 정책 기반 방법과 행동 기반 방법의 학습 결과 예를 보인다.

정책 기반 행동 결정

그림 1.10 정책 기반 행동 결정 방법의 학습 결과 예(감가율 미반영)

상태-가치 기반 행동 결정

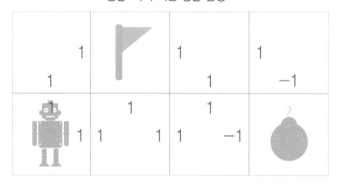

그림 1.11 상태-가치 기반 행동 결정 방법의 학습 결과 예(감가율 미반영)

행동-가치 기반 행동 결정

그림 1.12 행동-가치 기반 행동 결정 방법의 학습 결과 예(감가율 미반영)

학습 결과는 분명 에이전트가 깃발에 도달하도록 학습이 됐지만 정책 기반 방법에서는 돌아가는 경로가 학습이 됐고, 상태-가치 기반 방법이나 행동-가치 기반 방법에서는 각 상태에서 어느 방향으로 가는 것이 좋을지 모르게 학습이 됐다(보통 가치가 같거나 비슷할 때에는 에이전트가 랜덤한 행동을 선택하도록 구현된다). 부정적으로 말하자면 단순히 폭탄으로만 향하지 않는 에이전트가 됐다. 때문에 많은 강화학습에서는 보상에 감가율 개념을 도입한다. 현재로부터 한 샘플씩 먼 순간에 얻을 보상일수록 감가율을 지수 형태로 적용해 고려하는 것이다. 가령 감가율이 0.9이고 얻게 될 보상이 1일 때, 한 샘플 뒤에 얻게 될 보상은 0.9, 두 샘플 뒤에 얻게 될 보상은 0.81, 세 샘플 뒤에 얻게 될 보상은 0.729로 고려되는 것이다. 감가율을 적용했을 때에 앞선 학습 결과는 다음과 같이 바뀌고 비로소 에이전트는 최적 경로를 통해 깃발에 도달할 수 있게 된다.

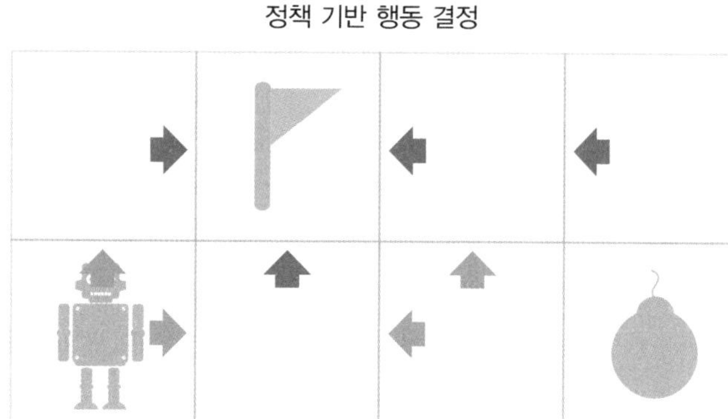

정책 기반 행동 결정

그림 1.13 정책 기반 행동 결정 방법의 학습 결과 예(감가율 반영)

상태–가치 기반 행동 결정

0.9	🚩 1	0.9	0.81
🤖 0.81	0.9	0.81	💣 −1

그림 1.14 상태–가치 기반 행동 결정 방법의 학습 결과 예(감가율 반영)

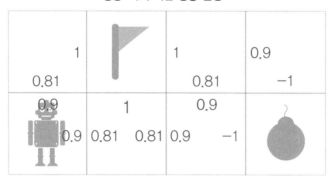

행동-가치 기반 행동 결정

그림 1.15 행동-가치 기반 행동 결정 방법의 학습 결과 예(감가율 반영)

여기까지 그리드월드 미로 문제를 통해 세 가지 행동 결정 방법을 비교하고 감가율을 통해 에이전트가 최적의 선택을 하도록 학습되는 것을 살펴봤다. 마지막으로는 강화학습을 구현하는 데 있어서 발생하는 어려움을 생각해보자. 강화학습 방법이 겪는 어려움은 실제 사람이 겪는 어려움과도 유사하다. 우리가 초행길을 갈 때에 어떻게든 원하는 목적지에 도달했다면 우리는 그 길을 그대로 따라가는 편이 최단 경로를 다시 탐색하는 것보다 낫다고 여기고는 한다. 즉, 최초로 관측된 보상을 얻었던 경로가 우선시 돼 학습이 되는 등 국소 최적점에 빠지는 문제를 해소할 방법이 요구된다. 동일한 환경에서 이전과 같은 행동을 했는데 상태가 다르게 전이^{Transition}되는 경우가 있다면 이때에도 에이전트는 학습에 어려움을 겪는다. 이 외에도 강화학습이 어렵게 느껴지게 하는 여러 이유가 존재한다. 관련된 해소 방법을 여기에서 소개한다.

- **부트스트랩**^{Bootstrap}: 각 상태에서 택했던 행동을 갱신하고자 에피소드가 끝날 때까지 모든 이력을 저장하는 방법은 학습의 기회도 적을 뿐더러 방대한 메모리를 요구한다. 부트스트랩 방법은 다음 상태의 가치를 참고해 현재 상태의 가치를 갱신하는 방법으로 매 샘플(스텝)에 가치 함수의 갱신이 가능하게 되는 방식이다.
- **시간차 학습**$^{TD, Temporal-Difference learning}$: 시간차 학습은 매 샘플(스텝)에서 가치 함수를 갱신하는 것을 시간차 학습이라 부른다. On-policy 시간차 학습은

SARSA^{State-Action-Reward-State-Action}라고 부르고, Off-policy 시간차 학습은 Q-러닝이라고 부른다.

- **SARSA**: 현재의 상태에서 특정 행동-가치 값을 (예상되는) 다음 샘플에서의 상태와 행동-가치에 기반해 갱신하는 기법이다.
- **Q-러닝**: 현재 상태에서 취할 수 있는 각 행동의 행동-가치를 Q값이라고 부른다. Q값 중 가장 큰 값을 보인 행동을 수행하는 정책을 따라 행동하는 에이전트의 학습 방식을 Q-러닝이라 한다. Q-러닝은 다음 샘플에서의 보상과 해당 상태에서의 가장 큰 Q값을 참고해 이전 샘플에서의 Q값을 갱신한다.
- **액터-크리틱**^{Actor-Critic}: 두 개의 신경망을 구현하고 각각을 행동 결정과 상태 가치 계산에 활용하는 방식이다. 단일 신경망을 사용했을 때 쉽게 발생하는 분산이 커지는 문제를 해소하기 용이하다. 바둑 인공지능이었던 알파고가 액터-크리틱에 기반해 학습됐다.
- **A2C**^{Advantage Actor-Critic}: 행동-가치와 상태-가치의 차를 advantage로 정의하고 이 값을 활용해 크리틱을 갱신하는 방식이다. 이를 통해 특정 상태에서 특정 행동을 하는 것이 갖는 가치가 아닌 해당 행동이 얼마나 상태 가치를 발전시키는지 학습하게 된다.
- **A3C**^{Asynchronous A2C}: A3C는 비동기 A2C를 뜻하며 구글 딥마인드 팀에 의해 제안된 유명한 학습 방식이다. 하나의 에이전트가 탐험을 통해 강화학습을 수행할 경우 국소 최적점에 쉽게 빠지거나 학습이 더뎠던 문제를 여러 에이전트가 동시에 공유된 신경망을 사용해 탐험하고 함께 학습하게 함으로써 해결한 방식이다.

이어서는 인공 신경망을 제외한 지도학습 기법의 원리와 모델 생성 방법을 살펴보자. 기존에 알려진 (비교적) 단순한 모델로 회귀 문제를 해결하는 시도는 해당 문제의 상황을 깊게 이해하게 해주고, 나아가 인공 신경망을 문제에 어떻게 활용할지 감을 잡는 데 도움이 된다.

요약

1장에서는 인공 신경망을 실전에 적용하기 전에 알아야 할 중요한 내용들을 많이 다뤘다. 바로 코드를 보며 인공 신경망 구현 방법을 배우기보다는 1장의 내용에 대한 이해를 먼저 할 것을 권한다. 인공지능 관련 용어들의 정의에서 시작해, 인공 신경망 외의 다른 모델들이 갖는 특징을 이해하는 것은 인공 신경망을 더 잘 활용하는 데 분명 큰 도움이 된다. 1장에서 다룬 내용을 돌아보자.

- **인공지능**: 사람의 인지와 사고 능력을 모사하도록 만들어진 모든 연산 체계

- **머신러닝**: 추정 성능을 개선하기 위해 모델을 갱신해 가는 과정

- **인공 신경망**: 사람의 신경 구조를 본따 만들어진 연산 체계

- **딥러닝**: 내부에 두 개 이상의 층을 가지는 인공 신경망을 이용해 사람이 인지하기 어려웠던 입출력 사이의 관계를 학습하는 것

- **지도학습**: 주어진 데이터에 대한 추정 오차를 줄이는 방향으로 수행되는 머신러닝

- **회귀 문제**: 알려진 입력과 출력 변수를 관찰해 그 속의 관계를 파악하고 새로운 입력이 주어졌을 때 그에 적절한 출력을 예상하는 문제로, 일반적으로 연속된 출력을 다룬다. 인공 신경망 외에도 여러 기존 회귀 모델이 존재한다.

- **분류 문제**: 이산적으로 레이블링돼 있는 출력을 다루는 문제로 입력의 규칙을 파악해 어느 집단에 속하는지 분류하는 문제

- **비지도학습**: 레이블이 붙어 있지 않은 데이터들로부터 유의미한 해석 결과를 도출해 정보의 가치를 높이는 과정

- **강화학습**: 에이전트가 주어진 환경 속에서 행동을 취하며 얻는 보상을 최대화하는 과정으로 상태에 따라 행동을 결정하는 정책-기반 방법과 상태 혹은 행동의 가치를 서로 비교해 행동을 결정하는 가치-기반 방법이 있다.

02

지도학습 구현 기법

주어진 데이터를 가장 잘 표현하는 모델을 얻고자 하는 시도는 우리 삶 곳곳에서 쉬지 않고 이뤄진다. 주변 환경의 다양한 요소를 고려해 주택 가격을 산정하는 것, 버스 대기 시간을 예상하는 것 등 회귀는 우리 삶에 많은 중요한 정보를 제공한다. 하지만 때론 이 추정 결과들이 큰 오차를 갖기에 회귀의 정보를 맹신하는 것이 좋지 않다는 것도 우리는 알고 있다. 분류 문제 역시 마찬가지다. 자율주행자동차가 앞에 있는 사물을 감지하지 못하고 질주하는 상황이나, 글씨를 잘못 인식해 택배를 엉뚱한 곳으로 보내버리는 물류 센터 등을 생각해보면 아찔하다. 추정 모델들에 존재하는 위험과 불확실성을 줄이려면 어떻게 해야 할까? 바로 다음의 조건들을 만족하는 것에서 시작한다.

- 정확하고 다양한 데이터 취득
- 적합한 구조의 모델 선정
- 적절한 모델 복잡도 결정

좋은 데이터를 많이 취득하는 것이 당연히 새로운 결과를 예측하는 것의 기반이 된다. 적은 데이터로부터 추정된 결과는 그 신뢰성을 의심받기 마련이다. 또 아무리 많은 데이터를 취득했더라도 그 정확도가 낮다거나 특이한 집단에 치중돼 취득된 데이터라면 새로운 데이터가 주어졌을 때 의미 있는 결과를 얻기 어렵다. 따라서 추정 모델을 설계하는 사람은 자신이 마주한 문제가 다루는 영역^{Domain}에 대한 이해를 충분히 하고 그 값을 정확히 측정할 방법을 마련해야 한다.

이렇게 데이터를 잘 준비했다면 이제 적합한 모델을 구성할 차례다. 인공 신경망은 회귀와 분류 문제에 적절하게 활용하기 위해 다양한 형태로 개발됐고 학습 기법도 꾸준히 제안되고 있다. 무엇보다 필요에 따라 그 복잡도가 쉽게 조절 가능하다. 그럼에도 그 동작 원리를 명확하게 이해하기 어렵다는 한계가 있고, 훈련된 모델이 최적의 성능을 갖는 모델인지 확신하기 어렵다. 어떤 사람들은 이런 면을 지적하며 인공 신경망이 가장 열등한 모델이라고 비판하기도 한다. 나 또한 사실 기존 기법들로 직면한 문제를 해소하는 시도를 먼저 해볼 것을 권한다. 우리가 소위 말하는 복잡한 모델도 인공 신경망의 복잡도와 연산 부담에 비하면 단순한 모델이기 때문이다. 많은 시도 후에도 주어진 문제를 해소하지 못한다면 인공 신경망이라는 카드를 꺼내도록 하자.

인공 신경망의 구조와 연산 기법 그리고 훈련은 다음 절에서 살펴보고, 여기서는 기존에 존재하는 회귀와 분류 기법을 먼저 살펴보자.

2.1 선형 회귀

추정이라고 했을 때 우리가 가장 쉽게 떠올리는 모델은 바로 **선형 회귀**$^{Linear\ Regression}$ 모델이다. 선형 회귀의 결과는 그림 1.5에서 이미 본 것과 같이 측정된 데이터를 관통하는(일반화하는) 직선이다. 이때 추정의 대상이 되는 변수를 **종속 변수**$^{Dependent\ Variable}$라 부르고, 추정에 사용되는 변수들을 **독립 변수**$^{Independent\ Variable}$라 부른다. 대부분의 회귀 및 분류 모델은 종속 변수의 추정 오차에 관련된 손실함수를 정의하고 손실함수를 최소화하는 것을 목표로 모델 내부의 **모수**^{Parameter}들이 조정돼 가는 학습 과정을 가진다. 자신의 해결하고자 하는 문제에 적합한 손실함수를 찾는 것은 중요한데, 선형 회귀에서 주로 차용되는 손실함수는 제곱합 오차^{SSE, Squared Sum of Errors} 혹은 이 값의 평균^{MSE, Mean of SSE}이다. 이것의 목표하는 바는 데이터들을 일반화해 표현하는 직선을 하나 그을 때, 그 선이 데이터들을 모두 통과하지는 못할 수도 있는데, 직선과 점들 사이의 거리들을 제곱해 합한 값이 최소가 되도록 하는 직선을 찾는 것이다. 오차를 최소화하는 결과를 얻는 모델이라는 점에서 선형 회귀 모델은 최소 제곱합^{LS, Least Squared sum of error} 모델이라고도 부른다.

선형 회귀를 수행하는 과정을 수식적으로 살펴보자. 입력 변수들$(x_1,\ x_2,\ \cdots,\ x_n)$로부터 출력 변수들$(y_1,\ y_2,\ \cdots,\ y_m)$을 묘사하는 상황이다. 우리는 다음과 같은 회귀 결과를 얻길 원한다.

$$y_1 = \theta_{11}x_1 + \theta_{12}x_2 + \cdots + \theta_{1n}x_n$$
$$y_2 = \theta_{21}x_1 + \theta_{22}x_2 + \cdots + \theta_{2n}x_n$$
$$\vdots$$
$$y_m = \theta_{m1}x_1 + \theta_{m2}x_2 + \cdots + \theta_{mn}x_n$$

위의 결과는 벡터와 행렬을 사용하면 다음과 같이 표현된다.

$$\begin{bmatrix} y_1 & y_2 & \cdots & y_m \end{bmatrix} = \begin{bmatrix} x_1 & x_2 & \cdots & x_n \end{bmatrix} \begin{bmatrix} \theta_{11} & \theta_{12} & \cdots & \theta_{1m} \\ \theta_{21} & \theta_{22} & \cdots & \theta_{2m} \\ \vdots & \vdots & \ddots & \vdots \\ \theta_{n1} & \theta_{n2} & \cdots & \theta_{nm} \end{bmatrix}$$

$$y = x\Theta$$

벡터와 행렬을 활용해 표현된 마지막 식은 매우 간결하다. 하지만 하나의 $(x,\ y)$ 쌍이 주어졌을 때 위 식을 만족하게 하는 Θ는 무수히 많다. 그러한 Θ 중 아무것이나 선택하는 것은 올바른 회귀 과정이 아니다. 우리는 어떠한 $(x,\ y)$ 쌍이 오더라도 위 수식을 만족시키는 Θ를 얻길 원하기 때문이다. 이를 위해 여러 $(x,\ y)$ 쌍들을 측정(수집)한 상황을 고려해보자. 여기에 측정 시점을 표시하는 아래첨자를 붙이고 정리하면 다음과 같이 전체 측정을 집약적으로 표현하는 행렬식을 얻는다.

$$Y = \begin{bmatrix} y_1 \\ y_2 \\ \vdots \\ y_t \end{bmatrix} = \begin{bmatrix} y_1 \\ y_2 \\ \vdots \\ y_t \end{bmatrix} \Theta = X\Theta$$

위 수식의 의미를 다시 살펴보면 t회의 실험 속에서 n개의 입력 값들을 측정하고, m개의 출력 값들을 추정해 이들 사이의 관계를 가장 잘 묘사하는 하나의 Θ 행렬이 존재하는 것이다. 위의 '등식'에는 사실 문제가 있다. 측정된 입력과 출력값들에 노이즈 성분이 있거나 사실 변수들이 선형 관계가 아니거나, 아니면 출력들을 묘사한 입력 성분이 모자라는 등의 이유가 있다면 위 등식은 사실 성립할 수가 없다. 따라서 회귀 문제는 제곱합 오차 최소화 문제로서 다음과 같이 표현돼야 한다.

$$\|Y - \hat{Y}\| = \|Y - X\Theta\|$$를 최소화하는 Θ 찾기

여기에서 $\|v\|$은 벡터의 크기로 원소들의 제곱합에 제곱근을 취한 값이다. 이 문제에 대한 해법은 의사 역행렬^{Pseudo Inverse}을 통해 구해지는 것으로 이미 널리 알려져 있다. 유사 역행렬과 해(회귀 모델의 결과) Θ는 다음과 같이 표현된다. 식에서 X^+가 행렬 X의 의사 역행렬인데 보통 위 첨자로 칼^{Dagger} 표식을 사용한다.

$$X^\dagger = (X^T X)^{-1} X^T$$
$$\Theta = X^\dagger Y$$

위의 방법을 통해 Θ를 구하려면 $X^T X$가 역행렬을 가져야 한다. 이를 위해서는 기본적으로 행렬 X가 정사각행렬^{Square Matrix}이거나 세로로 긴 행렬^{Tall Matrix}이어야 한다. 즉, 당연한 이야기지만 데이터를 측정한 횟수(t)가 입력 변수의 개수인 n 이상이어야 한다. 데이터가 적절한 변동 속에서 얻어졌거나 측정에 노이즈가 있다면 측정 횟수와 입력 변수의 개수가 같아도 역행렬은 잘 얻어질 테지만 이는 좋은 방법이 아니다. 설명했듯이 가능한 다양한 상황에서 입출력 변수의 쌍을 관찰해 일반성을 확보한 회귀 모델을 형성하는 것이 좋다.

만약 출력이 전체적으로 오프셋Offset을 갖는 경우 즉, 절편Intercept을 갖는 경우는 여기까지의 방법만으로는 부족한 회귀 결과를 얻게 된다. 앞서 만든 모델은 항상 원점을 지나야 하기 때문이다(가령 모든 입력이 0인 경우 만든 모델은 무조건 그 출력이 0이 된다). 몸무게, 중고차 가격 등에서 보이듯 실생활의 많은 데이터는 오프셋을 가지고 있다. 선형 회귀 모델은 추가 입력을 사용해 이 문제를 해소한다. 이 추가 입력은 항상 1의 값으로 고정해두는데 이에 대응되는 회귀 결괏값(모수)이 오프셋 값이 된다.

수식으로 길게 설명했는데 이제 예시를 보자. 2개의 입력으로 1개의 출력을 추정하는 회귀 모델을 만들어보자(이 예제에서는 오프셋 추정을 위한 추가 입력은 사용하지 않는다). 먼저 표 2.1과 같이 두 개의 데이터를 취득한 경우를 보자.

표 2.1 선형 회귀를 위한 데이터 취득 예시 – 필요한 횟수에 맞춘 취득

측정	x_1	x_2	y
1	1	4	2
2	4	1	3

필요한 횟수(입력의 개수)에 딱 맞춰 측정이 이뤄진 상황이다. 다행히 두 입력이 적절해 유사 역행렬이 연산되고, 회귀 모델이 얻어질 수 있다. 회귀 모델은 그림 2.1과 같이 측정된 두 점[(1, 4, 2), (4, 1, 3)]과 **원점을 통과**하는 평면이 된다.

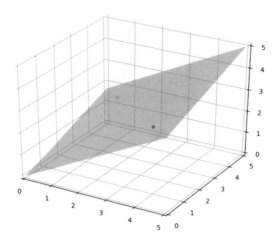

그림 2.1 회귀 결과를 표현하는 평면(표 2.1의 데이터에 기반한 결과)

그림을 보면 회귀 모델이 성급하게 일반화를 하고 있다는 생각이 든다. 단 두 개의 점에 의존해 모든 (x_1, x_2) 평면에 대한 y를 추정하고 있기 때문이다. 이번에는 4개 (3~6번)의 추가 데이터를 취득한 경우를 살펴보자.

표 2.2 선형 회귀를 위한 데이터 취득 예시 – 필요한 횟수보다 많은 데이터 취득

측정	x_1	x_2	y
1	1	4	2
2	4	1	3
3	1	2	1
4	3	1	2
5	2	3	2
6	4	3	4

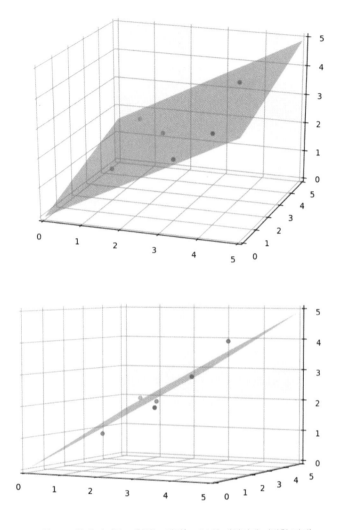

그림 2.2 회귀 결과를 표현하는 평면(표 2.2의 데이터에 기반한 결과)

데이터가 많아짐에 따라 회귀 결과가 주어진 데이터들을 벗어나게 됐다(직접 통과 하지 않게 됐다). 그러나 각 데이터와 추정 결과 사이의 오차 제곱합은 최소가 되게 하는 회귀 모델이 얻어졌다. 이 모델은 이후 $(x_1, x_2) = (1, 4)$가 주어졌을 때, 이전에 측정했던 결과를 참고해 $y = 2$라는 추정 결과를 내놓지 않고 위 그림의 평면에 기반해 $y = 1.89$라는 결과를 낸다.

1.89가 더 올바르게 추정된 결과일까, 아니면 2가 올바른 추정 결과일까? 얻어낸 표본으로 우리는 정답을 논할 수 없다. 결과를 그대로 사용할지 혹은 보정을 더 할지는 회귀 모델을 설계한 사람 혹은 사용자가 추가로 판단해야 할 부분이다.

2.2 단계적 회귀

어떤 종속 변수를 설명하고 싶은 모델 설계자가 그것에 관련된 다양한 독립 변수를 측정했다. 이때 어떤 회귀 모델을 제작하는 것이 가장 '잘' 만든 회귀 모델을 얻는 방법일까? 이에 관해서는 두 가지 측면을 먼저 살펴봐야 한다.

- 모든 변수를 사용할 것인가?
- 주어진 데이터를 그대로 사용할 것인가?

첫 번째 질문을 의아하게 여기는 독자도 있을 것이다. 종속 변수를 설명하는 모델이 가능한 한 많은 정보를 활용할수록 그 추정 오차를 줄일 수 있을 것이기 때문이다. 하지만 많은 입력을 필요로 하는 모델은 변수들 사이의 관계를 이해하기 어려울 뿐만 아니라 새로운 값을 추정하려 할 때에도 많은 준비를 요구하기 때문에 반드시 좋은 모델이라고 할 수는 없다.

상황에 따라서는 단순한 모델이 요구되기도 한다는 뜻이다. 가령 이번 달 청구될 전기 요금을 예상할 때에 냉난방기와 같은 큰 전력을 사용하는 기기의 사용량만 확인해도 어느 정도의 오차로 추정이 가능한 것과 같다. 청구 요금을 정확히 알고자 집안에서 사용된 모든 전기 제품의 소비 전력과 사용 시간을 측정하는 것은 굉장히 힘든 일이고 그 결과가 맞다는 확신도 오히려 하기 힘들어진다(이는 '차원의 저주'라는 현상으로도 부르는데 책의 가장 뒤 '나아가며' 부분에서 수치가 곁들여진 예제를 다룬다). 따라서 적합한 변수를 선택하는 집중의 과정이 필요하다. 이를 단계적 회귀Stepwise regression라고 한다. 단계적 회귀를 깊게 살펴보기에 앞서 두 번째 질문을 생각해보자.

두 번째 질문은 변수의 전처리Pre-processing에 관한 것이다. 측정된 값들을 그대로 사용해서는 출력 변수를 잘 표현하는 회귀 모델을 얻을 수 없다. 정확하게는 앞서 살펴봤던 선형 회귀 모델의 오차 최소화 모수 결정 방법을 그대로 활용할 수 없다. $y = e^{2x^2}$을 따르는 시스템이 있고 (x, y)의 데이터를 수집했다고 생각해보자. 이 데이터를 그대로 활용해 선형 회귀 모델을 형성하면 $y = ax(+b)$와 같은 결과를 얻게 되는 데 이는 당연히 본래 데이터와 큰 오차를 가질 것이다. 취득한 데이터에 취하는 대표적인 전처리 방법으로는 로그 취하기, 지수 적용하기, 변수 간 곱 혹은 나눗셈 고려하기, 절대값 사용하기 등이 있다. 이 예제에서는 $\ln y = 2(x^2)$이 성립하기 때문에 입력과 출력에 전처리(로그와 제곱)를 적용한다면 복잡한 묘사 모델의 사용이 필요 없이 선형 회귀 모델로 묘사가 가능하다.

이제 단계적 회귀를 깊게 살펴보자. 단계적 회귀는 x_1, x_1^2, e^{x_1}, $x_1 x_2^2$, $\sqrt{x_2/x_1}$ 등과 같이 다양한 독립 변수를 형성한 후에 시작된다. 여기에 사용될 옵션을 만들고 한정하는 것은 모델 설계자의 몫이다. 단계적 회귀에는 세 가지 수행 방식이 있다. 전진Forward, 후진Backward 그리고 양방향Bidirectional 방식이다. 각 방식을 하나씩 살펴보자.

전진 방식은 비어 있는 모델에서 시작한다. 각 독립 변수 하나씩만을 활용해 종속 변수를 설명하는 선형 회귀 모델을 형성하고 그중 추정 신뢰도가 가장 높았던 변수를 사용한 모델을 임시 최적 모델로 선정한다. 여기에는 F검정을 활용한다. F검정은 어떤 회귀 모델이 사용한 변수(의 집합)의 유의성을 검토하는 검정 방법이고, 이 검정의 결과 지표인 p값p-value이 낮을수록 그 변수들이 효과적으로 주어진 데이터를 묘사함을 의미한다(간단하게는 p값은 어떤 변수가 종속 변수와 관련이 없을 확률을 의미한다고 이해하면 좋으며, 정비례하지는 않지만 p값이 작을수록 F값은 커진다). 가장 낮은 p값을 보였던 독립 변수를 임시 최적 모델에 사용한 다음으로는 사용되지 않은 독립 변수 중 하나만 더 사용한 모델들의 F값을 서로 비교한다. 그 가운데 F값이 가장 높았던 모델을 새로운 임시 최적 모델로 선정한다. 이러한 과정을 반복해 종속 변수를 효율적으로 설명하는 독립 변수를 순차적으로 선택하는 것이 전진 방식이다.

그런데 전진 방식을 계속 수행하면 결국 모든 독립 변수를 회귀 모델에 사용하게 된다. 만약 최적화된 모델을 얻기 원한다면 적절한 시점에 변수의 추가를 멈춰야 하는데 이는 보통 p값을 기준으로 한다. 일반적으로 p값이 0.05보다 커지는 경우(F검정으로 볼 때 새로운 변수를 추가하는 것이 통계적으로 유의미할 확률이 95% 이하가 되는 경우) 변수의 추가를 멈추도록 설정한다. 이 기준은 일반적인 것이고 다른 경계값을 설정하거나 다른 변수에 기준해 변수 추가를 멈출 수도 있다. 물론 모든 독립 변수가 종속 변수를 설명하는 데 중요한 역할을 한다면 마지막 변수가 추가되는 순간까지 p값은 0.05보다 작게 얻어지고, 모든 변수가 회귀 모델에 추가될 것이다. 전진 방식의 단계적 회귀를 그림 2.3에 표현했다.

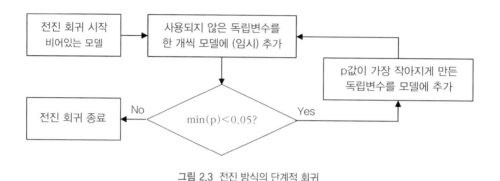

그림 2.3 전진 방식의 단계적 회귀

후진 방식은 전진 방식의 정반대 방법이다. 후진 방식에서는 모든 독립 변수를 사용하는 모델로 시작해 독립 변수를 하나씩 제거해간다. 때문에 후진 방식은 제거 Elimination 방식이라고도 부른다. 독립 변수를 한 개 제거한 모델들을 사용해 선형 회귀를 수행하고 각 경우에 대한 p값을 비교한다. p값이 가장 작은 모델의 p값이 0.05보다 크다면 해당 모델을 새로운 회귀 결과로 선정하고 변수를 하나 더 제거하는 과정을 반복한다. 만약 독립 변수를 한 개 제거할 때 모든 새로운 모델의 p값이 0.05 이상이면 변수 제거를 중단한다. 후진 방식의 단계적 회귀 과정은 그림 2.4와 같이 표현된다.

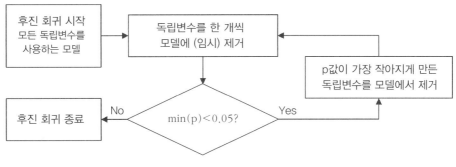

그림 2.4 후진 방식의 단계적 회귀

마지막으로 양방향 방식을 살펴보자. 어느 쪽에서 시작해도 좋지만 보통 양방향 방식은 비어 있는 모델에서 시작한다. 이때 처음 시작은 전진 방식과 동일하다. 사용되지 않은 독립 변수를 한 개씩 모델에 추가하면서 가장 작은 p값을 얻게 하는 독립 변수를 모델에 추가한다. 여기에서 전진 방식과 차이가 생기는데, 양방향 방식에서는 모델에 변수가 하나 추가됐다면 더 추가하기에 앞서 변수를 제거할지를 고려한다(반대로 모델에서 변수가 하나 제거됐다면 더 제거하기에 앞서 변수를 추가할지에 대한 고려를 한다). 추정에 유의한 순서로 독립 변수를 모델에 추가했기에 변수를 제거하려 하면 마지막에 추가된 변수가 다시 모델에서 제거될 것 같지만 실제로 항상 그렇지는 않다. 독립변수라고 표현을 했지만 사실 변수들 사이에는 상관관계가 종종 존재한다. 때문에 마지막에 추가한 독립 변수를 모델에서 제거하는 것에 비해 먼저 추가됐던 변수가 모델에서 제거되는 것이 더 합리적인 경우도 발생하기도 한다.

양방향 방식에서는 보통 모델에 변수가 추가되는 경향을 더 크게 하기 위해, 변수 추가 시 사용되는 기준 p값을 후진에서 사용되는 p값보다 크게 설정한다(0.1, 0.05의 쌍을 주로 사용한다). 양방향 방식의 단계적 회귀에 대한 순서도를 그림 2.5에 표현했다.

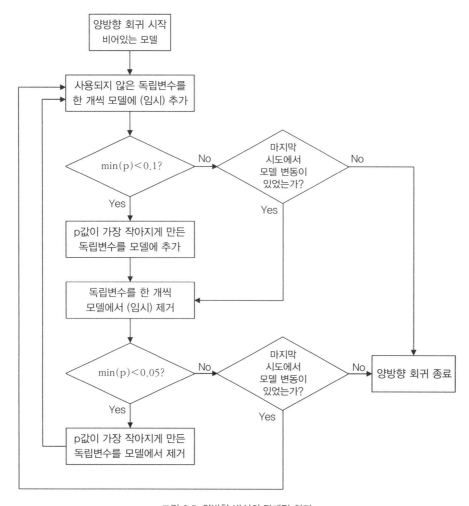

그림 2.5 양방향 방식의 단계적 회귀

2.3 K-최근접 이웃

K-최근접 이웃^{KNN, K-Nearest Neighbor}은 지도 학습 알고리즘 중 하나다. KNN은 분류 모델 중 가장 직관적이고 구현이 간단하다. 어떤 데이터가 주어지면 그 주변(이웃)의 가장 가까운 k개의 데이터를 살펴본 뒤 더 많은 데이터가 포함돼 있는 범주로 분류하는 방식이다.

처음 본 사람이 어떤 사람인지 알고 싶을 때 그 사람의 주변 친구들을 통해 성격을 추측하는 행동이 K-최근접 이웃 방식의 분류의 예다(주변에 좋은 친구들을 많이 두자!). 그림 2.6은 KNN의 원리와 함께 k의 값에 따른 분류 결과 변화의 예를 보여준다.

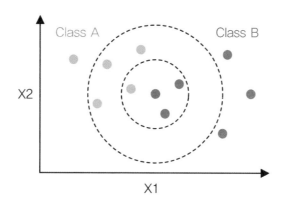

그림 2.6 KNN 기법에서 이웃의 수에 따라 추정 결과가 바뀌는 경우

새로운 데이터(빨간 점 x1, x2)가 주어졌을 때 이것이 Class A의 데이터인지, Class B의 데이터인지 분류하는 문제다. k = 3일 때를 먼저 생각해보자. k가 3이라는 것은 가장 가까운 주변의 3개 데이터를 본 뒤 더 많이 나타난 범주로 분류하겠다는 것이고, 이는 그림 2.6에서 내부의 점선 원으로 표현된다. 빨간 점 주변에 노란색 점(Class A) 1개와 보라색 점(Class B) 2개가 있다. 따라서 k = 3일 때는 해당 데이터가 Class B로 분류된다. 이제 k = 6인 경우를 생각해본다. 원이 더 커졌다. 이제 원 안에 노란색 점 4개와 보라색 점 2개가 있다. 따라서 k = 6일 때는 Class A로 분류한다. 이와 같이 KNN은 k를 어떻게 정하는가에 따라 그 추정 결과가 바뀔 수 있다. 상용 라이브러리들의 k의 default 값은 보통 5로 돼 있다. 또 일반적으로 k는 홀수를 사용한다.

KNN의 주요 특징은 바로 훈련 과정이 필요 없다는 것이다. 취득했던 데이터를 모두 저장해두고 있다면 언제든 적용할 수 있다. 다른 회귀 기법의 경우 기존의 데이터는 저장해두지 않고 그것을 대표하는 다른 기준이나 모델을 만드는 것에 비해 KNN은 그림 2.6에서 보는 것과 같이 새로운 데이터가 주어지면 그제야 주변의 k개 데이터를 보고 새로운 데이터를 분류한다. 즉, 사전 모델링이 필요 없다. 이러한 예측 과정은 real-time 예측이라고도 부르며, 이러한 모델은 해석을 미리 수행하지 않는다는 측면에서 게으른 모델lazy model이라고도 부른다.

2.4 결정 트리

결정 트리 Decision Tree, 의사 결정 트리, 의사 결정 나무는 분류와 회귀에 모두 적용 가능한 지도학습 모델 중 하나다. 결정 트리는 스무고개하듯이 예/아니요 질문을 이어가며 학습한다. 참새, 펭귄, 고래, 사자를 구분하는 경우를 생각해보자. 참새와 펭귄은 날개가 있고 고래와 사자는 날개가 없다. 따라서 '날개가 있나요?'라는 질문을 통해 이들을 둘씩 나눌 수 있다. 참새와 펭귄은 '날 수 있나요?'라는 질문을 통해 마저 나누고, 고래와 사자는 '지느러미가 있나요?'라는 질문으로 마저 나눈다. 그림 2.7은 이 내용을 바탕으로 만든 결정 트리를 그린 것이다.

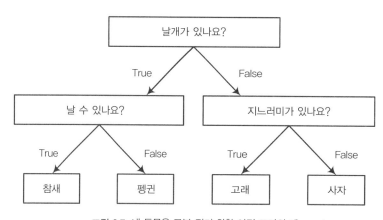

그림 2.7 네 동물을 구분 짓기 위한 이진 트리의 예

이렇게 특정 기준(질문)에 따라 데이터를 구분하는 모델을 결정 트리 모델이라고 한다. 한 번의 분기마다 변수 영역은 둘 혹은 그 이상으로 구분된다. 결정 트리에서 질문이나 정답을 담은 상자를 노드Node라 부른다. 분류 기준 중 첫 기준을 뿌리Root 노드라고 하고, 각 가지의 끝 즉, 마지막 노드를 터미널Terminal 노드 혹은 잎Leaf 노드라고 한다. 전체적인 모양이 나무를 연상하게 해 이 기법을 결정 트리라고 부른다.

짚고 넘어갈 부분은 이 네 동물을 서로 구분 짓는 질문은 이 예에서 사용된 것 외에도 많으며 반대로 이 질문들을 사용해 구분 짓지 못할 네 동물이 주어질 수도 있다. 따라서 결정 트리는 주어지는 옵션 전수에 대한 이해가 충분히 있을 때에 적용하는 것이 좋다.

이제 결정 트리 알고리즘을 제작(학습)하는 방법과 적절한 깊이를 살펴보자. 아래 예시(그림 2.8)는 태극 무늬로 섞여 있는 데이터를 가로와 세로로만 나누는 결정 트리로 분류하고자 할 때 깊이에 따라 얻어진 분류 영역의 결과를 보여준다.

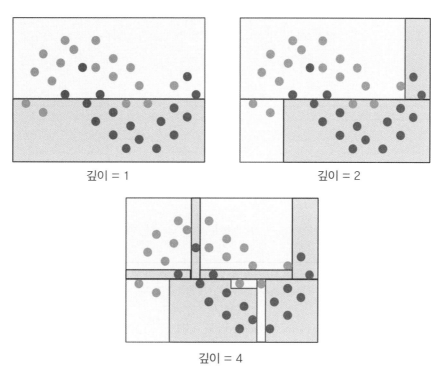

그림 2.8 태극 무늬로 분포하는 데이터를 분류하는 깊이별 결정 트리

먼저 뿌리 노드의 분류 기준은 첫 번째(깊이＝1) 그림과 같이 두 종류의 데이터를 정답률이 가장 높게 구분하는 질문이 된다. 결정 트리를 키워 나가는 방법은 간단하다. 나뉜 각 범주에서 또 다시 데이터를 가장 잘 구분하는 질문을 추가하는 것이다. 이를 반복하면 결정 트리가 완성되는데, 지나치게 많이 하면 마지막(깊이＝4) 그림처

럼 과도한 구분이 이뤄진다. 이는 일반성을 잃어버린 모델이다. 몇 개의 특이한 값에 민감하게 반응하는 모델이 얻어졌다는 뜻이다. 따라서 깊이를 적당한 수준까지만으로 제한해 모델을 생성하거나, 모델 생성 전에 아웃라이어^{Outlier} 데이터를 제거하는 과정을 갖는 것이 좋다.

그런데 위에서 설명한 방법은 결정 트리를 쉽게 만드는 과정인 것이지 최적의 결정 트리를 만드는 과정은 아닐 수도 있다. 각 순간에 데이터를 가장 잘 구분 짓는 질문을 하지 않는 것이 최적이 아니라는 것은 그림 2.9의 XOR 예로 한 번에 이해할 수 있다.

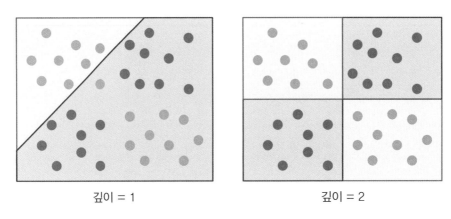

깊이 = 1

깊이 = 2

그림 2.9 XOR 문제를 해결하는 깊이별 결정 트리

그림 2.8에서는 설명의 단순화를 위해 대각선 방향으로 분류하는 기준선은 사용하지 않았는데 XOR 문제에서는 대각선 기준선을 활용해봤다. 깊이가 1인 결정 트리를 사용한다면 어쩔 수 없이 오차를 남기고 왼쪽 그림과 같은 분류 기준을 만들어낼 것이다. 하지만 깊이가 2인 경우에는 여기에 추가 선을 긋기보다는 오른쪽 그림과 같이 나누는 편이 깔끔하게 주어진 데이터를 나누어 낸다. 앞선 최고의 분류 기준에 새 기준을 더하기보다는 완전히 새로운 두 기준선이 사용되는 편이 더 좋은 분류 결과를 얻어냈다. 더 자세한 최적화 과정의 설명은 이 책의 범위를 넘어서므로 다루지 않았다. 여기에서는 결정 트리의 기준을 최적화해 얻어낸다는 것은 단계적으로 풀어내기 어려운 면이 있음을 알아두자.

2.5 서포트 벡터 머신

서포트 벡터 머신SVM, Support Vector Machine은 분류 문제에서 유용하게 사용된다. 서포트 벡터 머신을 쉽게 표현하자면 어떤 데이터셋이 있을 때, 데이터를 가장 잘 구분해주는 선을 찾는 것이 목적이다. 이 선은 하이퍼플레인Hyperplane이라 부른다.

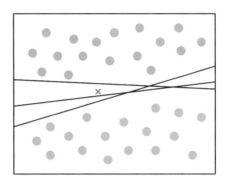

그림 2.10 주어진 빨간 X를 파란색 원 혹은 녹색 원으로 분류하는 문제

그림 2.10에서 빨간 X가 새로운 데이터로 주어져 분류하려는 상황을 생각해보자. 두 집단을 완벽히 나누는 3개의 선(하이퍼플레인) 중 어떤 선이 좋은 기준인지 모르기에 새로운 데이터가 녹색에 속하는 데이터인지 파란색에 속하는 데이터인지 정하기가 어렵다. 다음 그림은 이 가운데 중에 가장 좋은 선이 무엇인지 결정하는 방법을 설명한다. 서포트 벡터 머신에서는 최고의 하이퍼플레인을 가려내기 위해 그림 2.11에 나타난 붉은색 구간을 이용한다. 붉은색 구간은 두 분류의 데이터 중 어떤 것도 속하지 않은 직선 주변의 영역이며 이를 마진Margin이라 부른다. **가장 큰 마진을 갖는 하이퍼플레인이 데이터들을 가장 잘 분류해낸다**는 것이 SVM 기법의 핵심 아이디어다.

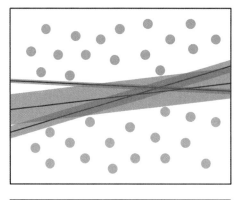

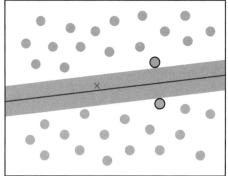

그림 2.11 두 집단을 가장 큰 마진(Margin)으로 분리하는 직선

하이퍼플레인의 마진을 결정짓게 하는 두 개의 데이터를 위 그림에서 검정 테두리로 표시했다. 이 두 데이터를 서포트 벡터^{Support Vector}라고 부른다. 이제 새 데이터가 주어지면 하이퍼플레인에 기반해 어떤 그룹에 속하는지 구분하면 된다. 그림 2.11을 통해 주어진 빨간 X는 파란색 원의 집합에 속하도록 분류하는 것이 적절함을 알 수 있다.

여기에서는 직선형으로 그룹을 분류하는 서포트 벡터 머신과 분류 집단이 2개인 경우들만 다뤘지만 더 복잡한 경우를 위한 서포트 벡터 머신들도 존재하고, 다른 형태의 하이퍼플레인도 존재하며(곡선 하이퍼플레인, 닫힌 공간을 만드는 하이퍼플레인 등), 이들을 위한 수학적 해법 및 수치 해석 도구도 존재한다.

요약

2장에서는 인공 신경망을 제외하고 지도학습을 위해 사용되는 다양한 모델을 살펴 봤다.

회귀 문제의 해결을 위한 선형 회귀와 단계적 회귀 그리고 분류 문제의 해결을 위한 K-최근접 이웃, 결정 트리, 서포트 벡터 머신이 소개됐다. 인공 신경망에 비교했을 때 이 모델들은 상대적으로 단순한 과정으로 생성되고 수학적인 유도 방법이 존재하며 그 의미를 이해하기 쉽다. 따라서 어떤 문제를 직면했을 때 곧바로 인공 신경망을 활용해 묘사하기보다는 다음 모델을 활용해 묘사해보는 시도를 해보고, 그 과정 속에서 시스템의 특성을 이해해보기를 권한다.

- **선형 회귀**^{Linear Regression}: 독립 변수들의 선형 조합으로 종속 변수를 추정하는 모델이다. 독립 변수의 전처리 혹은 다양한 조합을 통해 더 복잡한 모델을 얼마든지 생성할 수 있다. 유사 역행렬^{Pseudo Inverse}을 활용해 추정 오차의 제곱합이 최소화되는 계수들을 찾는다.

- **단계적 회귀**^{Stepwise Regression}: 선형 회귀 모델을 형성할 때 주어진 독립 변수들을 유의한 순서로 적정 수준까지 모델에 넣는 과정

- **K 최근접 이웃**^{K-Nearest Neighbor} **기법**: 데이터셋을 기억하고 있다가 새로운 입력이 주어졌을 때 입력 공간에서 가장 가까운 데이터들을 참고해 새로운 출력을 추정하는 기법

- **결정 트리**^{Decision Tree}: 다양한 순차적 분류 기준을 적용해 데이터를 분류하는 기법

- **서포트 벡터 머신**^{SVM, Support Vector Machine}: 데이터셋을 가장 효율적으로 분류하는 기준(하이퍼플레인)을 수학적으로 도출해 이후의 데이터를 분류하는 기법

03
인공 신경망의 구조와 연산

3.1 피드포워드 신경망

인공 신경망이라는 용어는 두뇌의 신경세포가 전기 신호를 전달하는 모습에 착안해 만들어졌기 때문에 붙여진 이름이다. 신경세포는 여러 방향으로부터 신호를 받아들이는 구조를 갖고 있으며, 그것을 모아 다른 위치로 전달하는 부분이 있고, 마지막으로 자신의 신호를 내보내는 구조를 가지고 있다. 이러한 구조를 본 딴 추정 모델이 유의미하게 동작하도록 연산 체계와 학습 방법을 구성한 것이 인공 신경망이다. 이제 그 구조를 자세히 살펴보자.

신경망의 근본적인 목적은 **입력**과 **출력** 사이의 관계를 묘사하는 것이다. 입력과 출력을 어떤 값으로 설정하느냐에 따라 신경망은 다양한 문제를 해결하는 데 활용할 수 있다. 그 구조나 연산 방법, 학습 방법에 따라 신경망은 단순하게 하나의 비선형 관계를 묘사하는 데 활용할 수도 있고, 문장을 번역하는 데에도 활용될 수 있다. 그림 3.1은 인공 신경망의 가장 기본이 되는 형태인 **피드포워드 신경망**FNN, Feedforward Neural Network의 구조를 보여준다. 신경은 퍼셉트론Perceptron이라고도 부르고, 피드포워드 신경망은 **다층 퍼셉트론**MLP, Multi-Layer Perceptron이라고도 부른다. 인공 신경망은 각

종 층^{Layer}의 연결로 구성되며 그 안에 여러 개의 신경^{Neuron}이 놓인다. 인공 신경망은 입력 벡터로부터 출력 벡터를 얻어내는 연산을 수행하는데, 각 신경 또한 입력과 출력을 갖는다. (일반적으로) 각 신경의 입력은 이전 층의 모든 신경의 출력들의 **선형 조합**과 **편향**^{Bias}의 합이고, 출력은 그 값을 **활성화함수**$^{Activation\ Function}$에 통과시킨 값이다. 선형 조합에 사용되는 모수^{Parameter}를 **가중치**^{Weight}라 부르며, 가중치와 편향은 그림에서 w와 b로 표현됐다. 그림 3.2는 (기본적인) 신경에서 이루어지는 연산의 과정을 보여준다. 여기에서 활성화함수를 비선형함수로 선택해 사용함으로써 각 신경의 출력이 비선형적이 된다.

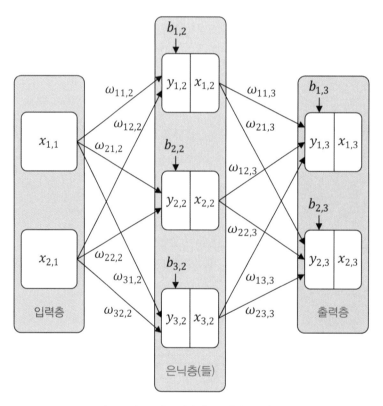

그림 3.1 피드포워드 신경망(FNN 혹은 MLP)의 예

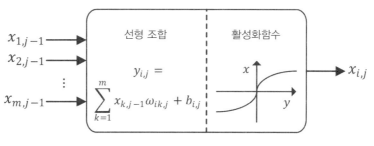

그림 3.2 기본적인 신경의 연산 방식

    피드포워드^{Feedforward}라는 용어는 제어 이론에서 원하는 출력을 얻기 위해 미리 동작을 취하는 것을 나타내기 위해 주로 사용되는데, 신경망에서는 이와는 다르게 입력이 출력으로 전파되며 연산이 이뤄지는 모습을 나타내기 위해 사용된다. 모든 신경망이 결국에는 주어진 입력에 대응되는 출력을 얻는 동작을 수행하게 되므로 그 의미가 사실상 모호한 표현이기도 한데 일반적으로 그림 3.1과 같이 **은닉층**$^{Hidden\ Layer}$이 하나씩 순차적으로 연결된 신경망을 피드포워드 신경망이라 이른다.

    은닉층이 2개 이상인 인공 신경망을 이용해 수행하는 학습을 **딥러닝**$^{Deep\ Learning}$이라고 부른다. 딥러닝을 수행하는 경우, 입력의 값이 출력에 도달하기까지 활성화함수가 여러 번 적용되기 때문에 인공 신경망의 동작을 사람이 쉽게 이해하지 못하게 되지만, 반대로 사람의 이해 내에서 한계를 가졌던 시스템의 모델링을 인공 신경망이 더 훌륭하게 해낼 가능성을 갖게 된다.

    인공 신경망에서 활성화함수의 역할은 데이터의 흐름을 결정짓는 게이트$^{Gate,\ 개폐}$^{장치}다. 활성화함수는 보통 한쪽 끝의 값이 수렴하거나 양쪽 끝이 서로 다른 기울기를 가지고 발산하는 형태를 갖고 있다. 이러한 활성화함수는 결과적으로 어떤 신경으로 들어온 값(데이터)에 대해 신경이 게이트의 역할을 하게 한다. 예를 들어 어떤 신경에서 입력(선형 조합 결과)이 활성화함수의 기울기가 작은 구간에 대응된다면 각 입력에 작은 변화들이 생겨도 출력에는 변화가 거의 없게 되기 때문에 닫힌 게이트로써 동작한다. 반대로 활성화함수의 기울기가 큰 구간에 선형 조합의 결과가 얻어졌다면 신경은 열린 게이트처럼 동작하게 된다.

그림 3.3은 활성화함수로 자주 사용되는 몇 가지 예시 함수를 보여준다. 로지스틱Logistic 시그모이드와 하이퍼볼릭탄젠트tanh 시그모이드 함수는 각각 $1/1 + e^{-y}$, $(e^y - e^{-y})/(e^y + e^{-y})$로 표현되는데, 출력과 기울기가 모두 연속적이라는 점에서 연속적인 출력을 갖는 시스템에 대한 표현이 잘 이뤄진다는 장점이 있다. 하지만 지수 항을 갖고 있어 연산의 부담이 있고, 양쪽 끝의 기울기 값이 작기 때문에 이 뒤에 설명하는 경사하강법에만 의존할 경우 학습이 더디게 진행된다. 이를 **그래디언트 소멸**Vanishing-Gradient 문제라 일컫는데, 이에 대한 해결책으로 ReLURectified Linear Unit와 leaky ReLU가 활성화함수로 제시되고 점차 적용 범위가 넓어지고 있다. 물론 인공 신경망의 깊이가 깊어지면 ReLU를 활성화함수로 사용했더라도 닫힌 게이트처럼 동작하는 신경들을 통과하면서 오차의 역전파는 잘 이뤄지지 않을 수 있기 때문에 그래디언트 소멸 문제는 항상 염두에 둬야 한다. 각각 $max(0, y)$와 $max(0.1y, y)$로 표현돼 단순한 형태를 갖고 있고 연산 부담이 적은 데에 비해 충분한 양의 층과 신경이 사용됐을 때 비선형 문제를 마찬가지로 해결할 수 있음이 확인되고 있다.

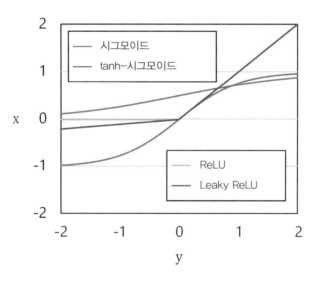

그림 3.3 자주 사용되는 네 종류의 활성화함수

인공 신경망의 학습 목표는 주어진 입출력 훈련 데이터셋에서 추정 오차(손실함수의 값)를 최소화하는 가중치(w)와 편향(b)을 찾는 것이다. 가중치와 편향을 찾아가는 알고리즘에 대한 연구도 활발히 진행되고 있는데 모든 알고리즘은 **경사하강법**^{Gradient} ^{Descent}에 기반한다. 경사하강법은 손실함수(출력 오차)의 값이 작아지는 방향으로 신경망의 모수들을 갱신하기 위한 기법으로, 손실함수에 대한 각 모수의 영향을 조사하고 그 크기와 **학습 속도**^{Learn Rate}의 곱으로 모수들을 갱신한다. 이러한 모수의 갱신 방법은 최적점 주변으로 찾아가는 과정은 빠르게 하고 정확한 최적점의 탐색은 천천히 수행할 수 있도록 한다. 모수와 손실함수의 갱신의 속도를 화살표의 길이로 해 다음 그림에 경사하강법의 개념을 도시했다.

손실함수를 J라 할 때, J를 감소시키도록 모수 w를 갱신하는 식은 다음과 같이 쓰인다.

$$\Delta w = -(\text{학습 속도}) \times \frac{\partial J}{\partial w}$$

학습 속도가 크게 설정된 경우 인공 신경망은 최적점으로 수렴하지 못하고 그 주변에서 진동하거나 발산하는 현상을 나타내곤 한다. 인공 신경망의 학습 중에는 모든 모수가 동시에 갱신되기 때문에 학습 속도를 충분히 작게 설정해야 최적점을 지나치지 않으며 학습이 이루어질 수 있다. 물론 학습 속도를 낮게 설정할수록 최적점에 도달하기 위한 시간이 오래 걸리게 되므로 적절한 속도를 찾는 것이 관건이 되곤 한다. 나아가 학습 속도가 낮은 경우 국소 최적점^{Local Optimum}에 빠지는 문제도 발생할 수 있다. 이에 관해서는 4.2절에서 더 자세히 설명한다.

많은 회귀 문제에서 오차가 큰 데이터의 영향을 크게 반영하고자 손실함수를 오차의 제곱 합으로 둔다. 위 식에서 J가 인공 신경망의 출력 오차 벡터의 제곱합으로 정의됐다면 어떤 출력 y의 오차 δy에 의한 모수 갱신 식은 다음과 같이 쓰인다.

$$\Delta w = -(\text{학습 속도}) \times \frac{\partial(\delta y^2)}{\partial w} = -2 \times (\text{학습 속도}) \times \frac{\partial y}{\partial w} \times \delta y$$

여기에서 학습 속도를 학습 과정 중 어떻게 조정해 갈 것인가, 모수를 갱신할 다른 개념의 추가 활용 등의 차이에 따라 다양한 학습 알고리즘이 존재한다. 대표적인 학습 알고리즘 및 발전 과정은 4.2절에서 더 자세히 소개한다.

피드포워드 신경망의 그림을 다시 살펴보자. 살펴볼 방면은 두 측면이다. 첫째는 연결 방식이다. 그림에는 여러 개의 층이 있는데, 각 층 내에서는 연결이 존재하지 않고, 층과 층 사이에만 연결이 존재한다. 이러한 구조는 **제한된 볼츠만 기계**^{RBM, Restricted Boltzmann Machine}라고 부른다. 제한된 볼츠만 기계는 1986년 폴 스몰렌스키^{Paul Smolensky}에 의해 하모니움이라는 이름으로 처음 발명됐고, 2000년 중반 제프리 힌튼^{Geoffrey Hinton} 팀이 학습 알고리즘을 발전시키는 과정에서 유명해졌다. 이렇게 층이 정의가 되는 구조를 가짐으로써 연산 체계에는 깊이라는 개념이 생기게 됐고 이를 활용해 모델의 복잡도를 조절하기 용이해졌으며, 각 층에 의미가 부여될 수 있게 됐다. 피드포워드 신경망은 그림 3.1과 같이 세 개의 층으로만 구성될 필요는 없으며 은닉층은 필요에 따라 얼마든지 늘릴 수 있다. 물론 여러 층들의 연결이 꼭 순차적일 필요는 없다. 설계자의 직관에 따라 데이터의 흐름이 여러 개의 분기로 나눠지거나 순환하는 구조를 가지게 구성할 수도 있고 이러한 연구는 계속 진행 중이다.

피드포워드 신경망의 구조에 관해 두 번째로 살펴볼 부분은 층과 층 사이의 연결이다. 그림에서도 표현됐듯이 일반적으로 신경망을 구성하면 두 층 사이에 존재하는 모든 관계에 모수를 부여하고 연산을 수행한다. 이러한 연결에서 뒤에 오는 층을 **완전 연결**^{Fully connected}층이라 부른다. 밀도가 있게 연결된 모습을 가지기 때문에 dense 층이라고도 부른다. 인공 신경망을 사용하는 이유는 입력들과 출력들 사이의 다양한 비선형적 관계를 묘사하기 위함인데 어떤 변수들이 서로 관계를 갖는지 명확히 알지 못한다면 이와 같이 완전 연결층을 활용해 인공 신경망을 처음에 구성하는 것이 좋다. 만약 특정 변수 사이에는 관계가 없음을 알고 있다면 그러한 연결은 배제되도록 신경망의 구조를 조정해 구성하면 된다. 신경망의 구조를 나중에 단순화하는 기법도 있다. 신경망을 훈련하다보면 특정 가중치가 0으로 수렴해 가거나 어떤 신경이 항상 비활성화되기도 한다. 이러한 모수나 신경을 학습 중이나 학습 후에 신경망에서 제거하는 기법을 프루닝^{Pruning, 잘라내기} 기법이라 한다.

은닉층의 개수에 관해 살펴볼 흥미로운 정리가 있어 소개한다. 조지 치벤코^{George} Cybenko에 의해 제안된 시벤코 정리^{Universal Approximation Theorem}는 시그모이드 형태의 활성화함수를 사용하는 신경을 충분히 많이 사용하면 단일 은닉층을 갖는 인공 신경 망이 임의의 연속인 다변수 비선형함수를 원하는 오차 이하로 묘사할 수 있음을 보 인다. 이 정리는 피드포워드 신경망이 선형 상태 방정식은 물론, 각 입출력 관계가 연속적으로 변하는 비선형 시스템에 대한 표현이 가능함을 나타낸다. 물론 이 정리 는 어떤 시스템을 표현하는 데에 인공 신경망이 가장 좋은 형태라고 주장하거나, 단 일층을 사용하는 것이 가장 좋은 (작은 오차와 적은 연산량을 갖는) 구조임을 의미하는 것 은 아니다. 따라서 많은 연구는 인공 신경망을 적용하는 경우 다양한 구조(은닉층, 신 경 수)를 사용해 생성된 인공 신경망의 성능을 서로 비교해 가장 좋은 형태를 고르는 과정을 거친다.

6장에서는 피드포워드 신경망을 다양한 방법으로 구성해 회귀 문제를 다룬다. 그 리고 그 결과를 살펴보며 최적의 설정과 구조를 찾아가는 과정을 살펴본다. 7.3절에 서는 피드포워드 신경망을 사용해 정상/이상 데이터를 분류하는 문제를 다룬다.

3.2 합성곱 신경망

피드포워드 신경망의 구조로 신경망을 구성한다면 입력과 출력 사이의 비선형적인 관계는 충분히 묘사될 수 있으나 **입력들 사이에 숨어 있는 특징**은 발견되기 어렵다. 주 식의 가격, 음성과 같이 시간에 따라 변화하는 시계열 데이터의 경우 앞뒤의 데이터 사이에 관계가 있다. 다르게 생각하면 어떤 데이터 묶음에서는 **데이터의 위치가 의미를 갖고 있다.** 따라서 인접한 데이터 사이의 관계를 표현하는 연산 형태를 갖는 신경망을 사용함으로써 입출력 관계를 더 효율적으로 묘사할 수 있을 것이라고 기대할 수 있다.

합성곱 신경망^{CNN. Convolutional Neural Network}은 연속된 입력 속에서 인접한 입력 사이 의 관계를 뚜렷하게 해 활용하고자 할 때 사용되는 신경망 구조 중 하나다. 필터를 적용해 신호나 이미지의 **특징을 추출**함으로 피드포워드 신경망이 가질 수 없었던 기 능(경계, 그라데이션, 곡면 등의 감지)을 수행한다. 그림 3.4는 2D 입력과 2D 필터를 사용해 합성곱 연산을 수행하는 방법을 설명한다.

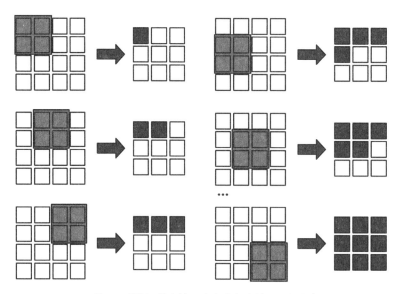

그림 3.4 합성곱 신경망(CNN)의 연산 방식(2D, 1개 채널)

합성곱은 (고정된 값의) **필터**^{Filter}를 옮겨 다니며 수행된다. 겹쳐진 칸의 원소끼리의 곱을 수행하고 모든 값을 더한 것(혹은 평균을 취한 것)이 해당 위치에서의 값이 된다. 위와 같이 합성곱을 수행하면 이전에 비해 이미지의 크기가 작아지게 되는데 이를 방지하기 위해 테두리에 더미^{Dummy} 데이터를 덧붙여 크기를 유지하는 방식을 **패딩** ^{Padding}이라 한다.

또 위 그림처럼 필터를 꼭 1칸씩 움직일 필요는 없으며 2칸 이상으로 옮겨도 된다. 이렇게 필터를 옮겨 다니는 크기를 **스트라이드**^{Stride}라고 하는데, 보통 필터 크기 이하의 값으로 두고 합성곱 연산을 수행한다.

합성곱 신경망이 이미지에 담긴 특징을 추출하는데 강점을 갖는 이유를 iRobot 의 데이터사이언티스트 브랜든 로러^{Brandon Rohrer}가 제안한 예시(https://youtu.be/ FmpDIaiMIeA)로 생각해보자.

9×9 크기의 이미지가 X를 나타내고 있는지 알아내고자 한다. 각 칸을 입력으로 받는 피드포워드 신경망을 구현할 경우 아래의 그림들을 모두 X로 인식하도록 훈련시키는 것은 어려울 수도 있다. 사실 모든 신경이 일렬로 세워진 것처럼 보일 것이기 때문에 각 입력의 위치에 관련된 정보가 소실될 것이기 때문이다.

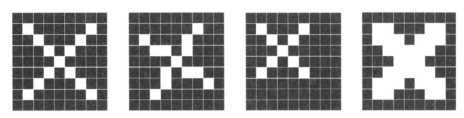

그림 3.5 사람이 쉽게 X로 인식하는 그림들(회전, 스케일링/오프셋, 가중)

입력값들이 위치 정보 혹은 순서를 갖고 있는 많은 경우에는 그 위치 정보가 중요한 의미를 갖고 있다. 사람이 X라고 그림을 인식하는 이유는 두 개의 직선이 관찰되고 그것이 교차하기 때문이다. 위에서는 X자가 회전을 하거나, 자리를 옮기거나, 크기 혹은 두께가 바뀌었지만 사람은 그림의 특징을 잡아내 쉽게 X자라고 인식하는 것이다. 때문에 기존의 영상 처리 기법들은 그림으로부터 특징을 추출하는 필터를 직접 사람이 만들어 활용했다. 예를 들어 X들에는 유사하게 나타나는 패턴이 있고 이는 다음 그림에 나타나 있다(선이 두꺼워진 '가중'의 경우에는 어떻게 공통점을 추출할지 직접 고민해보자).

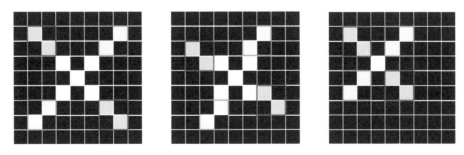

그림 3.6 X자 그림에서 찾을 수 있는 공통 패턴들

앞선 패턴을 찾아내 수치화하는 기능을 갖는 모델이 있다면 있다면 피드포워드 신경망에 비해 수월하게 X를 분류할 수 있을 것이다. 다음은 예시 필터로 합성곱 연산을 한 결과를 보인다.

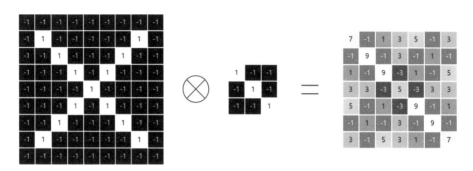

그림 3.7 우하향 대각선을 검출하는 필터의 예와 합성곱 연산 결과

우하향 대각선을 따라 큰 값이 많이 관찰되는 것이 보인다. 적은 개수(9개)의 모수를 사용해서도 그림의 특징을 뽑아내는 연산이 수행된 것이다. 이와 같이 같은 모수를 반복해 사용함으로써 모수의 개수를 줄이고, 나아가 유의미한 결과(특징 추출)를 얻어내는 것은 모수공유Weight sharing라 일컫는다.

위의 예는 합성곱 신경망이 필요한 이유를 잘 보여준다. 하나의 필터를 이동하면서 계속 사용함으로써 원하는 특징이 어느 위치에서 발견됐는지 찾아내는 것이 합성곱 신경망의 기능이다(사실 이러한 기능은 기존 영상 처리 기술에서 이미 사용하고 있었고, 합성곱 신경망이 이를 잘 반영한 신경망 구조다). X자 분류 문제를 피드포워드 신경망FNN으로 처리할 것을 생각하면 합성곱 신경망의 힘을 다시 느끼게 된다. 데이터를 한 줄로 길게 편 다음 X인지를 분류하려 한다면 상당히 학습시키기 곤란할 것이기 때문이다.

이제 나아가 합성곱 결과가 출력에 잘 전달돼 분류 결과로 이어질 방법이 필요하다. 여기에는 **풀링**Pooling층이 사용된다. 풀링층은 합성곱 결과의 차원을 줄이는 층이다. 풀링에는 다양한 기법이 있는데 일반적으로 max 풀링과 average 풀링이 활용된다. 각 풀링 기법의 동작은 그림 3.8에 나타나 있다. 이름에서 직관적으로 나타나듯이 max 풀링은 주어진 모든 입력 셀 중에서 가장 큰 값을 풀링의 결과로 출력하고

average 풀링은 주어진 모든 입력 셀들의 값들의 평균을 출력한다.

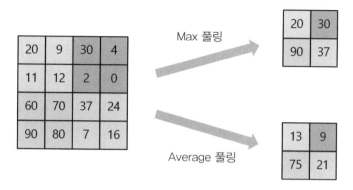

그림 3.8 대표적인 두 가지 풀링 기법

이와 같이 차원(데이터의 수)을 급격하게 줄이는 것은 특이한 결과로 이어진다. 바로 그림이 조금 이동했더라도 같은 분류 결과로 이어지게 된다는 것이다. X를 분류하는 위의 예제에서 X가 비틀어져 있거나 한 칸 이동했다 하더라도 급격히 차원을 줄이는 풀링층을 통과하고 나면 유사한 출력이 얻어지게 되는 것이다.

합성곱 신경망의 합성곱 층은 연속된 입력 데이터에 필터를 적용해 출력을 얻는데, 이때 필터는 (보통) 이전 층의 데이터보다 1차원 낮은 구조를 가진다. 필터는 데이터 위를 이동해 가며 결과를 출력하는데, 깊이^{Depth} 방향으로는 합성곱 연산을 수행하지 않는다. 입력 데이터의 깊이만큼의 서로 다른 필터가 만들어져 각 깊이에 대응되는 데이터에 사용된다. 그림 3.9는 깊이에 대한 이해를 돕기 위한 그림이다.

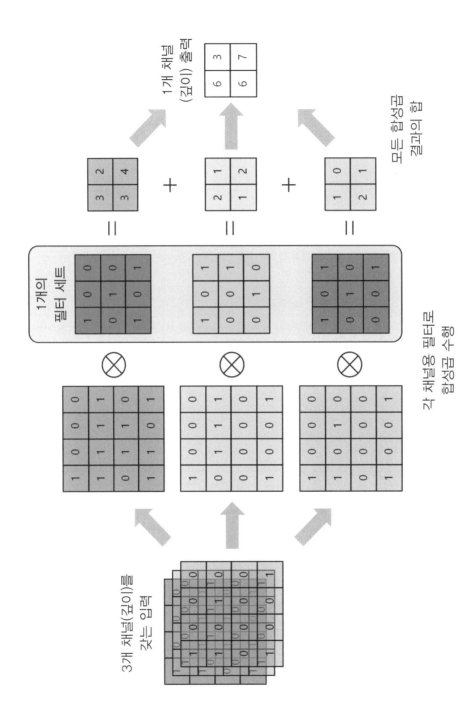

그림 3.9 여러 깊이의 입력에 대한 연산 과정(필터 세트와 대응되는 출력)

깊이는 **채널**^{Channel}이라고도 부른다. 깊이가 갖는 의미는 무엇일까? 말이 조금 어색하지만 말 그대로 깊이가 갖는 의미는 "의미"이다. 우선 그림을 입력으로 주어진 경우를 생각해보면, 3개의 각 깊이의 데이터는 사진의 RGB^{Red, Green, Blue} 밝기를 의미한다. 흑백사진으로는 케첩과 머스터드를 구분하기 어렵지만 깊이 성분을 활용하는 컬러 사진에서는 두 소스가 구분된다. 나아가 합성곱 신경망의 출력에서 구분된 서로 다른 깊이의 데이터 또한 다른 의미를 가질 수 있다. 다른 깊이의 데이터를 생성하는 데에 사용된 필터가 서로 다르기 때문이다. 이로 인해 어떤 깊이의 데이터는 면의 경계를 추출하는 역할을 할 수도 있고, 또 다른 깊이의 데이터는 선이 교차하는 부분을 추출하는 역할을 하게 되기도 한다. 이처럼 합성곱 신경망은 연속된 데이터 속에 담긴 여러 의미들을 찾아가며 출력층까지 전달하기 때문에 분류 문제를 해결하는 데에 강력한 도구가 된다.

일반적으로 합성곱 신경에서 합성곱 연산은 하나의 채널 내에서만 수행된다. 각 채널에서는 서로 다른 필터가 사용되고 그 합성곱 결과들을 모두 더한 것이 합성곱 신경의 출력이 된다. 데이터와 필터의 구조를 다시 정리해보자.

* 데이터와 필터는 같은 차원을 갖는다.
* 데이터에 비해 필터의 크기는 작다(옮겨 다니며 합성곱 연산을 수행한다).
* 데이터의 깊이만큼 서로 다른 필터가 생성되고 하나의 필터는 정해진 깊이의 데이터에 대해서만 연산을 수행한다.
* 여러 깊이에서의 합성곱 결과는 서로 합쳐지고 하나의 깊이의 출력이 된다.

앞선 그림에서도 봤듯이 하나의 합성곱 신경은 입력의 차원을 1개 줄인다. 예에서는 (3, 4, 4) 크기였던 데이터가 (3, 3) 크기의 필터 세트(3개)를 통과한 뒤 (1, 2, 2)가 됐다. 케라스에서는 하나의 합성곱 층이 여러 채널의 합성곱 신경을 갖게 해준다. 이때 각 신경은 모두 서로 다른 필터(의 세트)를 사용하게 되고 각 신경의 출력이 하나의 깊이를 구성해 결과적으로는 합성곱 층의 출력이 깊이 성분을 가지게 된다. 이는 뒤에 등장하는 그림에서도 보이는데, 합성곱 신경의 연산 결과가 다음 층에서 평면으로 나타나지만, 다음 층은 깊이를 갖게 된다.

그런데 합성곱과 풀링 연산만 수행해서는 데이터의 비선형성을 나타낼 수가 없다. 때문에 보통 합성곱을 수행한 후에 각 값에 활성화함수를 적용한다. 합성곱 신경망의 최종 출력 부분에 가까워져서는 모든 데이터는 일렬로 나열된다. 고차원의 데이터를 단순한 분류 결과로 나타내기 위한 작업인데 이를 **평탄화**^{Flattening}라고 부른다. 그리고 그 뒤에 완전 연결^{FC, Fully-Connected} 층들이 사용돼 출력층까지 이어지는데 이는 앞서 본 피드포워드 신경망에서의 일반적인 은닉층 연산과 같다. 때로는 출력들의 값이 0과 1 사이에 있고 그 합이 1이 되게 하기 위해 **소프트맥스**^{Softmax} 층을 마지막에 놓는다. 소프트맥스 층의 구체적인 연산은 7.1.2절의 예제에서 설명한다. 좋은 성능을 보이는 합성곱 신경망들은 합성곱층과 풀링층을 여러 개 두고 사용해 특징을 다양히 여러 번 추출하도록 구성되곤 한다. 따라서 합성곱 신경망의 전체 구조는 다음 쪽의 그림 3.10과 같은 모양을 갖는다.

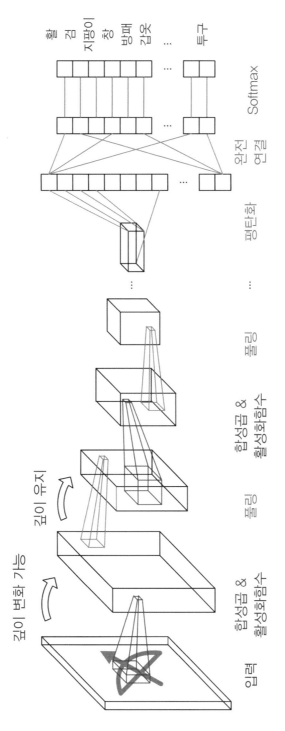

깊이 변환 가능

깊이 유지

활

검

지팡이

창

방패

갑옷

...

투구

Softmax

완전
연결

평탄화

풀링

합성곱 &
활성화함수

풀링

합성곱 &
활성화함수

입력

그림 3.10 합성곱 신경망의 전체 구조 예

앞서 합성곱 신경망이 연속된 입력 사이의 특징을 추출하는 강점을 가져 사랑을 받는다는 설명을 해왔지만 합성곱 신경망이 늘 강점을 갖는 것은 아니다. 바로 모수의 공유에 관련된 함정이 있기 때문이다. 결론부터 이야기하자면 입력 변수와 출력 변수의 다양한 관계가 서로 관계가 적을 경우에는 피드포워드 신경망을 활용하는 것이 더 합리적이다. 합성곱에 관련된 함정에 관해 더 살펴보자.

합성곱 연산을 하는 과정에서 하나의 모수는 여러 입력에 반복해 적용된다. 즉, 학습 시에는 한 모수가 여러 입력에 의존해 갱신이 이뤄지게 된다. 이로 인해 발생하는 부작용에는 두 가지가 있다. 첫째는 여러 입출력 관계가 섞여 보이기 때문에 각 모수의 갱신 속도가 느려지게 된다는 것이다. 둘째는 특정 입출력 관계가 뚜렷할 경우 많은 모수가 해당 관계를 묘사하는 데 집중하게 되고, 이로 인해 상대적으로 잘 드러나지 않는 입출력 관계의 학습이 더디게 이뤄질 수 있다. 그림 3.11은 3개의 입력과 1개의 출력 사이의 관계를 묘사하는 피드포워드 신경망과 합성곱 신경망의 구현 예를 보인다.

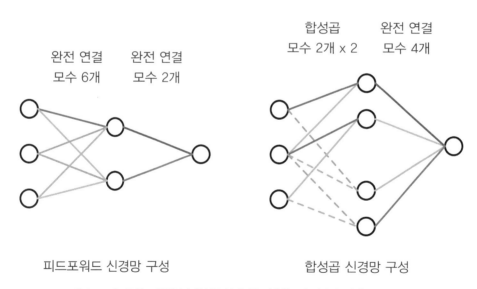

그림 3.11 피드포워드 신경망과 합성곱 신경망을 사용한 3개 입력과 1개 출력의 묘사 예

두 경우 모두 8개의 모수를 활용해 입출력 관계를 묘사하고 있다(이해의 편의상 편향이나 활성화함수의 적용은 우선 제쳐두고 살펴보자). 서로 다른 색의 선은 서로 다른 모수를 나타낸다. 피드포워드 신경망 모델에서는 총 8개의 모수가 있고 각 모수가 연산에 한 번씩 사용됐다. 합성곱 신경망 모델 역시 총 8개의 모수가 사용됐는데 그중 4개의 모수는 두 번씩 활용됐다. 이제 주어진 입출력의 관계가 모수가 적어도 8개는 활용돼야 할 복잡함을 가졌다고 가정해보자. 그렇다면 두 모델은 그림에서 각각 최소한의 구조로 주어진 데이터를 묘사해낸 것이 된다. 여기에서 주목할 점은 연산량이다. 모수의 개수는 선의 색으로 판단했지만 연산의 양은 선의 개수로 생각할 수 있다. 합성곱 신경망 모델에서 더 많은 선이 나타났는데 이는 합성곱 신경망 모델이 피드포워드 신경망 모델에 같은 관계를 묘사하는 데 더 많은 연산을 소요한다는 뜻이다. 완벽한 예는 아니지만, 입력과 출력 변수 사이의 각 관계가 서로 독립적이고 묘사될 필요가 있는 상황에서는 피드포워드 신경망을 활용하는 추정 모델이 더 효율적일 수 있다. 설명이 길어졌는데 다시 요약하자면 '순서가 중요한 입력이 아니면 합성곱 신경망의 활용은 이득을 기대하기 어렵다'는 것이다.

그런데 진짜 문제는 따로 있다. 입력의 특성이나 입출력 관계에 관한 정보를 모델 설계자는 미리 깊게 알지 못한다는 것이다. 다르게 말하면 정보가 조금이라도 있었다면 다른 기존 회귀 모델들을 활용해 데이터셋을 잘 묘사할 수도 있었다는 점이 문제다. 그렇기에 모델 설계자는 다양한 모델을 활용해 입출력 사이의 관계를 묘사해보고 그 중 가장 정확하고 효율적으로 묘사하는 모델을 찾아가야 한다. 마지막 팁으로, 출력 변수 사이의 관계에 관련성이 없음을 알았다면 하나의 신경망이 아니라 여러 개의 신경망으로 나눠 구현하는 편이 더 좋을 수도 있으니 참고해두자.

7.1절에서는 합성곱 신경망을 활용해 패션 이미지를 다중 분류하는 예제를 살펴본다.

3.3 순환 신경망

앞에서는 연속된 데이터에 대한 특징 추출에 강점을 갖는 합성곱 신경망^{CNN}을 살펴봤다. 이번 절에서는 다른 연산 방식을 통해 인접 데이터의 처리에 강점을 갖는 **순환 신경망**$^{RNN, Recurrent Neural Network}$에 대해 살펴본다. 순환 신경망은 특히 미래(주가, 날씨) 예측, 이미지 인식, 음성 인식 등에 강점을 가진다고 알려져 있으며 이러한 기능을 위해 다양한 구조가 개발되고 있다.

순환 신경망에는 출력이 이전 층의 입력이 되는 순환 구조가 포함된다. 역방향으로 데이터가 흐르는 구조가 포함돼 있다는 것인데, 이는 연산을 무한히 반복한다는 뜻은 아니다. 보통 역방향으로 흐르는 데이터는 다음 연산 시 전파가 되도록 한다. 그리고 연속된 입력은 신경망에 한 시점에 모두 주어지는 것이 아니라 순차적으로 하나씩 입력층에 준다. 그림 3.12는 하나의 층이 스스로의 출력을 다음 연산 시 자신의 입력으로 받는 순환 구조를 가진 **홉필드**^{Hopfield} **순환 신경망**을 보인다. 여기에서 소문자로 표기된 변수들은 모두 벡터이고 f는 비선형함수를 나타낸다. 각 신호의 시점을 표기한 아래첨자 t를 유심히 살펴보자.

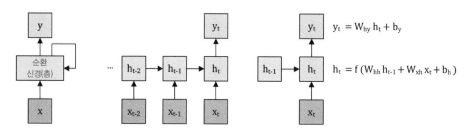

$$y_t = W_{hy} h_t + b_y$$

$$h_t = f(W_{hh} h_{t-1} + W_{xh} x_t + b_h)$$

그림 3.12 순환 신경망의 시간에 따른 연산(단순한 홉필드 순환 신경망)

위 그림에서 각 상자는 층을 의미하고 실제로는 여러 신경으로 구성된다. 그림에서 화살표는 벡터 데이터의 흐름이자 선형 조합이다. 각 층의 신경을 펴서 화살표가 스칼라의 흐름을 나타내도록 그린 예는 그림 3.13과 같다.

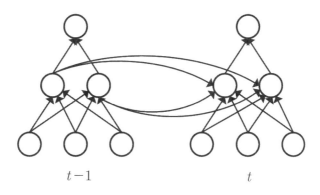

$t-1$ t

그림 3.13 은닉층의 출력이 기억되고 같은 은닉층으로 완전 연결된 모습

순환 신경망에서도 합성곱 신경망과 같이 시간에 따른 모수의 공유가 일어난다. 이때 순환층에서 사용되는 모수(위 그림에서는 W_{hh})뿐만 아니라 다른 모든 모수들도 여러 시간대에 걸쳐 반복돼 사용된다. 과거 정보들 사이의 관계가 유의미한 경우 순환 신경망이 강력해지고 모수 공유를 통해 효과적인 시스템 묘사가 가능해진다. 반면 앞서 설명했듯이 순환 신경망 구조는 과거의 정보들이 다음 데이터에 독립적으로 영향을 주는 경우에는 학습 및 묘사 능력이 저하될 수 있다.

순환층을 구현할 때 위 그림과 같이 모든 신경이 꼭 서로 모두 연결^{Fully Recurrent}될 필요는 없다. **단순 순환 신경망**^{SRN, Simple Recurrent Network}은 서로 위치가 같은 신경만 순환 경로를 연결해 사용하는데, **엘만**^{Elman} **신경망**과 **조르단**^{Jordan} **신경망** 등이 있다.

다음 표는 신경망들의 순환 연산 식을 비교한 것이다. 여기에서 I는 대각선의 원소가 1이고 나머지는 0으로 채워진 행렬이다.

표 3.1 순환 중 이뤄지는 연산에 따라 분류한 순환 신경망

순환 신경망 종류	은닉층의 연산
홉필드 신경망	$h_t = \sigma_h(W_{hh}h_{t-1} + W_{xh}x_t + b_h)$
엘만 신경망	$h_t = \sigma_h(h_{t-1} + W_{xh}x_t + b_h)$
조르단 신경망	$h_t = \sigma_h(y_{t-1} + W_{xh}x_t + b_h)$

엘만 신경망의 순환층은 지난 연산에서의 은닉층의 값을 그대로 입력으로 사용하고, 조르단 신경망의 순환층은 지난 연산에서의 출력 값을 그대로 입력으로 사용한다. 이에 비해 홉필드 신경망은 지난 연산에서의 은닉층의 값에 가중치 행렬을 곱해 입력으로 사용한다. 모든 경우 순환층은 그 전의 층과 완전 연결^{Fully Connected} 관계를 갖는다.

여기까지 살펴본 순환 신경망은 피드포워드 신경망에 단순히 순환 구조를 더한 형태인데, 이는 상당히 제한적인 변형이다. 여러 순환 신경망이 발전되면서 단순한 순환 신경망 구조를 지칭해 부를 용어가 필요하게 됐고, 이제는 앞의 구조를 **바닐라** ^{Vanilla} **순환 신경망**이라고 일컫는다. 최근 역방향으로의 데이터 흐름이라는 개념을 더욱 잘 활용하는 순환 신경망들이 개발되고 있는데 그중 대표적인 것이 LSTM^{Long Short-Term Memory network}이다.

LSTM은 1997년 호크라이터^{Hochreiter}와 슈미트후버^{Schmidhuber}에 의해 제안된 그림 3.14의 구조다.

그림에서 σ는 로지스틱 시그모이드 함수로 0과 1 사이의 값을 가지며 t로 표현된 하이퍼볼릭탄젠트 함수는 −1과 1 사이의 값을 가진다. 모든 곱셈과 덧셈은 벡터 간 자리가 일치하는 원소 사이에서 각각 (element-wise) 이루어진다. W&b로 표기한 블록은 가중치와 편향을 나타낸 것으로 모든 입력에 활용해 선형 조합을 수행하는 블록이다.

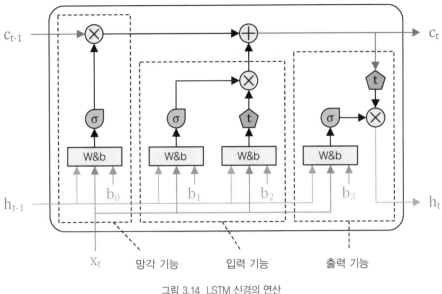

그림 3.14 LSTM 신경의 연산

LSTM 셀의 구조가 마치 신경망처럼 보이겠지만 사실 이는 신경 하나의 그림이다. 앞서 봤던 순환 신경과 다른 점은 하나의 신경이 두 개의 상태를 갖는다는 점이다. 그림에서 c는 셀 내부에서만 활용되는 상태이며, h는 셀의 추가 상태이자 출력이다. LSTM은 의도적으로 구현된 세 가지 주요 기능으로부터 단순한 순환 신경망에 비해 더 나은 성능을 가진다.

1. **망각 기능**: 기존 상태를 얼마나 잊어버릴지 결정
2. **입력 기능**: 셀의 상태에 새 입력을 얼마나 반영할지 결정
3. **출력 기능**: 셀의 상태와 새 입력을 출력에 얼마나 전달할지 결정

위의 구현을 바탕으로 LSTM은 아주 중요한 목표를 달성하는데, 바로 데이터의 장기 의존성의 해결이다. 데이터의 장기 의존성이란 오랜 시간 전의 입력이 출력에 영향을 미치는 것을 의미한다. 예로 문장의 의미를 파악하는 신경망을 생각해보자. 순환층의 정보는 계속해 그 뒤에 들어오는 정보로 인해 영향을 받게 되므로 일찍 주어진 값의 영향은 점차 작아지게 된다. 이러한 현상은 문장을 해석하는 데 있어 방해가 될 것이다. 가령 긴 문장에서 주어가 일찍 나타났다면 해석 결과에서 주어의 정보가

소실될 수도 있다. 즉, 아무리 입력이 길어도 오래전에 입력된 내용이 출력에 영향을 크게 미쳐야 하는 경우, 정보가 저장되고 유지되는 기능이 요구되는데 LSTM의 구조가 이를 해결한다. 나아가 이러한 구조는 그래디언트 소멸 문제의 해결에도 도움이 된다(그래디언트 소멸 문제는 긴 전파 과정에서 앞쪽에 위치한 모수의 갱신이 잘 이뤄지지 않는 것을 의미한다). 모수의 갱신은 해당 모수가 출력에 얼마나 영향을 미치는지에 비례해 수행하기 때문에 LSTM에서는 그래디언트 소멸 문제도 해소된다.

아주 오래전의 정보를 전달하는 것뿐만 아니라 LSTM은 필요한 순간에 입력을 받고, 때론 망각을 하기도 하므로 문맥을 감지하는 기능을 수행하게 된다. 때문에 LSTM은 문장 이해, 번역, 음성 인식 등의 분야에서 활발히 응용되고 발전이 이뤄지고 있다. LSTM의 등장 이후 발전된 형태로는 2006년 그레이브스[Graves] 등이 제안한 CTC[Connectionist Temporal Classification] 모델, 2014년 등장한 GRU[Gated Recurrent Unit], 합성곱 신경망[CNN]과 순환 신경망[RNN]을 결합해 활용하는 CRNN[Convolutional-Recurrent Neural Network] 등이 있다.

순환 신경망을 실제로 사용하거나 훈련시키려는 순간 설계자는 의문점을 하나 갖게 된다. 바로 순환층의 입력의 길이를 어떻게 할 것인가다. 순환 신경망은 여러 시점에 걸쳐 추정/학습을 수행하기 때문에 입력을 어떤 방법으로 생성할 것인가에 대한 모호함이 남는다. 다음 두 순환 신경망 활용 방법을 생각해보자.

1. 무한한 길이의 입력을 사용한다. 매 순간 입력이 하나씩 주어지고 그에 대한 하나의 출력이 반환된다.
2. 유한한 길이의 입력을 사용한다.

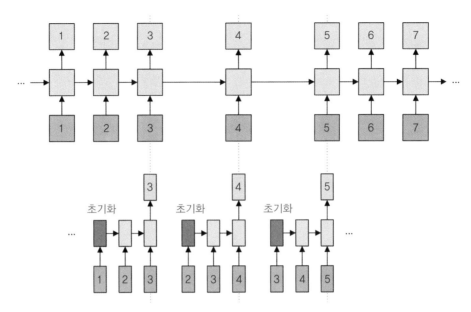

그림 3.15 무한한/유한한 길이의 입력을 사용하는 순환 신경망의 연산 과정

일부 독자들은 순환 신경망이 첫 번째 방법처럼 사용될 것이라 막연히 여겨왔을 수 있다. 아마도 주가의 추정, 날씨 예상 등의 예제를 생각한 독자였다면 더욱 그랬을 것이다. 계속 추정해오던 신경망에 새로운 입력 하나만을 더 넣어주기만 하면 다음 값이 추정되는 것이 어떻게 보면 합리적이기도 하고 연산량 면에서도 유리하기 때문이다. 두 번째 방법은 한순간의 출력을 얻기 위해 해당 시점에 연관된 최근 입력을 활용한다. 이 방법은 같은 입력을 여러 차례 다시 활용한다. 두 방법 중 어느 것이 옳다고 단정지어 말할 수는 없지만, 대부분 사실 순환 신경망은 두 번째 방법으로 응용된다. 실질적으로 입력은 무한한 길이일 수 없기 때문이기도 하고, 농일한 입력이 주어졌을 때 동일한 출력을 얻는 모델을 원하기 때문이다. 첫 번째 방식은 계속해 신경망의 출력이 활용되기 때문에 그 값이 의도적으로 수정될 기회를 갖지 못한다. 때문에 동일한 개형의 신호가 연달아 들어왔을 때에 같은 추정 결과를 반환하지 못하게 된다. 이에 반해 두 번째 방식은 매 추정 시작 시 순환 신경의 상태를 항상 같은 값으로 초기화한다. 때문에 동일한 입력 시퀀스가 주어졌을 때 항상 같은 출력을 얻을 수 있다. 같은 맥락에서, 주가 혹은 날씨같이 끝없이 이어지는 신호의 추정을 하

는 신경망도 보통 유한한 입력을 사용하도록 구현된다.

그렇다고 해서 첫 번째 방법이 아예 사용되지 않는 것은 아니다. 무한한 길이의 입력을 사용하는 신경망의 적용이 문제가 되지 않거나 오히려 적합한 분야가 있을 수도 있기에 관련 연구들은 계속 진행되고 있다. 케라스의 신경망 구성 옵션에서도 이와 같은 연산 방식을 택하도록 설정할 수도 있다. 하지만 내가 활용했을 때는 항상 두 번째 연산 방식의 구현이 더 효율적으로 시스템을 묘사하거나 그 추정 결과가 좋았다. 이 책에서는 두 번째 방식을 활용하는 신경망을 구성한다.

순환 신경망에 대한 예제로 7.2절에서는 LSTM을 활용해 스팸 메일을 분류하는 문제를 다룬다.

3장에서는 대표적인 3가지 신경망 구조인 FNN, CNN, RNN을 살펴봤다. 살펴본 구조는 커다란 분류의 개념으로 이해하는 것이 좋으며, 각 구조를 변형하고 응용하는 다양한 구조의 신경망이 세상에는 존재한다. 각 신경망의 특징을 이해했을 때에 직면한 문제를 해소하기에 적합한 신경망을 선택하고 그 신경망의 하이퍼파라미터들을 적절하게 선정할 수 있다.

- **피드포워드 신경망**Feedforward Neural Network: 신경들의 집합인 은닉층을 순차적으로 배치해 전향 연산만을 수행하는 신경망으로 다층 퍼셉트론MLP, Multi-Layer Perceptrons이라고도 부른다.

- **합성곱 신경망**Convolutional Neural Network: 필터와 합성곱 연산을 활용하는 신경망으로 연속된 데이터에서 특징을 추출하는 강점을 갖는 신경망이다. 하나의 필터는 여러 고정된 값들로 이루어져 있고 이 필터가 주어진 데이터 위에서 이동하며 합성곱 연산을 수행한다. 합성곱 연산은 필터와 데이터에서 자리가 일치하는 원소끼리 곱을 수행한 뒤 그 값들을 더한 결과를 출력하는 선형 조합 연산을 의미한다.

- **순환 신경망**Recurrent Neural Network: 역방향으로의 데이터 전파 개념과 셀의 상태 개념을 사용하는 신경망으로 연속된 데이터 속의 특징 추출에 강점을 갖는 신경망이다. 피드포워드 신경망에 단순히 역전파 개념을 접목시킨 구조를 바닐라Vanilla RNN이라 부른다. 바닐라 RNN의 학습 한계가 되는 그래디언트 소멸Vanishing Gradient 문제의 해소를 위해 발전된 셀 구조를 갖는 신경망으로는 LSTMLong Short-Term Memory이 있다.

04
인공 신경망의 생성 과정과 응용

인공 신경망은 (기존의 단순한) 모델로 표현되기 어려운 시스템을 이해하고, 묘사하거나 추정하기 위해 사용된다. 다른 모델들은 특정한 연산 체계를 미리 정해두고 취득된 데이터에 따라 몇 변수의 최적 값을 찾아가는 과정을 가진다. 이에 비해 인공 신경망은 일반적인 연산 체계를 형성해두고 복잡도를 조절한 뒤, 적절한 학습 방법을 선택함으로써 임의의 비선형적 관계를 묘사한다. 이러한 특징이 인공 신경망의 강점이자 관심을 받는 이유라 할 수 있다. 하지만 이 강점을 확보하기 위해서 인공 신경망 설계자는 생성 단계에서 많은 고민을 해야 한다. 4장에서는 인공 신경망의 생성 단계를 데이터 취득, 신경망 생성, 학습, 검증, 응용(배포)의 단계를 거쳐야 한다.

신경망의 생성 과정을 제어기가 사용되는 시스템의 상태를 추정하는 예로 살펴보자. 시스템에는 두 개의 상태가 있고 상태를 측정하는 센서들이 사용되며 이 정보에 기반해 시스템이 제어되고 있다. 그런데 하나의 상태를 위한 센서가 너무 비싸거나 고장이 빈번해 사용을 지양하고자 하는 상황이라고 해보자. 이때 신경망을 사용해 해당 상태를 추정하는 방법을 생각해볼 수 있다. 이를 위한 신경망의 생성 과정은 그림 4.1로 나타낼 수 있다.

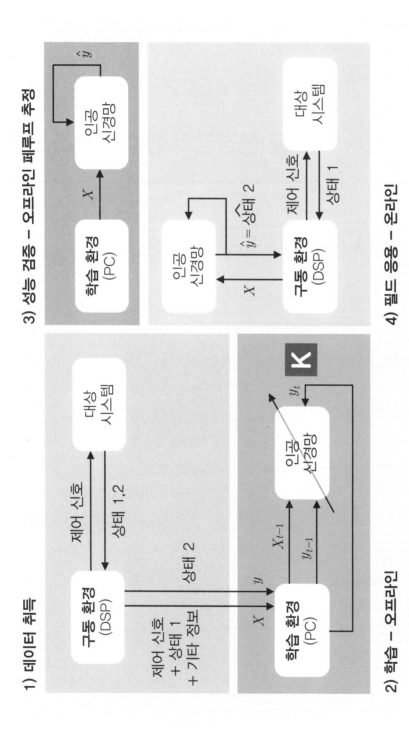

그림 4.1 신경망 생성의 과정 – 데이터 취득, 학습, 검증 그리고 온라인 응용

82

신경망을 생성하기 위한 첫 과정은 데이터 취득이다. 여러 구동 조건과 상태의 조합을 시도하며 데이터가 취득된다. 저장하는 데이터는 시스템에서 측정된 상태 신호들과 구동 환경에서 얻을 수 있는 정보들(제어 신호 등)이다. 데이터는 신경망을 학습시킬 학습 환경(PC 등)에 저장된다. 이후 원하는 값(예제에서 상태 2)을 추정하는 여러 종류와 형태의 신경망을 생성한다. 생성된 모델 중 가장 추정 성능이 좋은 것을 고르는 것으로 학습이 완료된다. 만약 이 예제와 같이 상태를 반복적으로 추정해 나간다면 3번 과정과 같이 폐루프 추정을 수행해 성능 검증을 추가로 할 수 있다. 모델의 생성, 학습, 검증 과정은 많은 연산량이 필요하기 때문에 실질적으로 소요 시간에 대한 문제도 고려해야 한다. 대부분의 응용 분야에서는 학습이 오프라인으로 고성능 PC를 통해 수행된다. 최종 모델이 결정되고 나면 모델의 형태나 모수의 값들을 고정한다. 그리고 해당 모델을 구동 환경에 맞추어 구현하는데, 이러한 과정을 배포^{Deploy}라고 한다.

이제 신경망이 생성되고 응용되기까지의 각 과정을 더 깊게 살펴보자.

4.1 데이터 취득

다른 모델들도 그렇지만 인공 신경망은 더욱 데이터에 의존성이 큰 모델이다. 특정된 연산 체계를 먼저 수립한 뒤 입력과 출력 값에 따른 최적화를 하는 것이 아니고, 일반적인 연산 체계에 수집한 결과들을 반영하는 신경망은 아주 데이터-주도적^{Data-Driven}인 모델이다. 쉽게 말하자면 취득한 데이터가 신경망의 기능과 성능을 크게 좌지우지한다는 것이다. 인공 신경망의 성능에는 구조와 학습 방법도 큰 영향을 미치기에 분명 구조와 학습 알고리즘에 대한 최적화가 필요하다. 하지만 '적합한' 구조와 학습 방법이라는 말도 결국 취득한 데이터에 대한 상대적인 개념이다. 인공 신경망 설계자는 묘사하려는 시스템으로부터 가능한 한 많은 정보를 얻어, 시스템의 일반적인 현상과 특수한 현상 모두를 기록할 수 있도록 노력해야 한다.

인공 신경망은 생성된 직후에는 (일반적으로) 모든 모수들이 임의의 값으로 설정된다. 신경망을 학습시키고 나아가 검증하기 위해서는 실제 시스템에서 취득한 데이터가 필요하다. 이때 신경망의 설계자는 시스템에서 추정하고자 하는 값(출력)과 그에 연관된 값들(입력)을 측정할 수 있어야 한다. 이러한 변수의 선택과 기록 정밀도, 주기 등은 모두 설계자에 의해 결정되기 때문에 데이터의 취득에 앞서서 시스템에 관한 이해가 어느 정도 이뤄져 있어야 한다 이를테면 집값을 추정하는 신경망의 경우에는 집의 상태, 주변 환경 등을 수치화해 저장해야 하고 (당연히) 집값이 저장돼야 한다. 특정 주식의 내일 최고가에 대한 예측을 수행하려면 해당 주식의 과거 가격, 관련 주식들의 가격이나 뉴스의 영향 등을 입력으로 사용한다.

입력에 사용될 정보의 종류, 기록 주기나 총 길이(지난 1주 혹은 1개월) 등은 추정 성능에 직접적으로 영향을 줄 수 있는데 이는 다음 과정에서 신경망의 구조를 결정하는 것과 함께 최적화가 수행돼야 할 부분이다. 원하는 정보를 추정하기에 필요한 정보의 종류와 양을 잘 모른다면 가능한 다양한 데이터를 높은 정밀도로 취득해야 할 것이다.

데이터를 취득할 때에는 신경망의 훈련에 사용할 데이터뿐만 아니라 평가에 사용할 데이터가 함께 얻어져야 한다. 하지만 새로운 환경이나 조건하에서 평가 데이터셋을 얻는 것은 옳지 못하다. 훈련 데이터셋으로 해당 평가 데이터셋을 올바르게 추정할 수 없기 때문이다.

예로 말하자면, 1부터 8의 손글씨 숫자로 신경망을 훈련시킨 뒤 손글씨 숫자 9를 판별하도록 할 수는 없다. 즉, 평가 데이터셋을 얻는 좋은 방법은 같은 환경에서 최대한 다양한 조건으로 실험을 수행한 뒤 전체 데이터셋 중 (랜덤한) 일부를 평가 데이터셋으로 분류하는 것이다.

최대한 다양한 조건으로 데이터를 취득해둬야 하는 이유를 살펴보자. 입력 변수가 형성하는 공간의 일부에만 해당되는 훈련 데이터를 얻을 경우 남은 공간의 입력에 대해서는 신경망이 멋대로 추정하게 되기 때문에 예상치 못한 큰 오차를 얻게 될 수 있다. 다음 그림은 훈련 데이터가 좁은 영역만을 커버해 학습 결과가 이상해질 수 있는 예시들을 보인다(입력 변수가 1개인 경우).

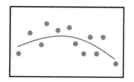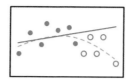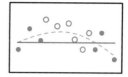

그림 4.2 부족한 훈련 데이터 취득에 따른 회귀 모델 추정 결과 변화

왼쪽 그림은 전 구간에서 데이터를 취득해 적절히 목표 함수를 학습한 경우를 보인다. 가운데 그림은 한쪽에 치우친 데이터셋을 학습해 남은 구간에서 잘못된 추정 결과를 보이는 경우다. 오른쪽 그림은 양 끝 영역에서만 데이터를 취득해 가운데 부분에서 큰 오차를 보이도록 학습이 수행된 경우를 보인다. 이와 같이 전체 영역에 걸쳐 학습 데이터를 취득하는 것은 전체 구간에서 신경망이 고른 추정 성능을 확보하는 데에 큰 영향을 줄 수 있으므로 중요하다.

취득된 데이터를 그대로 입력에 사용한다면 신경망의 추정 성능을 최대로 끌어내지 못할 수도 있다. 입력 변수 각각을 제곱해 사용하거나 서로 곱하거나, log를 취해 사용하는 등의 전처리를 하는 것에 따라 추정 성능이 크게 달라질 수 있기 때문이다. 최적의 입력 변수 형태 및 집합 또한 데이터 취득 단계에서 알기는 어려우며 다음 단계에서 다양한 시도를 통해 확인돼야 한다.

4.2 인공 신경망의 생성, 학습, 검증

묘사하려는 시스템이 입출력 변수의 관계에 따라 인공 신경망이 가져야 할 형태나 학습 방법 등은 달라질 필요가 있다. 신경망이 적절한 복잡도를 가졌는지, 데이터는 일반적으로 잘 확보됐는지 등을 인공 신경망 설계자는 파악할 수 있어야 한다. 본 절에서는 이를 위한 일련의 과정과 기법을 다섯 가지 주제로 소개한다.

- 인공 신경망의 생성: 1) 신성망의 구조, 2) 은닉층과 신경
- 인공 신경망의 학습: 3) 손실함수, 4) 학습 알고리즘
- 인공 신경망의 검증: 5) 모델 복잡도와 데이터셋 검토

1) 신경망의 구조

단순한 입출력 관계라 생각되는 곳에는 피드포워드 신경망^{FNN}을, 연속된 데이터에 담긴 특징을 포착하려 한다면 합성곱 신경망^{CNN}이나 순환 신경망^{RNN}을 사용하면 좋다. 선택하는 구조에 따라 입출력의 가공 방식, 은닉층과 신경의 수 등에 변화가 생기게 되며, 나아가 소요 연산량과 추정 성능에도 큰 영향을 미치게 되므로 구조를 신중하게 선택해야 한다. 각 신경망의 특징이나 응용 분야에 대해서는 3장의 내용을 참고하자.

2) 은닉층과 신경

신경망의 큰 구조를 정했다면 구체적인 구조 즉, 은닉층의 수, 내부의 신경의 수, 활성화함수가 결정될 차례다. 너무 적은 자유도를 갖는다면 신경망은 데이터에 과소적합^{Underfit}되고, 너무 큰 자유도를 갖는다면 과적합$^{과대적합, \ Overfit}$ 현상이 나타나게 된다. 과소적합은 훈련 데이터에 담긴 특징을 충분히 포착하지 못했음을 의미하고 과적합은 훈련 데이터에만 과도하게 집중해 학습돼 도리어 평가 데이터에서는 안 좋은 성능을 나타내게 됨을 의미한다. 그림 4.3은 관련된 설명을 위한 것으로 왼쪽부터 순서대로 과소적합, 이상^{Ideal} 적합, 과적합된 경우를 보인다.

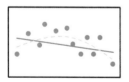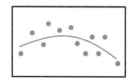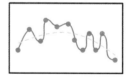

그림 4.3 인공 신경망의 복잡도에 따라 나타나는 과소적합, 이상적합, 과적합

3) 손실함수

보통 회귀 문제에서는 손실함수로 오차 제곱합$^{SSE, \ Squared \ Sum \ of \ Error \ 혹은 \ MSE, \ Mean \ of \ SSE}$이 사용되고, 분류 문제에서는 손실함수로 교차 엔트로피$^{Cross-Entropy}$가 사용된다. 간

단히 설명하자면, 오차 제곱합은 말 그대로 각 출력에 대해 추정한 결과와 정답 값의 차이를 제곱해 합하는 손실함수다. 교차 엔트로피는 로그함수를 이용해 0과 1 사이로 표현되는 오차가 0부터 무한대의 손실로 대응되게 한다. 일반적으로 학습 시 각 샘플에 대해 손실함수 값이 계산되고 샘플의 묶음인 배치^{Batch}에서의 평균 손실함수 값에 기반해 인공 신경망의 모수가 갱신된다. 다양한 학습 상황, 데이터의 종류 등을 위해 다양한 손실함수들이 만들어져왔는데 케라스 API 문서에서 확인할 수 있으며, 신경망 모델 생성 시 옵티마이저^{Optimizer}에서 쉽게 지정할 수 있다.

https://keras.io/api/losses/

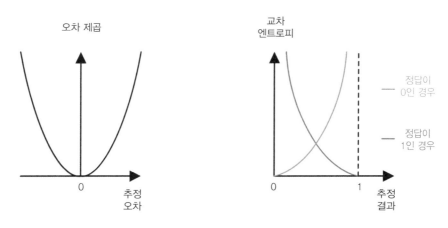

그림 4.4 회귀 문제에서 주로 사용되는 손실함수인 오차 제곱과 분류 문제에서 주로 사용되는 손실함수인 교차 엔트로피의 개형

4) 학습 알고리즘

학습 알고리즘은 두 부분으로 나눠 생각할 수 있다. 첫째는 학습 데이터 선택 방식이고, 둘째는 모수 갱신 방식이다. 먼저 학습 데이터 선택 방법을 생각해보자. 학습 데이터가 많을 때 데이터 하나 하나마다 모수를 갱신한다면 신경망은 학습 데이터에 순서에 따라 그 학습 결과가 달라지게 된다. 만약 학습 데이터가 실험 중 얻어

졌다면 비슷한 종류의 데이터가 부분적으로 몰려 있을 확률도 높은데, 이 경우 신경망의 학습이 한 종류의 데이터에 치우쳐져 이루어질 수도 있다(이를 방지하고자 학습 전 데이터셋의 순서를 랜덤하게 섞는 작업을 수행하기도 한다). 따라서 기본적인 학습 알고리즘은 전체 데이터셋에 대한 오차의 평균을 기준으로 모수를 갱신한다. 하지만 이러한 방법은 모수의 갱신이 느려지게 하고 **국소 최적점**Local Optimum에 쉽게 빠지게 하기에 학습 데이터 선택 방법도 다양하게 제안됐다. 예를 들어 Stochastic Gradient Descent[SGD] 기법은 학습 데이터 중 일부를 랜덤하게 선택해 해당 데이터의 오차 평균으로 모수를 갱신하는 것을 반복한다. 혹은 **미니 배치**Mini Batch라는 개념을 사용해, 전체 데이터를 몇 개의 집합으로 나누어 골고루 학습에 사용하는 방법도 있다. 이와 달리 모수가 갱신돼 가는 속도(관성)를 활용하는 기법도 있다. 그림 4.5는 하용호 데이터 과학자의 "자습해도 모르겠던 딥러닝, 머릿속에 인스톨시켜드립니다" 슬라이드를 참고해 나타낸 학습 기법들의 발전 과정이자 특징 비교 그림이다. 케라스에서 사용 가능한 옵티마이저에 관한 설명 또한 API 문서에 잘 설명돼 있다.

https://keras.io/ko/optimizers/

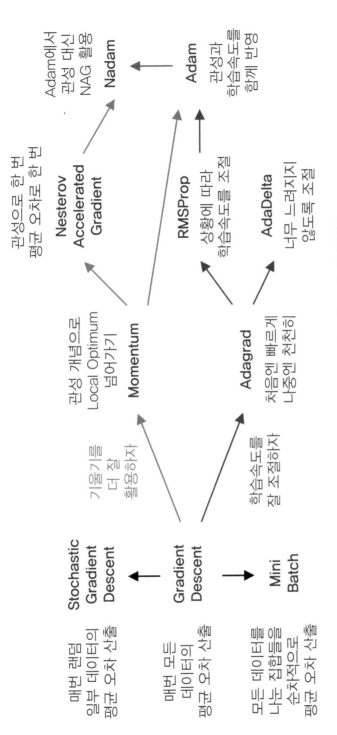

그림 4.1 신경망 생성의 과정 – 데이터 취득, 학습, 검증 그리고 온라인 응용

신경망의 구조와 학습 알고리즘을 선택하는 것은 감이 전혀 없는 상태에서는 어려운 문제다. 이에 관련해 텐서플로 개발 그룹이 제공하는 Playground 사이트(http://playground.tensorflow.org/)를 소개한다. 그림 4.6과 같이 해당 사이트는 특정 분류/회귀 문제를 해소하는 신경망을 직접 구성하고 학습 과정을 그래피컬하게 볼 수 있게 해준다. 신경망의 구조뿐만 아니라 학습 속도, 활성화함수, 정규화도 직접 설정할 수 있고 학습 과정을 지켜볼 수도 있기 때문에 한번 사용해볼 것을 권한다.

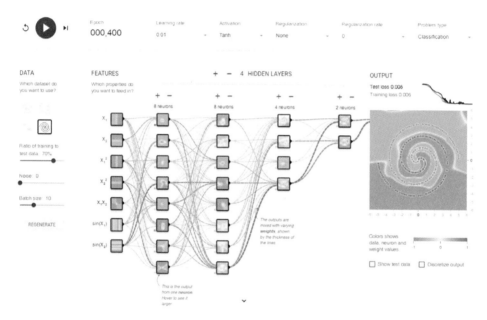

그림 4.6 인공 신경망의 구조와 입출력, 학습 파라미터를 바꾸며 평가할 수 있는 Playground 사이트의 화면

훈련 데이터셋에서 좋은 추정 결과를 얻게 됐다면 선택한 구조가 올바른 구조였는지 검토해볼 차례다. 여기에는 **검증**^{Validation} **데이터셋**이 사용된다. 검증 데이터셋은 평가 데이터셋과는 조금 다른 개념이다. 검증 데이터셋은 학습 과정에 관여하는 것으로, 훈련된 여러가지 모델 중 가장 좋은 하나의 모델을 고르는 데에 사용한다. 평가 데이터셋은 이러한 과정을 통해 선정된 최종 모델의 성능을 평가하기 위해 사용된다.

학습을 수행하는 구체적인 과정은 4장에서는 설명을 생략한다. 이 책의 6장과 7장에서 다양한 예제를 해결하면서 구체적인 학습 방법 그리고 결과에 따른 개선 방법 등을 살펴보자.

5) 모델 복잡도와 데이터셋 검토

한 번의 학습이 이뤄진 뒤에는 그 학습이 올바르게 수행됐는지 검토해야 한다. 만약 검토 결과가 좋지 못하다면 인공 신경망 설계자는 생성, 학습, 검토 과정을 반복해야 한다. 물론 하나의 좋은 모델을 얻었다고 해서 거기서 바로 멈춰서도 안 된다. 원하는 추정 결과를 얻었더라도 여전히 연산량과 메모리 측면에서 최적화를 할 여지가 있으므로 다양한 모델을 생성해 여러 측면에서 성능을 비교할 필요가 있다.

학습 곡선 Learning Curve은 모델과 데이터셋을 검토하는 데 활용되는 가장 중요한 개념이다. 학습 곡선은 학습 과정에 따른 훈련 데이터셋과 검증 데이터셋에 대한 신경망의 추정 오차(손실)를 나타낸 그림이다. 학습 곡선을 활용하면 학습이 얼마나 이뤄졌는지, 모델의 복잡도가 적절한 수준이었는지 그리고 데이터셋의 양호도를 검토할수 있다. 다음은 학습 곡선에 따른 검증 결과를 설명한다.

- 이상 적합Ideal Fit

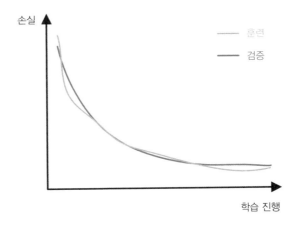

그림 4.7 이상 적합이 이뤄진 경우의 학습 곡선

훈련과 검증 데이터셋의 손실이 함께 계속해 감소해 가고 특정 수준에 함께 수렴해 가는 경우가 가장 올바른 학습이 수행된 경우다. 데이터셋이 적절히 나누어졌고 모델 또한 적합한 자유도를 가졌다. 여기에서도 더 개선할 여지가 남아 있는데 바로 인공 신경망의 복잡도(자유도)를 조금 낮춰보는 것이다. 추정 성능이 낮아지지 않는 선에서 신경망의 자유도를 낮추는 것은 이후 신경망이 활용될 때에 연산 부담을 낮추는 결과로 이어진다. 다만 단순한 모델일수록 묘사 대상의 특이 현상들을 점차 묘사하지 못하게 되고, 학습 시간도 때로는 더 길어질 수 있기 때문에 구조 단순화는 트레이드 오프Trade-off의 문제다.

- 과소적합Underfit 혹은 과적합Overfit

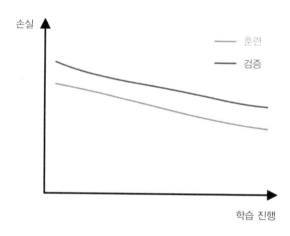

그림 4.8 과소적합이 이뤄진 경우의 학습 곡선

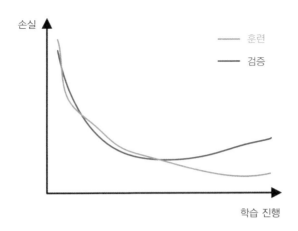

그림 4.9 과적합이 이루어진 경우의 학습 곡선

학습이 끝난 시점에서 계속 손실이 감소하고 있거나 잘 감소하지 않고 평평하게 이어진다면 과소적합 모델이 얻어졌다고 판단할 수 있다. 이 경우 입력 변수, 은닉층, 신경의 수를 증가시키거나 학습 횟수를 증가시킨다.

훈련 과정을 따라 훈련 데이터셋에 대한 손실은 감소하지만 검증 데이터셋에서 손실이 증가해 간다면 모델이 과도한 표현 자유도를 갖고 있는 것이다. 훈련 데이터셋에서만 나타나는 특징을 과도하게 포착한 경우다. 이 경우 입력 변수, 은닉층, 신경 수를 감소시킨다.

- 훈련과 검증 데이터셋이 동일 유형이 아닌 경우

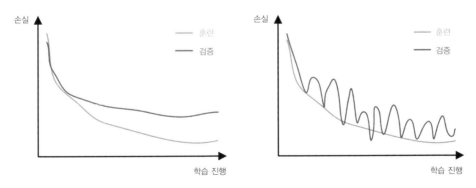

그림 4.10 데이터셋이 대표성을 갖지 못하는 경우의 학습 곡선

두 학습 곡선이 모두 잘 감소해 가는 추세를 보이지만 두 손실 사이에 큰 차이가 있는 상태로 학습이 끝나게 된다면 훈련 데이터셋에 대표성이 없는 것이다. 과적합이 이루어진 경우와 그래프가 유사하게 그려지는데, 두 경우는 실제로 서로 다른 상황이 아니다. 이에 대해서는 독자가 직접 왜 그런지 고민을 해보는 시간을 가져보자. 훈련 데이터셋이 갖는 정보나 케이스가 너무 적은 경우로 더 많은 데이터가 학습 시 준비돼야 한다.

반대로 훈련 데이터셋의 손실은 어느 정도 수렴했으나 검증 데이터셋에 대한 손실이 계속해 크게 변동한다면 검증 데이터셋이 대표성이 없는 경우다. 훈련 데이터셋과 연관이 없는 데이터가 검증 데이터셋에 있거나 검증 데이터셋의 데이터나 케이스 수가 적을 때 이러한 현상이 발생한다. 혹은, 검증 데이터셋에 대한 손실 크기가 훈련 데이터셋에 대한 손실 크기보다 크게 작은 경우도 검증 데이터셋이 대표성을 갖추지 못한 것이다.

4.3 인공 신경망의 배포

학습과 검증을 마친 신경망은 이제 응용 분야에 적용되기만을 앞두고 있다. 이 과정에서는 학습을 수행한 플랫폼과 실제로 신경망이 구현돼 사용될 플랫폼 사이에서 모델 구현 언어의 변환이 요구된다. 가장 먼저 할 것은 훈련된 신경망의 구조와 사용되는 연산(활성화함수)들을 새 환경에 구현하는 것이다. 다음 순서는 모수들(가중치와 편향)의 기입(이전)이다. 케라스는 각 층(과 층 사이)에 사용된 모수들을 간편하게 뽑아낼 수 있도록 함수들을 제공한다. 이렇게 구조를 직접 구현하고 모수들을 옮기는 작업은 환경에 따라서는 상당히 어려울 수도 있는데, 이를 간편하게 해주기 위해 Matlab, STM32 등의 플랫폼에서는 다양한 편의성을 제공한다. 관련된 자세한 내용과 모수 추출 코드는 6.1.4절에서 더 소개한다.

고성능의 PC에서 훈련된 인공 신경망을 다른 곳으로 옮겨 활용하려 할 때 보통 대상 연산 장치는 연산 능력이 낮은데, 이로 인해 두 가지 이슈가 발생한다. 첫째 이슈는 변수형Variable type에 따른 정밀도Precision 문제다. 신경망을 학습시키는 환경은

PC이고 matlab, python 등이 활용되는데 이때 사용된 변수형에 비해 현장 연산 장치의 사용 가능한 변수형의 정밀도가 보통 낮다(특정하지 않을 경우 matlab의 정밀도는 10진수 16자리이고, float는 약 7자리의 정밀도를 갖는다). 때문에 미리 작업 공간^{Work Station}에서 변수형을 연산 장치에서 사용될 것과 같게 해 검증을 수행한 뒤 배포를 하는 것이 좋다.

두 번째 이슈는 연산 시간이다. 응용 현장에서 연산 유닛은 다른 기능들을 함께 수행하면서 신경망을 이용해야 한다. 만약 신경망이 복잡해 너무 긴 연산 시간을 필요로 한다면 다른 기능들에 영향을 주게 된다. 때문에 연산 능력에 큰 제한이 있는 연산 유닛을 사용할 경우에는 신경망의 크기를 작게 하거나 단순한 형태의 활성화함수(ReLU, elliot sigmoid 등)를 사용하는 것이 좋다. 만약 단순한 신경망이 원하는 추정 성능을 확보해주지 않는 경우 취할 수 있는 대안은 두 가지가 있다. 하나는 신경망을 여러 단계로 나눠 연산을 수행하는 것이다. 한 층을 계산하고 다른 기능들을 수행하고 온 뒤 다음 층의 연산을 이어 나가는 식의 대안이다. 하지만 이런 방식은 신경망이 사용되는 주기가 짧은 경우 문제가 된다. 다른 대안은 PC(혹은 고성능 MCU)와 병용하는 방법이다. 연산할 입력 벡터를 PC로 전송하고 PC가 연산을 수행한 결과를 연산 유닛에 반환해주는 것이다. 이 방식은 PC가 함께 사용된다는 점에서 가격 및 구성에 부담이 생기고 통신 시스템도 구현해야 한다는 한계가 있다.

- **인공 신경망 활용의 전체 흐름**: 인공 신경망의 활용에는 데이터 취득, 신경망 생성, 학습, 검증, 배포의 순서를 따른다. 데이터는 가능한 다양한 상황에서 고르게 취득하고, 신경망은 다양한 구조와 학습 알고리즘을 적용해 생성한다. 학습 곡선을 통해 모델의 복잡도와 데이터셋의 일반성을 검증한다.

- **과소 적합**: 모델이 갖는 자유도가 충분하지 못해 주어진 데이터가 갖는 특징을 충분히 묘사하지 못한 경우

- **이상 적합**: 모델이 갖는 자유도가 적절해 주어진 데이터를 잘 묘사한 경우(편향 오차와 분산 오차가 동시에 작게 얻게 된 경우)

- **과(대)적합**: 모델이 갖는 자유도가 과해 주어진 데이터를 너무 자세히 (노이즈 성분까지도) 묘사해 일반성을 잃은 경우

- **인공 신경망의 일반성**: 훈련을 수행할 때 인공 신경망이 일반성을 갖는지 확인하는 것은 중요하다. 훈련 데이터셋으로 과도하게 훈련된 인공 신경망은 새로운 데이터에 대해 단순한 모델에 비해 오히려 나쁜 성능을 보일 수도 있다. 검증 데이터셋을 별도로 두고 훈련에 사용하지 않으며, 검증 데이터셋에 대한 추정 오차를 훈련 시 관찰해야 한다. 검증 데이터셋에 대한 추정 오차가 훈련 데이터셋에 대한 오차와 유사한 크기와 개형으로 감소했다면 훈련이 적절하게 그리고 일반성을 갖도록 이뤄진 것이다.

02

실습: 케라스를 활용한 인공 신경망 구현

05
케라스 소개와 실습 준비

5.1 텐서플로와 케라스

텐서플로^{TensorFlow}는 데이터 플로우 그래프^{Data Flow Graph}를 사용해 수치 연산을 하는 오픈 소스 소프트웨어 라이브러리다. 그래프의 노드^{Node}는 수치 연산을 나타내고 에지^{edge}는 노드 사이를 이동하는 다차원 데이터 배열^{텐서, Tensor}을 나타낸다. 유연한 아키텍처로 구성돼 있어 코드 수정 없이 데스크톱, 서버 혹은 모바일 디바이스에서 CPU나 GPU를 사용해 연산을 구동시킬 수 있다. 텐서플로는 머신러닝, 특히 딥러닝 연구를 목적으로 구글의 브레인 팀에 의해 개발됐다. 이 책에서는 **텐서플로를 백엔드**^{Back-end}로 두는 **케라스**^{Keras}를 활용해 인공 신경망을 구성하고 학습한다. 텐서플로에 관한 처리는 모두 케라스가 드러나지 않게 대신 해줄 것이기 때문에, 이 책에서는 텐서플로의 활용법은 구체적으로 다루지 않는다.

케라스는 거의 모든 종류의 딥러닝 모델을 간편하게 만들고 훈련시킬 수 있는 프레임워크다. 케라스의 특징은 다음과 같다.

- **사용자 친화적**: 일관되고 간편한 API, 일반적 모델을 위한 프리셋으로 사용자 조작 최소화, 오작동에 대한 실용적 피드백
- **확장성**: 동일한 코드로 CPU, GPU, TPU에서 실행 가능, 3개 딥러닝 백엔드 호환(TensorFlow, CNTK, Theano)
- **자원 최적 활용**: 다중 GPU 데이터 병렬성 지원, 케라스 모델을 TensorFlow 추정자로 변환 가능
- **용이한 모델 공유와 배포**: Apple's CoreML, TensorFlow Android Runtime, Google TensorFlow-Serving 등에서 모델 공유, 학습 및 배포

그림 5.1은 케라스가 활용되는 환경을 보인다. 가장 아래에는 설치된 하드웨어를 잘 활용하는 계산 라이브러리가 있다. 그리고 이 라이브러리를 바탕으로 하는 백엔드 엔진이 있다. 백엔드 엔진은 이들 중 하나를 선택해 활용하면 되는데 이 책에서는 텐서플로를 설치하는 과정을 안내한다. 맨 위에는 케라스가 위치하게 된다. 백엔드 엔진을 활용해서도 자신이 원하는 구조의 신경망을 구성하고 학습시킬 수 있지만 이에 비해 케라스를 활용하는 편이 훨씬 간편하고 효율적이다.

그림 5.1 케라스가 활용되는 학습 환경

5.2 인공지능 관련 파이썬 패키지

머신러닝을 위한 많은 라이브러리는 대부분이 무료(오픈 소스)이며 파이썬^{Python}을 통해 제작됐다. 이 책에서는 파이썬의 문법을 하나씩 소개하진 않는다. 직접 신경망 모델이나 연산 알고리즘을 구현할 것이라면 코딩 경험이 없는 이들에게 힘든 과정이될 테지만 이 책에서는 사용자가 최대한 편하게 사용할 수 있도록 만들어진 라이브러리들을 활용할 것이므로 안심하길 바란다.

　여기에서는 책에서 활용할 파이썬 패키지들을 소개한다.

[scikit-learn]

scikit-learn은 가장 인기가 높고 독보적인 파이썬 머신러닝 패키지다. 잘 알려진머신러닝 알고리즘과 예제를 쉽게 사용할 수 있게 해준다. 오픈 소스이기에 자유롭게 사용하거나 배포할 수 있고, 소스 코드를 보고 실제로 어떻게 동작하는지 쉽게 확인할 수 있다. 알고리즘을 설명한 풍부한 문서(http://scikit-learn.org/stable/documentation)도 제공된다. scikit-learn의 사용자 가이드(http://scikit-learn.org/stable/user_guide.html)와 API 문서(http://scikit-learn.org/stable/modules/classes.html)를 같이 참고하면서 각 알고리즘에 대한 상세 내용과 다양한 옵션을 확인하면 좋다. Scikit-learn 패키지가 사랑을 받는 진짜 이유로 이 패키지가 Liblinear, Libsvm과 같은 C로 쓰인 라이브러리 위에서 동작하기 때문에 연산에 있어서 C 프로그램과 동등한 속도를 가진다는 점도 있으니 참고해두자.

[NumPy]

NumPy(http://www.NumPy.org)는 파이썬으로 과학 계산을 하려면 꼭 필요한 패키지다. 다차원 배열을 위한 기능과 선형대수 연산과 푸리에 변환 같은 고수준 수학 함수도 포함한다. scikit-learn에서 NumPy의 ndarray(n차원 행렬) 변수형은 기본 데이터 구조로 사용되기도 한다. ndarray는 파이썬상에서 리스트 변수를 행렬처럼 다룰수 있게 해줄뿐더러 행렬의 연산 또한 가능하게 해준다. Matlab을 사용한 경험이 있는 독자라면 ndarray를 다루기 쉬울 것이다. NumPy 역시 BLAS 및 C, 포트란 등으로 쓰인 라이브러리를 활용하기에 연산이 효율적이며 빠르다.

[Matplotlib]

Matplotlib(https://matplotlib.org)은 파이썬의 대표적인 과학 계산용 그래프 패키지다. 선 그래프, 히스토그램, 산점도 등을 지원하며 출판에 쓸 수 있을 만큼의 고품질 그래프를 그려준다. 데이터와 분석 결과를 다양한 관점에서 시각화해보면 매우 중요한 통찰을 얻을 수 있다. 이 책의 그래프들은 matplotlib을 사용해 그렸다. 다음 코드는 뒤에 그려진 그래프를 그리는 예제다.

```python
import numpy as np
import matplotlib.pyplot as plt

# -10에서 10까지 100개의 간격으로 나눠진 배열을 생성
x = np.linspace(-10, 10, 100)
# 사인(sin) 함수를 사용해 y 배열을 생성
y = np.sin(x)
# 플롯(plot) 함수는 한 배열의 값을 다른 배열에 대응해서 선 그래프를 그린다.

plt.figure()
plt.plot(x, y, marker="x")
plt.show()
```

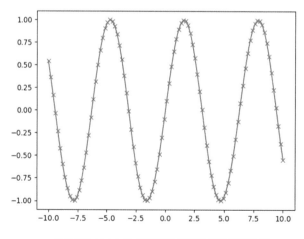

그림 5.2 Matplotlib 패키지를 활용해 그린 그래프 예

[pandas]

pandas(http://pandas.pydata.org)는 데이터 처리와 분석을 위한 파이썬 패키지다. R의 data.frame을 본떠서 설계한 DataFrame이라는 데이터 구조를 기반으로 만들어졌다. 간단하게 말하면 pandas의 DataFrame은 엑셀의 스프레드시트와 비슷한 테이블 형태다. pandas는 이 테이블을 수정하고 조작하는 다양한 기능을 제공한다. 특히 SQL처럼 테이블에 쿼리나 조인을 수행할 수 있다. 전체 배열의 원소가 동일한 타입이어야 하는 NumPy와 달리 pandas는 각 열의 타입이 달라도 된다(예를 들면 정수, 날짜, 부동소숫점, 문자열). SQL, 엑셀 파일, CSV 파일 같은 다양한 파일과 데이터베이스에서 데이터를 읽어들일 수 있는 것이 pandas가 제공하는 또 하나의 유용한 기능이다.

[tqdm]

tqdm(https://tqdm.github.io)은 반복되는 수행 작업을 할 때 진행도를 바^{Bar} 형태로 나타내 출력해주는 패키지다. 여담으로 공식 문서의 소개에 따르면 tqdm은 아랍어로 진행도를 뜻하고 스페인어로 "I love you so much"를 뜻하는 "te quiero demasiado"의 앞글자이기도 하다.

다음 예시 코드를 보면 tqdm의 기능을 단번에 이해할 수 있다.

```python
import tqdm

for i in tqdm(range(10000000)):
    pass
```

출력

```
100%|          | 10000000/10000000 [00:01<00:00, 5258032.99it/s]
```

0부터 시작해 100%까지 진행되면서 전체 반복 중 얼마나 진행이 됐는지가 숫자와 바로 나타나고 수행 시간과 잔여 예상 시간이 표시된다. 케라스를 이용한 학습 진행 중에도 진행도는 어느 정도 표시가 되지만 다른 반복적인 작업을 하는 경우 그 진행도와 수행 시간을 확인하는 데 tqdm은 큰 도움이 된다.

5.3 파이썬, 파이참, 케라스 설치

파이썬은 계속해서 발전이 이뤄지고 있는 언어다. 아쉽게도 현재는 파이썬 2.x와 3.x에서 작성된 코드가 혼용되는 시대다. 무슨 말인가 하면 2.x와 3.x의 파이썬에서 모두 정상적으로 동작하는 코드가 있는 반면, 어떤 코드는 파이썬 3.x에서는 동작하지만 2.x에서는 오류를 발생시키기도 한다. 이에 더불어 파이썬의 많은 패키지 또한 시간에 따라 발전을 거듭해 가고 있으며 패키지 사이의 의존성 문제가 계속해 발생하고 있다. 위의 문제 때문에 파이썬의 프로젝트들은 각각 별도의 가상 환경^{Virtual Environment}으로 구성되고 관리된다. 가상 환경이란 파이썬을 포함해 라이브러리들을 프로젝트 내의 한 폴더에 설치함으로써 다른 프로젝트와 의존성이 섞이지 않게 하는 것을 뜻한다.

파이참^{PyCharm}은 가상 환경 구성을 포함해 파이썬 개발을 위한 다양한 편리 기능을 제공하는 개발용 오픈 소스 프로그램이다. 편리 기능에는 단축키를 비롯해 여러 파일에 걸친 변수 변경 및 검토, 파일 해석 및 변수 자동 완성 등이 있다. 또, 파이참 상에서 프로젝트의 가상 환경으로 파이썬을 실행해 디버깅을 용이하게 수행할 수도 있다. 이 책에서는 파이참을 먼저 설치한 뒤 가상 환경을 설정하고 프로젝트 내에 텐서플로와 케라스를 설치해 사용한다.

여기부터는 PC의 성능을 최고로 활용하는 케라스의 설치법을 설명할 것인데 각 응용 라이브러리 간 호환을 따지며 설치를 해야 하고 준비할 내용이 많다. 만약 파이썬 환경 설정에 익숙하지 않거나 간단하게 시작을 하고 싶다면 뒤에 나오는 설치 과정 중 1, 4, 5번만을 수행하면 된다.

텐서플로는 CPU의 고급 벡터 연산 명령(AVX2, SSE2 등)을 활용한다. 이러한 명령을 사용하는 것과 아닌 것에 따라 학습의 속도는 수 배까지 차이가 나기도 한다(기본으로 제공되는 파이썬 패키지로 설치를 한 뒤 사용하면 구동 시작 시 CPU를 더 잘 활용할 수 있다는 경고가 나타난다). 따라서 자신이 사용하는 CPU가 지원하는 명령과 텐서플로와 활용하는 명령을 확인해 직접 빌드해 사용하는 것이 가장 좋다. 빌드에 관한 자세한 안내와 방법은 다음 링크에서 확인할 수 있다.

https://www.tensorflow.org/install/source_windows

하지만 빌드를 잘못 수행하는 경우 호환성 문제로 인해 프로젝트가 정상적으로 실행되지 않을 수 있다. 이러한 점을 확인하며 라이브러리의 업데이트에 따라 가장 좋은 컴파일 결과물을 통째로 공유하는 깃허브 페이지가 있어 소개한다.

https://github.com/fo40225/tensorflow-windows-wheel

이 책에서는 위 페이지에서 소개하는 프로그램, 파이썬 패키지의 버전 조합 중 가장 최신의 것을 사용한다. 이를 위해 설치하는 파이썬, 쿠다, 텐서플로, 케라스의 버전은 다음과 같다.

표 5.1 교재에서 활용한 프로그램과 주요 파이썬 패키지의 버전

프로그램 / 파이썬 패키지	버전
파이썬	3.7
CUDA(쿠다)	10.2
cuDNN	7.6
tensorflow(텐서플로)	2.2.0
keras(케라스)	2.4.3

여기서 자신의 PC 환경을 검토해야 한다. 소개하는 버전의 조합에는 CUDA 10.2가 사용되는데, 이는 NVIDIA의 그래픽 카드에서만 사용할 수 있는 라이브러리다. 또, CUDA 10.2를 사용하려면 440.33 이상의 그래픽 드라이버 버전이 요구된다. 만약 사용 중인 GPU에 사용할 수 있는 최고 버전의 그래픽 드라이버가 440.33 미만이라면 여기서 소개하는 버전 조합으로는 설치를 진행해서는 안 되고 위의 깃허브 페이지에 들어가 더 낮은 버전의 CUDA를 사용하는 경우를 찾아야 할 것이다. 물론 cuDNN 역시 설치한 CUDA에 따라 맞는 버전을 찾아 설치해야 한다. 만약 GPU가 없거나 너무 안 좋은 경우에는 CPU만을 사용하도록 컴파일된 wheel 파일을 받아야 한다. 위 깃허브 페이지에는 텐서플로 2.0.0이 CPU만으로 (AVX2를 활용해) 동작하도록 컴파일된 wheel 파일이 있다. 만약 CPU만 사용할 것이라면 CUDA와 cuDNN의 설치는 하지 않아도 된다.

CUDA 버전과 필요 그래픽 드라이버 버전 확인 링크는 다음과 같다.

https://docs.nvidia.com/deploy/cuda-compatibility/index.html

이제 다음의 순서에 따라 설치를 진행한다.

1) 파이썬 설치

작성일 기준 출시된 파이썬 3.7의 가장 상위 버전은 3.7.8이었다.

설치 링크:

https://www.python.org/downloads/release/python-378/

Version	Operating System	Description	MD5 Sum	File Size	GPG
Gzipped source tarball	Source release		4d5b16e8c15be38eb0f4b8f04eb68cd0	23276116	SIG
XZ compressed source tarball	Source release		a224ef2249a18824f48fba9812f4006f	17399552	SIG
macOS 64-bit installer	Mac OS X	for OS X 10.9 and later	2819435f3144fd973d3dea4ae6969f6d	29303677	SIG
Windows help file	Windows		65bb54986e5a921413e179d2211b9bfb	8186659	SIG
Windows x86-64 embeddable zip file	Windows	for AMD64/EM64T/x64	5ae191973e00ec490cf2a93126ce4d89	7536190	SIG
Windows x86-64 executable installer	Windows	for AMD64/EM64T/x64	70b08ab8e75941da7f5bf2b9be58b945	26993432	SIG
Windows x86-64 web-based installer	Windows	for AMD64/EM64T/x64	b07dbb998a4a0372f6923185ebb6bf3e	1363056	SIG
Windows x86 embeddable zip file	Windows		5f0f83433bd57fa55182cb8ea42d43d6	6765162	SIG
Windows x86 executable installer	Windows		4a9244c57f61e3ad2803e900a2f75d77	25974352	SIG
Windows x86 web-based installer	Windows		642e566f4817f118abc38578f3cc4e69	1324944	SIG

그림 5.3 64-bit 윈도우를 위한 파이썬 설치 파일

설치 첫 화면에서 하단에 파이썬 설치 경로를 환경 변수(PATH)에 등록하기를 선택할 수 있으니 미리 선택하면 좋다. 설치를 시작하려 하는데 두 번째 화면(initializing installation)에서 진행이 되지 않고 멈추는 경우가 있다. 이때에는 설치 프로그램을 종료하고 다시 실행하는데, 모든 사용자를 위해 설치하는 버튼을 해제하고 진행하면 해결된다. 만약 환경 변수에 python의 설치 폴더가 등록되지 않았다면 다음 과정을 따른다.

1.1) 파이썬 설치 경로 확인

그림 5.4 파이썬 설치 경로 확인 – 시작 줄에서 검색, 파일 위치 열기

보통 C:\Users\[사용자명]\AppData\Local\Programs\Python\Python37이 설치 경로다.

1.2) 시스템 환경 변수에 파이썬 설치 경로 추가하기

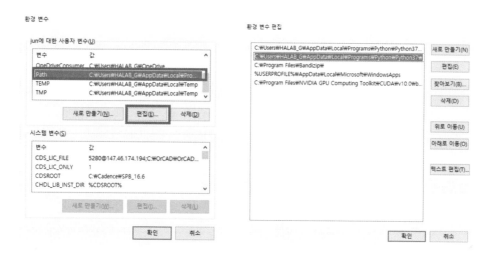

그림 5.5 환경 변수 편집 기능 – 시작 줄에서 검색

그림 5.6 파이썬 설치 경로를 Path 변수에 추가

1.3) 환경 변수 적용 확인하기

가장 정확
명령 프롬프트
앱
명령 프롬프트
앱
열기
관리자 권한으로 실행
파일 위치 열기
시작 화면에 고정
작업 표시줄에 고정
cmd

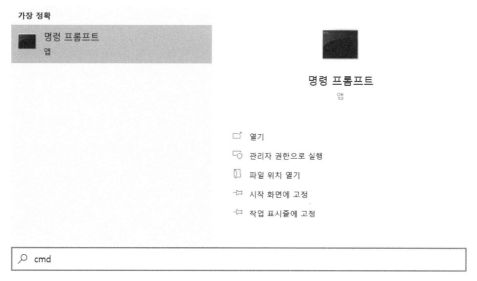

그림 5.7 명령 프롬프트(cmd) – 시작 줄에서 검색 후 실행

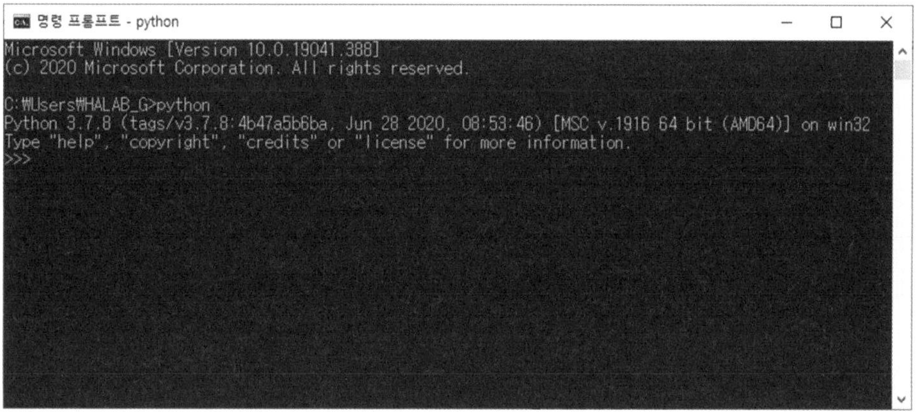

명령 프롬프트 - python
Microsoft Windows [Version 10.0.19041.388]
(c) 2020 Microsoft Corporation. All rights reserved.
C:\Users\HALAB_G>python
Python 3.7.8 (tags/v3.7.8:4b47a5b6ba, Jun 28 2020, 08:53:46) [MSC v.1916 64 bit (AMD64)] on win32
Type "help", "copyright", "credits" or "license" for more information.
>>>

그림 5.8 명령 프롬프트에서 'python' 실행해 확인

2) CUDA 10.2.89_441.22 설치

CUDA^{Computed Unified Device Architecture}는 NVIDIA에서 개발한 GPU 활용 개발 툴이다. CUDA가 등장하기에 앞서 GPU를 사용하기 위해서는 직접 C 혹은 C++로 프로그램을 구현해야 했다. CUDA는 많은 개발자 혹은 연구자들이 GPU를 쉽게 사용할 수 있게 해주는 라이브러리다. CUDA는 뒤에서 추가로 설치할 cuDNN과 함께 사용됨으로써 인공 신경망을 GPU를 통해 효과적으로 다루는 데에 큰 도움이 되고 있다.

다시 말하자면 CUDA를 사용하는 이유는 GPU를 사용해 효과적인 인공 신경망 연산을 수행하기 위함이다. 기존의 컴퓨터 연산은 CPU와 RAM을 사용해 연산을 수행해왔다. 초기의 CPU를 이용한 연산은 single-core를 사용했지만 최근에는 multi-processing, multi-threading 등을 이용해 그나마 효율적인 연산이 수행될 수 있게 됐다. 더욱이 벡터 연산 등이 지원되면서 CPU를 사용한 인공 신경망 구현도 점차 효율이 상승하고 있다. 하지만 GPU는 CPU와 비교할 수 없이 많은 (수백~수천 배의) 병렬 연산을 수행할 수 있기 때문에 크기가 큰 인공 신경망을 다루는 작업에서는 GPU의 사용이 필수적이다.

설치 링크

https://developer.nvidia.com/cuda-10.2-download-archive?target_os=Windows&target_arch=x86_64&target_version=10&target_type=exelocal

---

CUDA Toolkit 10.2 Download

그림 5.9 64-bit 윈도우를 위한 CUDA Toolkit 다운로드 파일 선택

설치를 부분적으로 수행할 때 필수로 선택해야 하는 옵션은 다음과 같다.

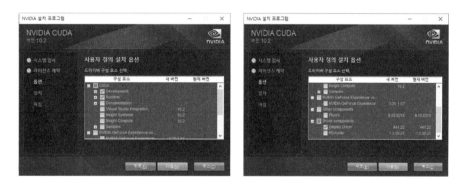

그림 5.10 CUDA 설치 시 필수로 선택할 옵션

> 주의 │ 그래픽 드라이버도 CUDA 10.2 설치 시 제공되는 것(440.33 혹은 이상의 버전)을 설치해야만
> 학습 시 올바르게 라이브러리가 불러와진다. 이 책을 작성할 때는 441.22가 설치됐고 잘 동작했
> 으니 참고하자.

3) cuDNN 7.6.5.32 설치

cuDNN은 엔비디아 CUDA 딥 뉴럴 네트워크 라이브러리, 즉 딥 뉴럴 네트워크를 위한 GPU 가속화 라이브러리의 기초 요소로 합성곱^{Convolution}, 풀링^{Pooling}, 표준화 ^{Nomarlization}, 활성화^{Activation}와 같은 일반적인 루틴을 빠르게 이행할 수 있도록 하는 라이브러리다.

> 설치 링크
>
> https://developer.nvidia.com/rdp/cudnn-download

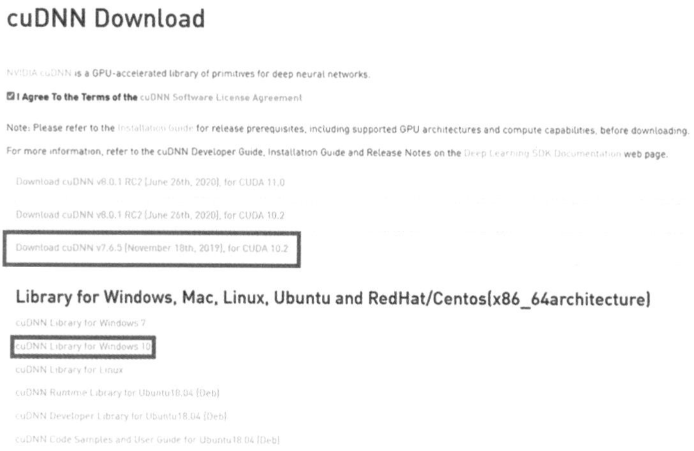

cuDNN Download

NVIDIA cuDNN is a GPU-accelerated library of primitives for deep neural networks.

☑ I Agree To The Terms of the cuDNN Software License Agreement

Note: Please refer to the Installation Guide for release prerequisites, including supported GPU architectures and compute capabilities, before downloading.

For more information, refer to the cuDNN Developer Guide, Installation Guide and Release Notes on the Deep Learning SDK Documentation web page.

Download cuDNN v8.0.1 RC2 [June 26th, 2020], for CUDA 11.0

Download cuDNN v8.0.1 RC2 [June 26th, 2020], for CUDA 10.2

Download cuDNN v7.6.5 [November 18th, 2019], for CUDA 10.2

Library for Windows, Mac, Linux, Ubuntu and RedHat/Centos(x86_64architecture)

cuDNN Library for Windows 7

cuDNN Library for Windows 10

cuDNN Library for Linux

cuDNN Runtime Library for Ubuntu18.04 [Deb]

cuDNN Developer Library for Ubuntu18.04 [Deb]

cuDNN Code Samples and User Guide for Ubuntu18.04 [Deb]

그림 5.11 cuDNN 다운로드 사이트에서 필요 버전 선택

다운로드되는 파일은 zip 파일인데, 압축을 풀어 나오는 세 개 폴더를 CUDA 설치 폴더에 겹쳐 옮긴다. 기존 폴더의 내용이 지워지지 않도록 주의하자.

> CUDA 설치 경로
>
> C:₩Program Files₩NVIDIA GPU Computing Toolkit₩CUDA₩v10.2

4) 파이참 설치

https://www.jetbrains.com/ko-kr/pycharm/download/#section=windows

파이참은 개인 용도로만 사용한다면 Community 버전을 선택해 무료로 얼마든지 활용할 수 있다. 설치 후 처음 실행 시 물어보는 추가 설치(vim 추가, R 등)는 하지 않아도 된다.

5) 프로젝트 생성과 가상 환경 설정

설치된 파이참을 실행한다. 최초로 실행할 경우 프로젝트를 생성하는 창이 뜬다. 앞서 언급했듯이 파이썬 프로젝트는 각 프로젝트를 위한 가상 환경(파이썬 및 패키지의 집합)을 두고 제작된다. 따라서 파이참은 새 프로젝트 생성 시 가상 환경을 선택하는 창을 보여준다. 설치 직후에는 가상 환경이 없으므로 새로운 가상 환경을 만들면서 프로젝트에서 사용한다.

Location에는 프로젝트가 위치하기 원하는 곳을 자유롭게 지정한다. 그다음, 아래에서는 new environment using을 클릭하고 그 옆의 옵션에서는 Virtualenv를 선택한다. 다른 설치 가이드에서는 anaconda 등의 가상 환경 관리 전용 툴을 연계하는 것을 설명하곤 하는데, 파이참 내에서의 기본 옵션인 Virtualenv를 사용해도 개발이 가능하다. 보통 생성된 가상 환경은 다른 프로젝트와 함께 사용하지 않으므로 가상 환경의 폴더는 프로젝트 내에 생성하는데 기본값으로 대입이 돼 있으므로 수정하지 않는다(만약 이 가상 환경을 다른 프로젝트에서도 사용하기 원한다면 "Make available to all projects"를 선택한다). Create를 눌러 프로젝트 생성을 마친다.

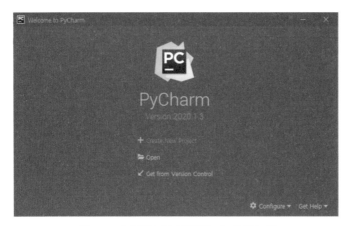

그림 5.12 파이참을 처음 실행했을 때 마주하는 창

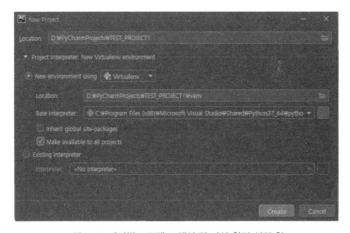

그림 5.13 파이썬 프로젝트 생성 및 가상 환경 설정 창

다음으로는 개발에 사용될 파이썬 패키지를 설치한다. 상단 File 탭을 누르고 Settings를 클릭한다. Ctrl+Alt+S로 설정 창을 열 수도 있다.

그림 5.14 프로젝트 설정 창 열기(Ctrl+Alt+S)

설정 창 내에서 Project: [프로젝트명] 아래의 **Project Interpreter**를 누른다. 여기에
는 가상 환경에 설치돼 있는 패키지들이 보인다. 다른 파이썬 패키지들을 검색하고
설치하는 두 개의 패키지만 설치돼 있다.

그림 5.15 프로젝트에서 활용되는 패키지를 관리할 수 있는 메뉴

다른 패키지들을 설치하기 전에 pip와 setuptools는 최신 버전으로 하는 것이 좋
다. 만약 최신 버전이 아니라면 하단 바에 있는 **Terminal**을 눌러 가상 환경이 적용된
터미널상에서 upgrade를 진행한다. Upgrade에는 다음 명령들을 사용한다(pip의
upgrade에 pip를 사용한다).

- `pip install --upgrade pip`
- `pip install --upgrade setuptools`

다시 이전 그림에서 우측 변에 있는 + 버튼을 누르면 사용 가능한 패키지의 리스트가 나오고 설치를 수행할 수 있다. 이제 NumPy, pandas, matplotlib, sklearn, keras 패키지들을 검색해 설치한다. 간단히 설명하면 NumPy는 파이썬에서 행렬의 연산 및 수학 알고리즘 적용을 위해 사용되는 패키지이고, pandas는 dataframe을 통해 csv 등의 파일을 입출력할 때 사용되는 패키지이며 matplotlib은 자료를 도시화하는 패키지다. sklearn은 scikit-learn 패키지로 파이썬에서 구현된 기계 학습 관련 다양한 기능과 예제들을 제공한다. 이 책에서는 scikit-learn에서 제공하는 기능들은 활용하지 않고 예제 데이터셋만을 활용한다. 케라스는 텐서플로를 편리하게 사용하게 해주는 패키지다. 다음 그림은 NumPy를 검색해 설치하는 화면이다(패키지의 이름은 정확하게 기입하고 일치하는 것을 선택해 설치해야 한다. 이름이 조금만 달라도 완전 다른 패키지일 수 있다). 이 책에서는 다음 표에 쓰인 버전의 패키지들을 설치했다. 만약 코드 수행 중 오류가 발생한다면 관련 패키지를 지우고 다시 설치하되 설치 시 버전을 표와 같이 지정해보자.

표 5.2 교재에서 활용한 파이썬 패키지들의 버전

파이썬 패키지	버전
pip	20.2.2
setuptools	49.6.0
numpy	1.21.1
pandas	1.3.1
matplotlib	3.4.3
sklearn	0.0
tqdm	4.62.2
keras	2.4.3
tensorflow (2, 3, 6, 7번 과정을 수행하지 않을 경우에만 파이참에서 검색해 설치한다)	2.2.0

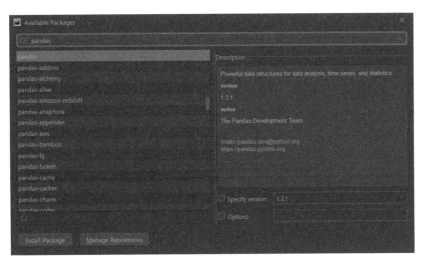

그림 5.16 프로젝트에서 새로 사용할 패키지를 검색해 설치하는 창

패키지 설치 버튼을 누르면 바로 설치되는 것이 아니라 백그라운드에서 순차적으로 패키지들이 설치된다. 다음 과정으로 넘어가기에 앞서서 모든 패키지의 설치 및 인덱싱이 완료될 때까지 기다리자. 가급적 각 패키지도 이전 패키지의 설치가 완료되면 설치를 시작하자.

그림 5.17 파이참 오른쪽 하단의 상태 창을 통해 확인하는 패키지 설치 상태

6) AVX2를 사용하도록 컴파일된 텐서플로(whl) 파일 다운받기

앞서 소개된 깃허브 페이지에서 whl 파일을 받는다. whl 파일은 이후 파이참의 가상 환경상에서 pip install을 통해 설치한다. 자세한 설치 과정은 다음 단계에서 설명한다.

참고로 AVX2를 지원하는 CPU 마이크로아키텍처는 다음과 같다.

- 인텔: 하스웰, 브로드웰, 스카이레이크, 카비레이크
- AMD: 엑스카베이터, 젠

7) 텐서플로 설치

받아 두었던 wheel 파일을 사용해 텐서플로를 설치한다. 여기에는 파이참 내에서
제공되는 터미널을 사용한다. 최하단 바에 있는 Terminal을 클릭하면 가상 환경이
적용돼 있는 터미널이 열린다. 설명을 단순하게 하기 위해 wheel 파일을 프로젝트
내로 옮겨 두었다. 터미널에 "pip install tensorflow-2.2.0-cp37-cp37m-win_amd64.
whl"을 입력해 텐서플로를 설치한다(wheel 파일이 다른 곳에 있다면 파일명 앞에 경로를 적
으면 된다).

> 주의   wheel 파일 설치는 파일의 이름으로부터 설치할 내용과 버전에 정보를 파악한다. 파일명을 바꿔
> 설치하면 오류가 발생한다.

그림 5.18 whl 파일을 사용한 텐서플로 설치 장면

다시 언급하자면 앞선 다른 파이썬 패키지와 같이 프로젝트 가상 환경 관리 창에서 텐서플로(tensorflow-gpu)를 검색해 손쉽게 설치할 수도 있겠지만 이 경우 파이썬 및 다른 패키지와 버전이 맞지 않아 올바르게 동작하지 않을 수도 있고, AVX2 등과 같은 고급 CPU가 지원하는 벡터 확장 기술을 활용하지 못해 성능을 최고로 끌어낼 수 없다. 만약 간단한 설치로 프로젝트를 시작했다가 학습 속도에 대한 답답함이 생긴다면 잘 컴파일된 텐서플로 활용을 고려해보자.

위 설치 과정은 텐서플로가 의존하는 다른 패키지들도 함께 설치하므로 긴 시간이 소요된다. Successfully installed…라는 말이 나올 때까지 여유를 가지고 기다리자. 설치가 완료된 뒤에는 wheel 파일은 지워도 된다.

트러블슈팅 1 – Shell이 과거 프로젝트의 가상 환경으로 구동되는 경우

프로젝트를 여러 개 생성하다보면 터미널에 사용되는 가상 환경이 이전 프로젝트의 것으로 잘못 불릴 수 있다. 이전 프로젝트에 새 버전의 텐서플로를 설치하게 될 수 있으니 주의해야 한다(shell이 잘못 실행된 경우 설치는 잘 되지만 새 프로젝트의 interpreter 환경에서 텐서플로가 조회되지 않는다). 이때에는 설정(Ctrl+Alt+S)에서 Tools-Terminal 탭에서 Shell Path를 수정함으로 해결한다. Shell path에는 cmd. exe "/K"가 앞에 붙어 있는데 이 문구는 놔두고 뒷부분을 새 프로젝트의 activate.bat 파일로 기입한다. activate.bat은 가상 환경으로 진입하는 실행 파일로 프로젝트 폴더 내에 venv\Scripts 폴더 안에 있다.

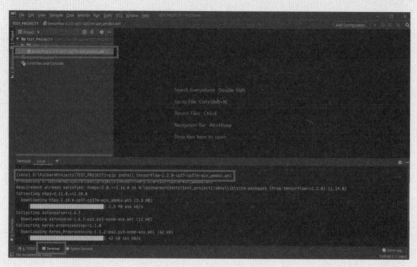

그림 5.19 이전 프로젝트의 가상 환경이 불러와지는 경우의 해결 방법

트러블슈팅 2 – 파이참 내 터미널에서 pip 사용 시 권한이 없거나 파일이 사용 중이라고 나오는 경우

파이참상에서 패키지 설치가 잘 안 되는 경우에는 직접 명령 프롬프트(cmd)를 관리자 권한으로 실행해 설치를 수행한다. 명령 프롬프트에서는 대상 프로젝트의 Scripts 폴더에서 activate.bat 파일을 실행해 가상 환경을 활성화하고 패키지를 설치한다.

그림 5.20 가상 환경을 활성화하는 방법

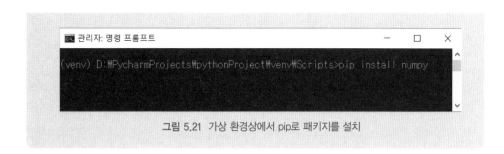

그림 5.21 가상 환경상에서 pip로 패키지를 설치

5.4 첫 인공 신경망 구현 – 집값 추정 회귀 문제

준비하기

깃허브(https://github.com/AcornPublishing/keras-ann) boston.zip

이 책에서는 7개의 실전 프로젝트를 해결하기 위해 케라스로 인공 신경망을 적절하게 구성하고 훈련시킨 뒤 성능을 개선하는 방법을 소개한다. 여기에서는 그 첫 번째 예인 집값 추정 문제를 다룬다. 첫 인공 신경망 구현인 만큼 모델을 얻는 각 단계에서 활용되는 케라스의 기능들에 대해서도 알아본다. 읽다 보면 상당히 간단하게 사용할 수 있는 함수들임을 알게 될 텐데, 이들만으로도 7개의 프로젝트를 거의 해결할 수 있다.

본 예제의 목표는 케라스를 이용해 간단한 신경망을 구성하고, 훈련 데이터셋으로 학습시킨 뒤 평가 데이터셋으로 검증하는 것이다. 신경망의 모양을 바꿔 보기도 하고 입력 변수에 전처리$^{Pre-processing}$를 적용했을 때 어떻게 성능이 변화하는지도 살펴본다. 데이터는 직접 취득하거나 만들지는 않고 scikit-learn에서 제공되는 boston의 집값 데이터셋을 활용한다. 이 데이터셋에 관한 자세한 설명은 다음 링크를 참고하자.

https://scikit-learn.org/stable/datasets/toy_dataset.html

데이터셋은 13개의 입력(특징)과 1개의 출력(집값)을 갖는 506개의 데이터로 이루어져 있다. 특징에는 도시별 범죄율, 주택 토지 비율, 비주택 사업 면적 비율, 토지 질소산화물 농도 등이 있다. 먼저 데이터를 불러와 내용을 확인하는 코드를 본다. 파일은 프로젝트 내의 어느 위치에 두더라도 실행할 수 있다.

boston1.py

```
from sklearn.datasets import load_boston

X, y = load_boston(return_X_y=True)
print("X =", X)
print("y =", y)
print("X.shape =", X.shape)
print("y.shape=", y.shape)
```

출력

```
X = [[6.3200e-03 1.8000e+01 ... 3.9690e+02 4.9800e+00]
 [2.7310e-02 0.0000e+00 ... 3.9690e+02 9.1400e+00]
 ...
 [1.0959e-01 0.0000e+00 ... 3.9345e+02 6.4800e+00]
 [4.7410e-02 0.0000e+00 ... 3.9690e+02 7.8800e+00]]
y = [24.  21.6 34.7 33.4 36.2 28.7 … 17.5 16.8 22.4 20.6 23.9 22. 11.9]
X.shape = (506, 13)
y.shape = (506,)
```

설명됐던 것과 같이 506개의 특징 집합과 집값이 불려졌다. 위 코드에서 행렬 X, y는 ndarray형을 갖고 있다. ndarray는 n차원의 행렬이라는 의미인데, NumPy가 가장 강력한 파이썬 수학 도구가 되게 하는 변수 형태다. ndarray를 사용하면 파이썬상에서 행렬을 쉽게 다룰 수 있게 된다.

> ndarry와 NumPy 관련 설명 링크(데이터 사이언스 스쿨)
> https://url.kr/p6a7kh

122

여기에서 파이참을 활용한 파이썬의 실행과 디버깅을 살펴보자. 파이참 내에서 작성된 코드를 실행하는 기본 단축키는 Ctrl+Shift+F10이다. 실행하려는 파일을 열어 코드 편집 창에 띄워 놓은 상태에서 그 위에 커서를 둔 다음 단축키를 입력하면 해당 파일이 실행된다. 디버깅이란 원하는 지점에서 실행 중인 코드를 멈춰 상태를 점검하는 과정을 의미한다. 디버깅을 통해 짜여진 코드가 의도된 대로 수행되고 있는지, 혹은 비정상적인 동작이 발생한 이유 등을 점검할 수 있다. 디버깅을 할 때 코드 수행 중 멈추기를 원하는 부분Break Point은 코드와 옆의 줄 표시 영역 사이를 클릭해 빨간 원을 만들어 지정한다. 중단 지점은 여러 개 둘 수 있고, 다시 클릭하면 해제된다. 디버깅의 기본 단축키는 Shift+F9이다. 그림 5.22는 디버깅 중의 장면인데, 코드 편집 영역에 변숫값이 나타나기도 하고, 하단 영역에서는 변수의 자세한 내용을 확인할 수 있다.

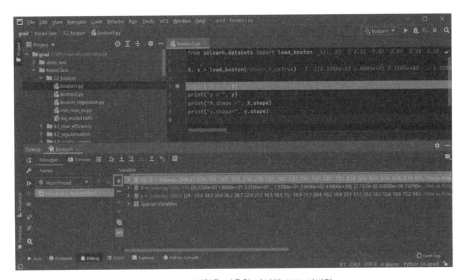

그림 5.22 파이참을 이용한 파이썬 코드 디버깅

디버깅 중 추가 변수 혹은 연산 결과를 확인하고 싶은 경우는 New watch 기능을 사용하면 된다. 디버깅 중 하단 영역 중 variables 영역 좌측에 + 버튼을 누르면 새 관찰 대상 변수를 추가할 수 있다. 위 그림에서 boston 집값 관련 특징 중 두 번째 특징들(X[:, 2])이 watch에 추가돼 있다.

다시 본래 목적으로 돌아가, 13개의 특징으로부터 집값을 추정하는 인공 신경망을 구성하자. 코드에 대한 설명을 간단히 먼저 한다. 코드는 **하이퍼파라미터**^{Hyper Parameter}의 정의, 데이터 불러오기, 신경망 생성, 신경망 학습, 학습 과정 검토, 추정 결과 확인의 순서로 쓰여 있다. 하이퍼파라미터는 모델의 구조, 학습 방식 등에 관련된 변수로 신경망의 설계자가 결정해야 하는 변수들이다. 이에 따라 신경망의 학습 결과가 매우 달라질 수 있지만 신경망 스스로는 이 값들을 결정할 수 없다(물론 하이퍼파라미터의 값을 최적화하는 방법과 도구에 대한 연구도 활발히 이뤄지고 있다). 나중에 하이퍼파라미터의 값을 바꾸며 학습 과정, 결과에 생기는 변화를 살펴볼 것을 추천한다.

> https://scikit-learn.org/stable/modules/grid_search.html

다음 코드(boston2.py 및 케라스를 불러오는 코드)를 수행하면 오류가 발생하는 독자가 있을 수 있는데, 책의 뒷부분(A3)에 관련 해결 방법을 소개했다. 코드를 실행하면 붉은 글씨로 많은 문장이 표시되는데 이는 정상인 상황일 수도 있고 비정상인 상황일 수도 있다. 만약 successfully loaded로 문장이 시작되면 이는 설치와 모듈 불러오기가 모두 잘 이뤄진 것이다(텐서플로는 안내와 경고를 모두 붉은 글씨로 표시해주는데 보통의 안내는 중앙에 I가 쓰여 있고, 경고에는 W가 표시된다). 만약 "ImportError: DLL load failed: 지정된 모듈을 찾을 수 없습니다" 혹은 "ImportError: Could not find 'cudart64_10x.dll'"의 문구가 나왔다면 이 책의 뒷편 A3장을 참고하자.

다른 문제로, 실행이 멈춘 것처럼 보이는 경우가 있다. 이는 설치 이후 최초로 텐서플로를 사용할 때에 나타날 수 있는 현상인데, 안내 문구들이 쭉 출력된 후 멈춘 것처럼 보인다면 수분까지는 기다려보자. 정상적으로 뒷부분의 코드가 이어서 수행될 수도 있다.

준비 과정과 설명이 길었다. 이제 본격적으로 첫 신경망 구현 코드를 살펴보자.

boston2.py (part 1/5)

```
from sklearn.datasets import load_boston

from keras.models import Sequential
```

```
from keras.layers import Dense
from keras.optimizers import Adam

import matplotlib.pyplot as plt
```

우선 모델을 생성하기 위해 keras 패키지로부터 Sequential, Dense, Adam을 가져왔다(import). Sequential은 케라스를 사용해 만들 수 있는 가장 기본적인 신경망 모델이다. 이름에서 알 수 있듯이 여러 층을 순차적으로 연결해 신경망을 구성하고자 할 때 사용하는 모델이다. 그다음으로 가져온 Dense는 신경망을 구성하는 층이다. 이름에서 알 수 있듯이 밀도 있게 연결하는 층으로, 앞서 생성된 층과 **완전 연결**Fully-Connect하는 층이다. 피드포워드 신경망은 Dense 층이 연속해 사용되는 구조다. Adam은 학습 알고리즘이다. 학습 알고리즘은 뒤에 이어질 코드에서 더 살펴보자. 마지막으로는 학습 곡선 및 추정 결과를 시각적으로 나타내기 위해 matplotlib으로부터 plt를 가져왔다.

다음은 하이퍼파라미터들의 정의와 데이터의 준비 코드다. 예제에서는 전체 데이터를 신경망에게 500번 보여주며 학습하기로 하고, 은닉층에는 10개의 신경을 사용하려 한다(입력층과 출력층의 신경 개수는 이후 신경망 생성 시 설정하는데, 입력층의 신경 개수는 준비된 데이터가 갖는 특징의 개수와 같은 13개이고 출력층의 신경 개수는 가격을 뜻하는 신경 1개다).

boston2.py (part 2/5)

```
epoch_num = 500  # 데이터셋 반복 횟수
learn_rate = 0.005  # 오차에 대한 update 계수
neuron_num = 10  # 은닉층당 신경 수

X, y = load_boston(return_X_y=True)

X_shape = X.shape  # (506, 13) : 506개의 데이터(집값), 13개의 특징

# 마지막 50개의 데이터를 평가용으로 사용
X_train = X[:-50]
y_train = y[:-50]
```

```
X_test = X[-50:]
y_test = y[-50:]
```

데이터는 앞서 살펴본 과정에서와 같은 방법(load_boston 함수)으로 불러왔다. 그리고 훈련에 사용될 데이터와 평가에 사용될 데이터로 구분했다. 총 데이터가 506쌍이었으므로 약 10%의 데이터를 평가용으로 활용하기로 정한 셈이 된다. 어떤 문제에서는 이 과정에서 데이터를 랜덤하게 섞어야 좋은 훈련이 이루어질 수도 있다. 데이터셋이 오름차순(혹은 내림차순)으로 정렬돼 있다면 위 코드에서처럼 마지막 50개 데이터를 추출하는 경우 훈련 데이터셋과 평가 데이터셋이 서로 겹치는 영역을 갖지 않게 된다. 다시 말하자면 전체 데이터 영역을 대변할 수 있는 신경망이 훈련되기 어려울 수 있다. 하지만 불러온 boston 집값 데이터는 순서가 이미 잘 섞여 있으므로 여기에서는 마지막 50개 데이터를 떼어 평가용으로 사용한다. 이제 첫 신경망을 생성하자.

boston2.py (part 3/5)

```
# 모델 생성
# 1) 층들이 순차적으로 연결된 신경망 구성
model = Sequential()
# 2-1) 첫 번째 은닉층 / 신경 10개 / 입력층 정보(X_shape[1]=13)를 제공
model.add(Dense(neuron_num, input_dim=X_shape[1], activation='tanh'))
# 2-2) 두 번째 은닉층 / 신경 10개
# model.add(Dense(neuron_num, activation='tanh'))
# 3) 출력층
model.add(Dense(1, activation="linear"))

# 층의 순서, 구조, 모수(parameter)의 개수 출력
model.summary()
```

출력

```
Model: "sequential"
_____
Layer (type)            Output Shape          Param #
```

126

```
=================================================================
dense (Dense)               (None, 10)               140

dense_1 (Dense)             (None, 1)                11
=================================================================
Total params: 151
Trainable params: 151
Non-trainable params: 0
```

신경망을 생성하는 코드를 보면 케라스를 사용하는 이유(장점)가 잘 드러난다. 신경망의 구조를 정의하는 코드를 보면 사람이 이해하기 쉬운 형태로 쓰인다. **코드를 한 줄씩 추가하는 것으로 신경망을 생성하거나 층을 하나씩 추가할 수 있다!** 위 코드에서는 층들이 순차적^{Sequential}으로 연결되는 모델을 생성한 뒤 **두 층의 모든 신경이 서로 연결**(완전 연결, Fully-Connect, Dense)되도록 다음 층을 **추가**^{add}한다. 첫 번째 인자에 원하는 숫자를 기입하는 것만으로 새로 추가하는 dense층의 신경 수를 정할 수 있고, 신경의 활성화함수(tanh, linear 등) 설정도 용이하다.

첫 번째 층을 추가할 때, input_dim 인자가 사용됐는데 이것이 입력층에 주어질 데이터의 길이를 뜻한다. 케라스에서 인공 신경망을 생성할 때에는 이와 같이 입력층이 명시적으로 생성되지 않고 입력을 처리할 층이 처음으로 정의된다. 두 번째 층부터는 앞 층에서 사용된 신경의 수를 알고 있기 때문에 input_dim 인자를 설정해주지 않아도 되지만, 첫 층의 경우에는 입력에 주어질 변수의 개수를 알지 못하므로 설정해줘야 한다. X_shape 변수는 (506, 13)이므로 13을 인자로 주기 위해 X_shape[1]가 인자의 값으로 주어졌다. 첫 층의 활성화함수로는 하이퍼볼릭 탄젠트(tanh) 함수를 사용했다. 출력(종속 변수)이 입력(독립 변수)에 따라 부드럽게 변화할 것이라 기대해 함수의 기울기가 연속적으로 변하는 시그모이드형 함수를 사용했다(물론 아직 데이터에 대한 이해가 거의 없으므로 이후에 ReLU와 같은 활성화함수로 바꿔 학습을 한 후 결과를 비교해보면 더 좋을 것이다).

summary 함수를 호출하면 층의 순서와 신경망이 갖는 모수의 개수가 출력된다. 입력이 13개의 인자로 구성되고 은닉층이 10개의 신경을 갖도록 구성했기 때문에

$13 \times 10 = 130$개의 가중치 모수와 10개의 편향 모수가 사용돼 총 140개의 모수가 첫 dense층에 있음이 summary 함수의 출력에서 확인된다. 마찬가지로 두 번째 dense 층에는 10개의 가중치 모수와 1개의 편향 모수가 사용돼 총 11개의 모수가 사용됐음을 볼 수 있다. 결과적으로 위 코드를 통해 총 151개의 모수를 사용한 신경망이 구성됐다.

짚어 보고 넘어갈 것은 신경망의 생성 과정에 데이터의 전체 개수에 대한 정보는 주지 않았다는 것이다. 첫째 층에서 input_dim 인자에 넘겨준 값은 각 데이터의 입력의 길이(특징의 개수)였고 506개라는 개수 정보는 신경망에 주지 않았다. 이는 신경망의 구조는 사실 처리할 데이터의 개수와는 상관이 없다는 점을 생각해보면 당연한 부분이기도 하다. 이후 학습 시에는 (406, 13) 크기를 갖는 X_train 변수를 직접 인자로 줄 것인데 학습함수가 각 데이터를 신경망에 순차적으로 기입해 학습을 진행한다. 학습용 데이터 변수의 첫 번째 차원(406)이 개수를 의미함을 기억해두자. 이제 대망의 학습을 위한 설정함수와 학습함수를 살펴보자.

boston2.py (part 4/5)

```
# 학습 알고리즘과 손실함수 지정
adam_optimizer = Adam(lr=learn_rate, beta_1=0.9, beta_2=0.999, amsgrad=False)
model.compile(loss='mse', optimizer=adam_optimizer)  # Mean of Squared Error

# 신경망 학습과 오차 저감 과정 기록
hist = model.fit(X_train, y_train, epochs=epoch_num)  # 학습 과정 출력
# hist = model.fit(X_train, y_train, verbose=0, epochs=epoch_num) 학습 과정 출력 생략
```

이어서 모수들을 갱신하는 알고리즘인 **옵티마이저**^{Optimizer}에 대한 정의가 따르는데, 여기에는 gradient descent, SGD, Adam 등의 기법을 선택해 사용할 수 있다. 각 기법에 대한 소개와 구체적인 옵션 설정 방법은 다음 케라스 페이지에 설명돼 있다.

https://keras.io/ko/optimizers/

이 예제에서는 Adam 옵티마이저를 사용했다. 코드에는 정의 시 (초기) 학습 속도인 lr 옵션과 beta_1, beta_2, amsgrad 옵션에 값을 지정해주는 예를 보였다. 이러한 옵티마이저의 옵션은 사용하는 알고리즘의 종류에 따라 다르다. 이는 각 방법이 모수를 갱신하는 원리가 다른 것에 따라 자연히 달라지는 것인데, 그 값을 지정하지 않는 경우 기본값이 사용된다. 기본값은 각 모수 갱신 알고리즘이 제안된 논문에서 추천한 값이나, 각 알고리즘이 주로 사용되는 분야에서 최적이라고 알려진 값이다. model 변수에 optimizer 옵션으로 전달해 주었다. 옵티마이저는 신경망 모델(코드에서 model 변수)이 갖는 compile 함수에 인자로 전달해 사용할 수 있다. compile 함수에서는 loss 인자를 사용해 손실함수를 정할 수 있고 여기에서는 mse^mean of sum of squared errors를 사용했다.

놀랍게도 대망의 모델 학습은 단 한 줄로 구현된다! model 변수가 갖는 fit 함수에 훈련 데이터셋의 입력과 출력을 순서대로 주고, 반복할 회수인 에포크^Epochs를 지정함으로 훈련은 아주 손쉽게 수행된다. 학습 중에는 각 에포크 내에서의 학습 진행도와 해당 에포크에서의 손실이 출력되는데 이것이 조잡해보인다고 생각되거나 생략하고 싶다면 verbose 인자를 사용하고 0을 넘겨주면 된다.

`boston2.py (part 5/5)`

```
plt.figure(1)
plt.title('Learning Curve')
plt.plot(hist.history['loss'])
plt.show()

# 훈련된 신경망을 사용한 추정(훈련 데이터셋)
y_est_train = model.predict(X_train)

plt.figure(2)
plt.title('Estimation on Train Dataset')
plt.plot(y_train, label='answer', c='b')  # 정답(훈련 데이터)
plt.plot(y_est_train, label='estimation', c='r')  # 추정 결과
plt.legend()  # label로 legend 작성
plt.show()
```

```
# 훈련된 신경망을 사용한 추정(평가 데이터셋)
y_est_test = model.predict(X_test)

plt.figure(3)
plt.title('Estimation on Test Dataset')
plt.plot(y_test, label='answer', c='b')  # 정답(평가 데이터)
plt.plot(y_est_test, label='estimation', c='r')  # 추정 결과
plt.legend()  # label 인자들로 legend(범례) 작성
plt.show()
```

코드의 마지막 부분은 학습 곡선과 추정 결과를 도시하는 코드다. 신경망 모델의 fit 함수가 반환하는 값(hist 변수)에는 학습 과정 중 계산된 훈련 데이터셋에서의 추정 오차가 저장돼 있다. 그림 5.23은 훈련 데이터셋에 대해 인공 신경망이 보이는 오차의 값이 학습 경과에 따라 변화해 가는 모습을 보여준다. 오차는 점차 감소해 가다가 어느 정도의 값으로 수렴했다. 이는 신경망이 최적점(국소 최적점일 수 있다)에 도달했음을 의미한다.

이어서 훈련 데이터셋을 다시 추정하는 코드와 평가 데이터셋을 추정하는 코드가 있다. 여기에는 신경망 모델이 갖는 predict 함수가 사용된다. 학습 함수인 fit 함수에는 입력과 출력을 인자로 주었는데, 추정 함수인 predict에는 (당연하게도) 입력 변수만 인자로 주어지고 모델의 추정 결과가 반환된다. fit 함수에서와 마찬가지로 데이터 샘플을 하나씩 주지 않고 (456, 13)의 모양을 갖는 X_train 변수를 인자로 주면 (456)의 길이를 갖는 추정 결과가 반환된다.

matplotlib을 이용해 그래프를 그리면 (plot 함수를 사용하면) 그 부분에서 코드가 멈춘다. 표시된 그래프 창을 닫아야 코드가 이어서 진행된다. 만약 그래프를 그리는 코드를 연속으로 짰다면 하나의 그래프만 나타나서 당황할 수 있는데 앞선 그래프 창을 닫으면 다음 그래프가 그려진다. 만약 그래프 창이 나타난 것과 상관없이 코드가 진행되거나 그래프들이 연속으로 출력되기를 원한다면 matplotlib의 interactive mode (ion, ioff) 기능을 활용하면 된다.

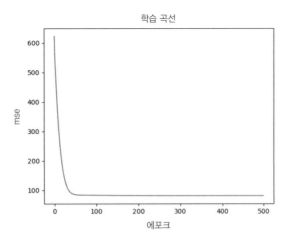

그림 5.23 은닉층을 1개 사용하는 피드포워드 신경망의 집값 추정 학습 곡선

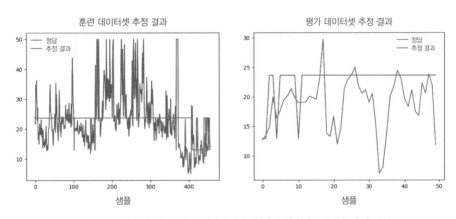

그림 5.24 첫 번째 피드포워드 신경망의 훈련/평가 데이터셋에 대한 추정 결과

그림 5.24는 훈련 데이터셋과 평가 데이터셋에 대한 추정 결과를 보여준다. 가로축을 따라 각 데이터가 나열됐으며 세로축은 집값이다. 파란색이 정답 집값들을 의미하고 빨간색이 추정된 집값들을 의미한다. 추정 결과는 절망적이다! 여러 입력 조건에 의존하지 않고 값이 몇 개의 이산화Discretized된 값으로 나타나게 됐다. 신경망의 표현 능력이 부족했던 것으로 생각된다. 다음과 같이 은닉층을 하나 더 사용하도록 신경망 생성부의 코드를 수정할 수 있다.

```
# 모델 생성
# 층들이 순차적으로 연결된 신경망 구성
model = Sequential()
# 첫째 은닉층 / 신경 10개 / 입력층 정보(크기) 제공
model.add(Dense(neuron_num, input_dim=X_shape[1], activation='tanh'))
# 두 번째 은닉층
model.add(Dense(neuron_num, activation='tanh'))
model.add(Dense(1, activation="linear"))  # 출력층
```

케라스의 장점이 잘 드러나는 코드 수정이다. 이전의 두 dense층 사이에 하나의 dense층을 새로 add함으로 곧바로 은닉층이 하나 더 사용된 신경망이 손쉽게 만들어졌다. 이때 새로운 은닉층에 쓸 신경의 수는 기존 은닉층과 달라도 되지만 예제에서는 같게 두었다. 그림 5.25와 그림 5.26은 은닉층을 두 개 갖는 신경망을 사용해 훈련하고 추정한 결과다.

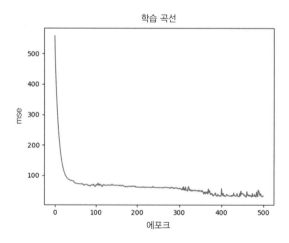

그림 5.25 은닉층을 2개 사용하는 피드포워드 신경망의 집값 추정 학습 곡선

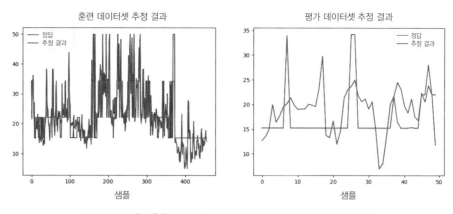

그림 5.26 은닉층을 2개 사용하는 피드포워드 신경망의 집값 추정 결과

은닉층이 1개 추가됐지만 loss가 크게 감소하지 못했다. 집값 추정 결과가 정답의 개형을 나타내는 듯하지만, 역시 여전히 이산화돼 나타나고 큰 오차를 가진다.

이렇게 훈련이 잘 이뤄지지 못하고 추정 결과가 좋지 못한 원인은 사실 은닉층의 단순함과 학습 알고리즘의 잘못된 선정이 아니라 **입력 변수의 정규화**^{Normalization}를 수행하지 않았기 때문이다(은닉층을 추가하거나 신경의 수를 늘리는 시도는 직접 더 해보자). 정규화는 각 변수의 값이 모든 데이터에서 0과 1 사이에 혹은 −1과 1 사이에 오도록 **스케일**^{Scale}과 **오프셋**^{Offset}을 조정하는 과정이다. 신경망은 출력에 영향을 크게 미친 모수일수록 해당 모수를 크게 갱신한다. 따라서 입력 데이터 중 어떤 두 열이 큰 크기 차이를 갖는다면 학습에 문제가 된다. 신경망 생성 시에는 모든 모수가 랜덤하게 그 값이 정해지기 때문에 값이 큰 입력에 연관된 모수들이 중요하게 여겨져 주로 갱신이 이뤄지고, 나머지 모수들은 0 혹은 무의미한 값으로 수렴하는 등의 현상이 발생하게 되는 것이다(신경망 생성 시 가중치와 편향들이 초기화되는 방법에 관한 연구도 많은데 이 방법들을 케라스에서는 쉽게 지정할 수도 있다(https://keras.io/ko/initializers/)). **따라서 여러 입력들이 동등한 수준으로 출력에 영향을 주는 것으로 여겨지길 원한다면 정규화를 수행하는 것이 좋다. 다음 그림은 첫 번째와 세 번째의 특징을 모든 데이터에서 추출해 그린 것으로, 그 값의 차이가 매우 큰 것이 보인다.

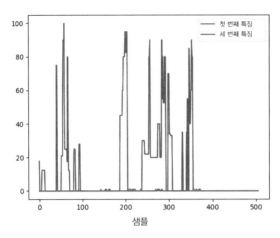

그림 5.27 집값 관련 첫 번째와 세 번째 입력 변수를 그대로 나타내 비교한 그래프

이 책에서는 scikit-learn(sklearn) 패키지에서 제공되는 MinMaxScaler를 사용해 정규화를 수행한다. MinMaxScaler의 사용 예제를 책의 맨 뒤 부록 A1에 뒀으니 참고하자. 정규화를 수행하는 코드를 포함한 전체 코드를 살펴보자. 신경망은 두 개의 은닉층에 10개씩의 신경이 사용됐다. 훈련을 마친 뒤 평가 데이터셋에 대한 추정을 바로 수행해도 되지만 본 예제에서는 모델을 저장하고 불러오는 함수인 save와 load_model의 사용법을 보이기 위해 모드 선택 변수(do_train)를 뒀다. 새로운 모델을 만들고자 할 때는 do_train을 True로 두고 파일을 실행하면 되고, do_train을 False로 두고 실행하면 된다.

boston_regression.py

```
from keras.models import Sequential
from keras.layers import Dense
from keras.optimizers import Adam
from keras.engine.saving import load_model

from sklearn.datasets import load_boston
from sklearn.preprocessing import MinMaxScaler

import matplotlib.pyplot as plt
```

```python
# 하이퍼파라미터
epoch_num = 500  # 데이터셋 반복 횟수
learn_rate = 0.005  # 오차에 대한 update 계수
neuron_num = 10 # 은닉층당 신경 수

# True 선택 시 새로운 신경망을 생성하고 학습 후 my_model.hdf5로 저장
# False 선택 시 my_model.hdf5를 불러와 추정
do_train = True
# do_train = False

X, y = load_boston(return_X_y=True)
X_shape = X.shape  # (506, 13) : 506개의 데이터(집값), 13개의 특징

boston_scaler = MinMaxScaler()  # 정규화를 위해 scaler model 생성
norm_X = boston_scaler.fit_transform(X)  # 데이터의 각 열 정규화

if do_train:
    # 마지막 50개의 데이터를 테스트로 사용
    norm_X_train = norm_X[:-50]
    y_train = y[:-50]

    norm_X_test = norm_X[-50:]
    y_test = y[-50:]

    # 모델 생성
    # 1) 층들이 순차적으로 연결된 신경망 구성
    model = Sequential()
    # 2-1) 첫 번째 은닉층 / 신경 10개 / 입력층 정보(X_shape[1]=13)를 제공
    model.add(Dense(neuron_num, input_dim=X_shape[1], activation='tanh'))
    # 2-2) 두 번째 은닉층 / 신경 10개
    model.add(Dense(neuron_num, activation='tanh'))
    # 3) 출력층
    model.add(Dense(1, activation="linear"))

    # 층의 순서, 구조, 모수(parameter)의 개수 출력
    model.summary()

    # 학습 알고리즘과 손실함수 지정
    adam_optimizer = Adam(lr=learn_rate, beta_1=0.9, beta_2=0.999, amsgrad=False)
    model.compile(loss='mse', optimizer=adam_optimizer)  # Mean of Squared Error
```

```python
    # 신경망 학습 & 오차 저감 과정 기록
    hist = model.fit(norm_X_train, y_train, epochs=epoch_num)

    plt.figure(1)
    plt.title('Learning Curve')
    plt.plot(hist.history['loss'])
    plt.show()

    # 훈련된 신경망을 사용한 추정(훈련 데이터셋)
    y_est_train = model.predict(norm_X_train)

    plt.figure(2)
    plt.title('Estimation on Train Dataset')
    plt.plot(y_train, label='answer', c='b')  # 정답(훈련 데이터)
    plt.plot(y_est_train, label='estimation', c='r')  # 추정 결과
    plt.legend()  # label로 legend 작성
    plt.show()

    # 훈련된 신경망을 사용한 추정(평가 데이터셋)
    y_est_test = model.predict(norm_X_test)

    plt.figure(3)
    plt.title('Estimation on Test Dataset')
    plt.plot(y_test, label='answer', c='b')  # 정답(평가 데이터)
    plt.plot(y_est_test, label='estimation', c='r')  # 추정 결과
    plt.legend()  # label로 legend 작성
    plt.show()

    # 신경망 모델 저장하기 - 구조, 모수 값, 학습 알고리즘 등 저장
    model.save('my_model.hdf5')
else:
    model = load_model('my_model.hdf5')  # 신경망 모델 불러오기

    # 학습을 정규화된 X로 했으므로 추정 시에도 정규화된 값을 사용
    y_est = model.predict(norm_X)

    plt.figure()
    plt.title('Estimation on Whole Dataset')
    plt.plot(y, c='b')  # 정답(전체 데이터)
    plt.plot(y_est, c='r')  # 추정 결과
    plt.show()
```

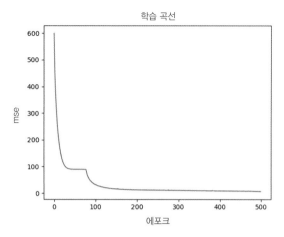

그림 5.28 입력 변수의 정규화를 수행한 경우의 집값 추정 모델 학습 곡선

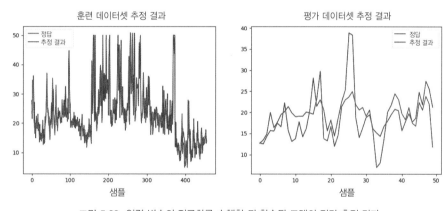

그림 5.29 입력 변수의 정규화를 수행한 뒤 학습된 모델의 집값 추정 결과

이전 모델들에서는 loss가 50 부근까지만 감소했던 것에 비해 수정된(정규화된) 입력을 사용하는 것으로 오차가 5 근처로 수렴한 것이 보인다. 학습 곡선 중간에 다시 한 번 급격히 손실이 저감되기 시작하는 지점을 볼 수 있는데, 이것은 Adam 학습 알고리즘이 오차의 수렴성을 확인하고 학습 속도를 조정하는 과정에서 나타나는 현상이다. 추정 결과가 몰라보게 좋아졌다. 훈련 데이터셋에서는 모든 집값이 5 이하의 오차로 추정이 됐고, 평가 데이터 역시 그래프의 개형이 정답과 같게 추정됐다.

결론적으로 신경망의 추정 성능을 확보하는 데에는 복잡도를 충분히 갖게 하는 것뿐만 아니라 정규화와 같은 데이터의 **전처리**^{Pre-processing}도 중요함을 알 수 있다. 다른 데이터의 전처리 기법으로는 **특징 선택**^{Feature Selection}, **주성분 분석**^{PCA, Principal Component Analysis} 등이 있다. 특징 선택은 단계적 회귀에서 했던 것처럼 출력 변수와 어느 정도 관계가 보이는 변수들만을 선정해 입력에 사용하는 방법이다. 주성분 분석은 입력 변수가 다양할 때 이들을 활용해 특징이 더욱 뚜렷이 나타나는 새로운 변수들을 만들어 활용하는 방법이다. 이외에도 주파수 분석을 수행한 결과를 입력으로 사용하는 등 전처리 방법들은 다양하니 신경망의 성능을 향상시킬 때에는 변수의 가공(전처리)도 검토를 많이 해보자.

위 코드를 do_train=True로 두고 수행하면 my_model.hdf5 파일이 프로젝트 내에 생성된다. 다시 같은 코드를 do_train=False로 바꿔 수행하면 이 파일에 저장된 신경망의 구조와 모수들이 불려오고, 학습 없이 추정을 수행한다. 이전 학습 종료 시점에 이어 추가로 학습하는 것도 가능하다. 학습을 위한 optimizer 또한 이전 모델의 것으로 불러와진다.

save 함수와 load_model 함수를 사용해 모델을 저장하는 것은 이후에도 같은 모델을 계속 활용할 수 있게 해준다는 데 의의가 있다. 신경망은 일반적으로 생성 시 모든 모수를 랜덤하게 초기화하므로 매번 학습된 결과가 서로 다르다. 때문에 같은 구조의 모델이더라도 여러 차례 생성해 그 성능을 서로 비교해보는 것이 좋고, 이를 위해 학습을 마칠 때마다 혹은 그 과정 중에 모델을 저장하는 것이 좋다. 나아가 학습을 오랜 시간에 걸쳐서 해야 하는 경우 중간 시점의 모델을 스냅숏^{snapshot}으로 남겨두는 용으로 활용할 수도 있으며, 다른 사람에게 학습된 결과를 공유(배포)하기에도 용이하다. 또 **신경망은 여러 차례 학습될 수 있다.** 이는 하나의 모델이 fit 함수를 꼭 한 번만 사용할 필요가 없다는 뜻이다. 하나의 데이터셋을 한 번에 수백 번(epoch) 훈련시키는 것이 아니라 (중간 학습 상태 확인 등을 목적으로) 수십 번씩 나눠 학습을 시킬 수도 있다. 혹은 fit 함수가 여러 차례 불릴 수 있다는 점을 활용해 서로 다른 유형의 데이터셋을 준비하고 그들 중 어떤 데이터셋들을 골라 사용하는 것이 좋을지 판단해볼 수도 있다. 이러한 과정에서 save 함수와 load_model 함수는 유용하게 사용될 것이다.

dense층에 사용된 activation 인자를 보면 은닉층에는 tanh를, 출력층에는 linear 함수를 사용했다(이외의 사용 가능한 함수는 https://keras.io/ko/activations/에 소개돼 있다). 출력층에도 비선형 활성화함수를 적용할 수 있겠으나 보통의 회귀 문제에서는 출력층에서는 선형 조합만 수행하는 것으로 구성한다. 출력 변수가 해당 변수의 영역에서 고르게 분포하는 경우 sigmoid 형의 활성화함수가 마지막에 적용된다면 그 이전 은닉층과 연결되는 가중치들이 민감하게 학습될 수 있기 때문이다. 극단적인 (하지만 실제로 존재할 데이터인) 예를 들자면, 데이터 중 가장 크거나 작은 값을 가졌던 것은 −1 또는 1의 값을 가질 것인데 이 데이터를 표현하려면 출력층에서 계산된 선형조합의 결과가 양 혹은 음의 무한대여야 한다. 다음 그림은 위 내용을 설명하는 그림으로, 출력에 sigmoid형 활성화함수가 사용됐을 때, 등간격인 출력(세로축)을 얻기 위해 출력층 신경의 선형 조합 결과(가로축)가 크게 왜곡됨을 보여준다.

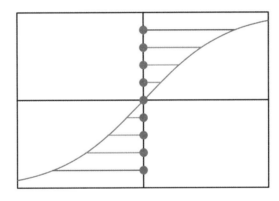

그림 5.30 시그모이드 함수의 출력 등간격 변화를 위한 입력 크기 변화

나아가 출력층에 비선형 활성화함수를 사용하는 경우에는 훈련 데이터셋의 범위로 출력이 제한되게 된다. 즉, 훈련된 모델은 외부 보간Extrapolation 기능을 수행할 수 없게 된다. 이에 회귀 문제에 따라서는 출력층의 신경에 비선형 활성화함수를 적용하지 않기도 한다.

마지막으로 fit 함수와 predict 함수 사용 시의 주의점 한 가지를 소개하고자 한다. 본 예제의 코드에서는 fit 함수와 predict 함수에 입력 인자를 줄 때에 (456, 13) 크기를 갖는 행렬 형태의 인자를 줬다. 주의할 점은 사용하려는 데이터의 개수가 한 개인 경우다. 이번 예제에서 생성된 인공 신경망은 길이가 13인 입력이 여러 개 들어올 것을 기대해 (N, 13) 형태의 인자를 처리할 수 있게 동작한다. 만약 데이터의 개수가 한 개이고, 이때 그 형태가 (13)이라면 인공 신경망은 오류를 발생시킨다. 그렇다면 한 개의 데이터로만 훈련을 시키거나 추정을 수행하고 싶을 때엔 어떻게 해야 할까? 바로 차원을 의도적으로 확장시키는 함수를 사용해야 하는데 NumPy의 expand_dims 함수가 이 역할을 한다. 크기가 (N)인 ndarray형 변수에 다음과 같이 expand_dims 함수를 적용하면 크기가 (1, N)으로 변해 인공 신경망의 학습과 추정의 입력에 사용할 수 있게 된다.

```python
import Numpy as np
x = np.array([1, 2])
print(x.shape)  # = (2,)
y = np.expand_dims(x, axis=0)
print(y.shape)  # = (1, 2)
```

이제 본격적인 회귀 문제와 분류 문제를 마주할 준비를 마쳤다! 6장과 7장에서 실전 프로젝트들을 해결하며 인공 신경망을 구성하는 다양한 팁을 살펴보자.

[Warning 혹은 Information 알림 줄이기 팁]

텐서플로를 사용할 때에는 라이브러리를 부를 때마다 (잘 불려왔더라도) 'I'로 시작하는 알림Information을 콘솔에 여러 줄 출력해준다. 이것이 거슬린다면 다음의 두 줄을 코드 제일 앞에 둠으로써 알림 수준을 조절하자.

```python
import os
os.environ['TF_CPP_MIN_LOG_LEVEL'] = '1'
```

Log level 설정에 따른 정보 출력 수준은 다음과 같다.

- 0 = 모든 로그 남기기(기본 동작)
- 1 = INFO 메시지 출력하지 않기
- 2 = INFO, WARNING 메시지 출력하지 않기
- 3 = INFO, WARNING, ERROR 메시지 출력하지 않기

- **텐서플로 설치 방법**: 이 책에서 케라스가 사용할 백엔드 엔진으로 텐서플로를 선택했다. 텐서플로를 설치할 때 단순히 패키지 검색을 해 설치할 경우 컴퓨터의 자원을 완전히 활용하기 어렵다. GPU의 활용을 위해서는 CUDA와 cuDNN을 함께 설치해야 하고 텐서플로 역시 이에 맞게 컴파일해 설치해야 한다. 이때 각 패키지와 드라이버의 버전 관계도 중요한데, 한 깃허브(https://github.com/fo40225/tensorflow-windows-wheel) 페이지에서는 연계해 사용할 버전들을 안내하고 그에 따라 컴파일된 텐서플로 whl 파일을 제공한다.

- **NumPy와 ndarray**: NumPy는 파이썬상에서 수학 연산을 손쉽게 할 수 있도록 도와주는 패키지다. ndarray는 NumPy에서 사용되는 n-차원 행렬이라는 뜻의 변수형으로 리스트 변수를 행렬처럼 다루게 해주고 행렬의 연산도 가능하게 해준다.

- **하이퍼파라미터**: 인공 신경망을 단 하나만 구성하고 나면 그 구성에 대해 지적받기 일쑤다. 신경망에 사용된 신경(연산)의 종류, 층의 개수와 연결, 비선형함수, 학습 알고리즘, 학습 회수 등이 변경될 수 있는데 이러한 값을 조정하는 변수를 하이퍼파라미터라고 부른다. 자신의 인공 신경망이 적절한 형태임을 파악하기 위해서는 다양한 하이퍼파라미터의 조합을 시도해보고 모델 간 성능 비교를 수행해봐야 한다.

- **모델 생성**(keras.models.Sequential): 케라스에서 인공 신경망 모델을 생성할 때 사용되는 함수. 새로운 층을 추가할 때에 항상 이전 층의 뒤에 놓아 일련된 층들로 구성된 모델을 형성한다. 만약 데이터의 흐름에 분기를 두고 싶다면 Sequential이 아닌 Functional 함수를 사용해 모델을 형성하면 된다.

- **층 생성**(keras.layers.Dense): 이전 층과 완전 연결Fully-connect된 새로운 층을 형성하는 함수. 모델이 이전 층의 출력 개수를 알고 있는 경우는 단순히 Dense 층에 사용될 신경의 수만 지정해줘도 된다. 그러나 모델의 첫 층에는 입력의

크기(차원)을 지정해주어야 한다. Dense 외에도 이 책에서 사용되는 층의 종류에는 Conv1D, Conv2D, SimpleRNN, LSTM 등이 있다.

- **옵티마이저 생성**(keras.optimizedrs.Adam): 학습 기법을 뜻하는 옵티마이저를 생성하는 함수. 이 함수를 사용해 옵티마이저를 생성한 뒤 compile 함수의 인자로 넘겨줘도 되고, compile 시 곧바로 옵티마이저를 지정할 수도 있다.

- **{케라스 sequential 모델}.add**: Sequential 인공 신경망 모델 뒤에 새로운 층을 추가할 때 사용되는 함수. 한 번 사용할 때마다 인공 신경망의 깊이가 하나씩 깊어진다.

- **{케라스 모델}.summary**: 생성된 신경망의 형태를 점검하기 위해 사용하는 함수. 층의 종류, 순서, 사용된 모수의 개수 등을 확인한다.

- **{케라스 모델}.compile**: 모델의 손실과 학습 기법을 지정하는 함수

- **{케라스 모델}.fit**: 모델에 훈련 데이터를 줘 학습시키는 함수. epoch 인자를 통해 학습 회수를 지정할 수 있고, validation_split 혹은 validation_data를 사용해 학습과 동시에 검증용 데이터에 대한 추정 성능을 확인할 수도 있다. fit 함수는 매 epoch에서 발생했던 추정 오차를 history 변수에 담아 반환한다. 하나의 인공 신경망 모델은 여러 차례 fit 함수를 사용해 이어서 학습이 가능하다.

- **{케라스 model}.predict**: 학습된 모델에 새로운 입력을 줘 추정을 수행하는 함수. 하나의 샘플을 주면 하나의 추정 결과를 반환하고 여러 샘플을 한 번에 주는 경우 여러 출력 결과가 반환된다. 여러 샘플을 한 번에 처리할 수 있도록 구현돼 있기 때문에 하나의 샘플을 사용하는 경우에도 NumPy의 expand_dims 함수 등을 활용해 차원을 늘려 전달해야 한다. 만약 predict된 결과와 기대했던 결과 사이의 오차를 곧바로 얻고자 한다면 evaluate 함수를 사용한다.

- **{케라스 model}.save**: 학습된 인공 신경망 모델을 저장하는 함수. 케라스의 모델은 주로 h5 혹은 hdf5 확장자로 저장한다. keras.engine.saving.load_model 함수를 사용해 저장된 모델을 다시 불러와 사용할 수 있다. 신경망은 늘

생성 시 인자들이 랜덤하게 초기화되므로 훈련된 모델을 매번 (다른 이름으로) 저장해두는 것은 좋은 습관이다. 불러와진 신경망은 이어서 훈련하는 것이 가능하다. 훈련 중 체크포인트를 저장해두는 것도 좋은 훈련 기법이다.

- **정규화**^{Normalization}: 훈련에 사용되는 입력 혹은 출력 변수들이 모두 각각 0과 1 사이에 있도록 스케일과 오프셋을 조정하는 전처리 기법. `Sklearn.preprocessing.MinMaxScaler`를 사용해 손쉽게 할 수 있다. 정규화에는 `MinMaxScaler`의 `fit_transform` 함수가 사용되고 역변환에는 `inverse_transform` 함수를 사용한다. 정규화를 사용하지 않는 경우 특정 입력/출력에 집중돼 신경망이 학습될 우려가 있어, 각 입력과 출력의 비중을 동등하게 하기 위해 정규화를 수행한다.

06
회귀 문제

6장에서는 3개의 회귀 문제를 다룬다. 첫 번째 예제에서는 신경망의 구조를 어떻게 결정할지와 출력 오차의 해석, 출력 정규화의 필요성을 살펴본다. 두 번째 예제에서는 훈련 데이터가 갖는 노이즈로 인한 문제를 어떻게 해소할지 살펴본다. 세 번째 예제에서는 주어진 데이터의 입출력만 묘사하는 것에서 나아가 제어 시스템 속에서 신경망을 활용하는 방법과 과정을 살펴본다.

6.1 피드포워드 신경망을 이용한 회귀 –
영구자석 전동기의 최고 효율 운전 조건

1) 문제 배경과 인공 신경망의 필요성

본 예제는 영구자석 전동기Permanent Magnet Synchronous Machine의 효율적인 구동을 위한 운전 조건을 알려주는 신경망을 구성하는 것이다. 전동기는 외부를 감싸는 고정자와 내부에서 돌아가는 회전자로 구성된다. 회전자에는 영구자석이 있는데, 이것이 정렬된 방향(d축, direct)에 전기적으로 90도 틀어진 방향(q축, quadrature)에 전류를 흘려 자속을 형성해주면 토크가 발생해 돌아가는 속도, 위치 등을 제어할 수 있다. 영구자석 전동기는 영구자석의 설치 구조에 따라 두 종류로 나뉜다.

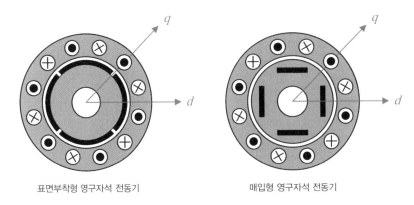

표면부착형 영구자석 전동기   매입형 영구자석 전동기

그림 6.1 표면 부착형/매입형 영구자석 전동기의 단면 구조

표면 부착형 영구자석 전동기의 경우 q축에 자속을 형성하는 전류(I_q)만이 토크에 영향을 주기 때문에 가장 좋은 효율로 전동기를 구동하는 방법은 d축 전류를 0으로 하는 것이다. 반면 매입형 영구자석 전동기의 경우에는 d축과 q축의 인덕턴스에 차이가 생겨(릴럭턴스 토크를 활용할 수 있게 되기 때문에) d축의 자속을 감소시키는 방향의 전류(I_d)를 함께 활용하는 것이 최고 효율 운전의 방법이다. 다음 표는 두 전동기의 특징을 비교해준다.

표 6.1 표면 부착형/매입형 영구자석 전동기의 특징 비교

	표면 부착형	매입형
d/q 인덕턴스	$L_d = L_q$	$L_d \neq L_q$
토크	$T_e = K_m i_q$	$T_e = K_m i_q + K_r i_d i_q$
출력 밀도	낮음	높음
공극(Air gap)	넓음(자석 포함)	좁음
가격	높음	낮음

전동기의 권선에서 발생하는 손실을 최소화함으로써 높은 효율을 추구하는 운전 기법은 MTPA^{Maximum Torque Per Ampere}라고 부른다. 매입형 영구자석 전동기가 동일한 토크를 출력하는 전류 쌍(I_d, I_q)은 무수히 많으니 이 가운데 손실을 최소화하는 지령을 찾으려고 할 때 MTPA 기법은 하나의 해결책이 된다. 그러나 MTPA 운전이 최고 효율 운전 조건이라고 할 수는 없다. 전동기 내부에는 권선에서 발생하는 손실뿐만 아니라 철손^{Iron loss}, AC 전도 손실 등이 함께 존재하기 때문이다. 따라서 최고 효율 운전 지령은 토크와 함께 속도에도 의존해 바뀌게 된다. 다음 그림은 최고 효율 곡선과 MTPA 곡선을 비교해 보인다(하나의 고정된 속도에서 그린 그림).

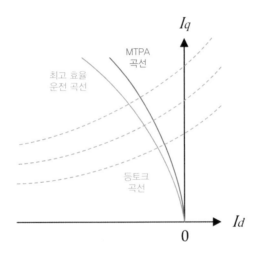

그림 6.2 영구자석 동기기의 MTPA 곡선과 최고 효율 운전 곡선(고정된 속도)

최고 효율 곡선은 실제로 전동기가 필드에서 활용될 때 사용될 것을 위해 얻기 때문에 보통 시뮬레이션으로 얻지 않고, 전동기를 직접 구동해 취득한다. 특정 속도에서 I_d와 I_q를 다양하게 조합^{Sweep}해보며 어떤 토크를 낼 때 가장 적은 입력 전력이 소요된 경우를 기록해두는 것으로 표는 완성된다. 이에 따라 얻어지는 전류 테이블은 속도와 토크를 축으로 갖는 2차원 테이블 2개가 된다.

다음 표 두 개와 그림은 본 예제에서 다룰 최고 효율 운전을 위한 전류 테이블 데이터다. 표에서 세로축은 토크(Nm)를, 가로축은 속도(r/min)를 의미하고 전류의 단위는 A(ampere, 암페어)다. 표에는 빈칸이 있는데 이는 운전이 불가능한 영역이다. 전동기에는 사용 가능한 전압과 전류에 안전상 정격이 있기 때문에 다음의 표에 값이 표시된 영역 내에서만 운전이 이뤄진다.

표 6.2 예제에서 사용될 최고 효율 운전 I_d 테이블

Id	1000	2000	3000	4000	5000	6000	7000	8000	9000	10000	11000	12000	13000	14000	15000
0	0.0	0.0	0.0	0.0	0.0	0.0	0.0	0.0	0.0	0.0	0.0	0.0	0.0	0.0	0.0
5	-6.3	-6.4	-6.8	-7.2	-7.8	-8.5	-9.2	-9.9	-10.7	-11.4	-12.1	-12.7	-13.3	-13.7	-13.9
10	-12.7	-13.7	-14.6	-15.2	-15.8	-16.3	-16.8	-17.3	-17.9	-18.6	-19.5	-20.5	-21.9	-23.5	-25.5
15	-22.5	-22.3	-22.6	-23.2	-23.9	-24.6	-25.3	-25.8	-26.2	-26.7	-27.5	-29.0	-31.9	-36.8	-44.8
20	-30.8	-31.2	-31.5	-32.3	-33.1	-33.5	-33.5	-33.4	-33.6	-34.6	-36.8	-40.6	-46.3	-53.8	-62.7
25	-40.1	-41.4	-41.9	-42.0	-41.8	-41.6	-41.6	-42.0	-43.1	-45.3	-48.8	-54.0	-61.1	-70.5	-82.7
30	-51.0	-51.4	-51.4	-51.1	-50.9	-50.8	-51.2	-52.4	-54.4	-57.7	-62.3	-68.6	-76.8	-87.1	-99.7
35	-61.9	-61.7	-61.4	-61.1	-61.0	-61.3	-62.0	-63.5	-66.0	-69.4	-74.2	-80.3	-88.1	-97.7	
40	-72.1	-73.3	-73.7	-73.4	-72.9	-72.4	-72.4	-73.1	-74.8	-78.0	-82.8	-89.7			
45	-84.4	-84.4	-84.5	-84.6	-84.8	-84.9	-85.0	-85.1	-85.2	-85.3					
50	-96.7	-96.8	-96.8	-96.9	-97.0	-97.1	-97.1	-97.2	-97.3						

표 6.3 예제에서 사용될 최고 효율 운전 I_q 테이블

Id	1000	2000	3000	4000	5000	6000	7000	8000	9000	10000	11000	12000	13000	14000	15000
0	0.0	0.0	0.0	0.0	0.0	0.0	0.0	0.0	0.0	0.0	0.0	0.0	0.0	0.0	0.0
5	-6.3	-6.4	-6.8	-7.2	-7.8	-8.5	-9.2	-9.9	-10.7	-11.4	-12.1	-12.7	-13.3	-13.7	-13.9
10	-12.7	-13.7	-14.6	-15.2	-15.8	-16.3	-16.8	-17.3	-17.9	-18.6	-19.5	-20.5	-21.9	-23.5	-25.5
15	-22.5	-22.3	-22.6	-23.2	-23.9	-24.6	-25.3	-25.8	-26.2	-26.7	-27.5	-29.0	-31.9	-36.8	-44.8
20	-30.8	-31.2	-31.5	-32.3	-33.1	-33.5	-33.5	-33.4	-33.6	-34.6	-36.8	-40.6	-46.3	-53.8	-62.7
25	-40.1	-41.4	-41.9	-42.0	-41.8	-41.6	-41.6	-42.0	-43.1	-45.3	-48.8	-54.0	-61.1	-70.5	-82.7
30	-51.0	-51.4	-51.4	-51.1	-50.9	-50.8	-51.2	-52.4	-54.4	-57.7	-62.3	-68.6	-76.8	-87.1	-99.7
35	-61.9	-61.7	-61.4	-61.1	-61.0	-61.3	-62.0	-63.5	-66.0	-69.4	-74.2	-80.3	-88.1	-97.7	
40	-72.1	-73.3	-73.7	-73.4	-72.9	-72.4	-72.4	-73.1	-74.8	-78.0	-82.8	-89.7			
45	-84.4	-84.4	-84.5	-84.6	-84.8	-84.9	-85.0	-85.1	-85.2	-85.3					
50	-96.7	-96.8	-96.8	-96.9	-97.0	-97.1	-97.1	-97.2	-97.3						

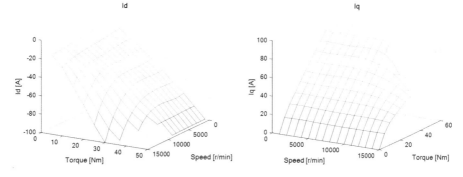

그림 6.3 토크와 속도에 따른 최고 효율 운전을 위한 Id, Iq 테이블

이제 위 두 테이블을 MCU$^{Micro Control Unit}$ 등에 저장해 전동기를 구동하는 데에 필요한 메모리와 연산량을 고려해보자. 이 예제에서는 각 테이블에 150개씩의 값이 쓰여 있으므로 MCU에는 300개의 값을 저장할 공간이 요구된다. 그리고 운전 중에는 속도와 토크에 따라 표상에서 가까운 값들을 찾아 보간^{Interpolation}을 적용해 제어에 필요한 Id와 Iq값이 찾아진다(운전 중에는 1234r/min의 속도에서 13.5Nm를 출력하고 싶은 상황 등이 있다). 2차원 선형 보간은 몇 번의 곱셈과 덧셈으로 수행된다. 따라서 MCU에게는 (제어에 필요한 목표치를 설정하는 데에) 어느 정도의 메모리 부담과 작은 연산 부담이 생긴다.

본 예제에서는 위의 2차원 테이블을 인공 신경망으로 구현하는 과정을 다룰 것인데, 이에 앞서 더 복잡한 경우를 고려해보자. 바로 더 정확한 토크 출력을 원하고, 효율을 더욱 끌어올리고 싶은 경우다. 전동기의 여러 전기적 파라미터들은 권선 혹은 영구자석의 온도에 의존한다. 즉, 모든 운전 조건에서 정확한 토크 출력과 최고 효율 운전을 하는 데에는 더 높은 차원의 전류 테이블이 요구된다. 만약 권선과 영구자석의 온도를 추가 인자로 갖는다면 두 전류 테이블은 각각 4차원이 된다. 만약 두 온도축이 각각 10등분 되는 경우를 생각한다면 각 테이블에는 약 15,000개의 값이 저장되게 될 것인데 이는 저성능 MCU가 저장하기에는 지나치게 큰 숫자다. 따라서 테이블을 다른 방법으로 MCU에 넣어야 하고 여기에는 회귀 이론이 활용될 수 있다. 표 6.4는 4차원 데이터의 양과 이것에 회귀를 적용하는 것이 어떤 느낌인지 아는 데 도움을 주고자 나타낸 4차원 테이블이다.

표 6.4 온도를 고려하는 영구자석 전동기의 최고 효율 운전 전류 테이블

영구자석 온도 \ 권선 온도	10℃	20℃	…	90℃	100℃
10℃	속도/토크	속도/토크	…	속도/토크	속도/토크
20℃	속도/토크	속도/토크	…	속도/토크	속도/토크
…	⋮	⋮	⋱	⋮	⋮
90℃	속도/토크	속도/토크	…	속도/토크	속도/토크
100℃	속도/토크	속도/토크	…	속도/토크	속도/토크

이런 상황에서 인공 신경망은 힘을 발휘한다. 인공 신경망은 관찰 중인 변수가 어떤 다른 변수들에 의존하는지가 알려져 있고, 그 변화가 연속적일 경우 비교적 쉽고 간단하게 그 관계를 묘사해낼 수 있기 때문이다. 그림 6.4는 4차원 테이블을 대체하기 위해 구성한 피드포워드 신경망의 두 예다.

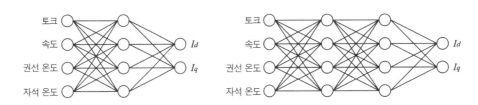

그림 6.4 토크, 속도, 온도를 입력으로 받아 전류를 출력하는 신경망의 구성 예

첫째 그림은 은닉층이 하나 쓰인 경우이고, 둘째 그림은 은닉층이 두 개 쓰인 경우다. 은닉층의 개수는 설계자가 원하는 대로 두어 사용하면 되고, 각 은닉층에 사용된 신경의 수 역시 서로 달라도 상관없다. 짚어 볼 점은 표를 사용할 경우에는 수만 개의 모수가 MCU에 저장됐어야 하는 반면, 위 그림에서 사용되는 모수는 수백 개에 불과하다는 것이다. 물론 연산 측면에서는 인공 신경망이 불리한 면이 있을 수 있지

만 연산 부담이 적은 활성화함수도 많다. 언제나 추정 모델을 구성할 때에는 인공 신경망을 활용하는 것이 다른 더 단순한 모델을 활용하는 것에 비해서 이점이 있는지 검토해보자.

그런데 인공 신경망의 구조(인공 신경망의 종류, 연결, 표현 자유도 등)를 정하는 것은 전적으로 설계자에게 맡겨져 있다. 최적의 구조를 학습 및 추정을 해보기 전에는 알기 어렵다는 것이 인공 신경망을 사용하기 어렵게 하는 요인이기도 하다. 만약 시스템에 대한 이해가 적다면 설계자는 다양한 시도를 해본 뒤 최적의 모델을 선정하는 과정을 가져야 한다. 최근에는 데이터를 주면 다양한 구조를 생성, 학습, 추정 시도해 최적의 구조를 자동으로 선정해주는 알고리즘들도 등장하고 있긴 하다(참고 링크: https://scikit-learn.org/stable/model_selection.html)

2) 데이터 불러오기와 전처리

> 준비하기
> 깃허브(https://github.com/AcornPublishing/keras-ann) max_efficiency.zip

이제 전류 테이블을 인공 신경망으로 대체하는 과정을 본격적으로 시작해보자. 앞선 설명에는 4차원 테이블까지도 언급했지만, 먼저 소개한 2개의 2차원 테이블을 대체하는 인공 신경망을 구현하는 것으로 예제를 진행하자(이해의 측면에서도 쉽고, 3차원 그래프를 통한 추정 결과 확인에도 용이해 단순화된 예제를 살펴본다). 즉, 입력은 속도와 토크이고, 출력은 I_d, I_q인 신경망을 생성하는 것이 목표다.

보스턴 집값 추정 예제에서는 데이터를 불러올 때에 load_boaston이라는 함수를 이용해 훈련 및 평가 데이터셋을 불러왔다. 불러온 데이터는 가공돼 있었기 때문에 활용하기도 용이했다. 그러나 실전에서는 자신이 직접 데이터를 준비해야 하고 그 자료는 인공 신경망의 학습에 곧바로 활용되기에 부적합한 형태일 수도 있다. 본 예제에서 묘사하고자 하는 표 6.2와 표 6.3의 I_d와 I_q가 그러하다. 이를 인공 신경망의 학습에 활용하기 위해 가공한다는 것은 다음과 같이 입력 쌍과 출력 쌍으로 데이터들을 묶는 것을 의미한다.

표 6.5 속도와 토크 쌍에 따라 결정되는 I_d, I_q 전류쌍 테이블

입력		출력	
속도	토크	I_d	I_q
1000	0	0	0
1000	5	−6.3	15.4
1000	10	−12.7	27.3
⋮	⋮	⋮	⋮
15000	30	−99.7	41.2

위 데이터를 여러 번 불러오고 활용할 것이라면 당연히 테이블을 변환해 새 파일로 저장하는 것이 좋다. 훈련을 할 때마다 데이터 형태를 변환하는 작업을 반복하는 것은 전체 모델 생성 과정이 비효율적이게 되는 것이기 때문이다. 여기에서는 pandas를 사용해 데이터를 불러오고 NumPy를 사용해 그 형태를 변환하는 방법을 살펴본다. 이 예제에서처럼 수백 개 이하의 데이터의 형태를 변환하는 것은 단순한 작업이라 사람이 직접 할 수도 있지만 만약 샘플이 수만 개라면 이와 같은 데이터 가공 능력이 반드시 필요하다.

pandas의 series형 변수와 dataframe형 변수를 다루는 예제를 책의 뒷부분 부록 A1에 뒀으니 참고해보자. 다음 코드는 I_d, I_q 테이블을 읽고 신경망에 사용되기 적합한 입력과 출력 행렬로 변환해 반환하는 함수다(코드는 boston 예제에서 설정한 가상환경이 적용된 프로젝트 내에 두고 실행한다. 혹은 프로젝트를 분리하고 싶다면 만들었던 가상 환경을 여러 프로젝트에서 사용할 수 있도록 설정한 뒤 새 프로젝트를 생성할 때 해당 가상 환경을 불러와 사용한다).

import_data.py (part 1/2)

```python
import pandas as pd
import numpy as np


def read_max_eff():
  # 본 예제에서, df의 index는 torque, columns는 speed
```

```
# index_col에 값을 줘 특정 열을 index로 사용
df_id = pd.read_csv('max_eff_id.csv', dtype=np.float, index_col=0, delimiter=',')
df_iq = pd.read_csv('max_eff_iq.csv', dtype=np.float, index_col=0, delimiter=',')

torque_index = df_id.index  # index: 행 방향 이름(torque) 리스트 반환
```

Pandas의 `read_csv` 함수는 사용하기 간단하다. 기본적으로는 첫 인자로 파일 이름을 지정해주면 된다. 그러나 가끔은 변수를 우리가 의도한 대로 인식하지 않아 처리가 어려운 경우(숫자로 인식되길 원했는데 문자열로 인식해 저장되는 경우 등)가 발생한다. 이러한 문제는 주로 변수형이 섞여 있을 때 발생하는데, 이때 dtype(data type) 인자를 지정해줘 의도하는 변수형으로 데이터를 불러오게 할 수 있다. 본 예제에서 묘사하려는 표는 모두 숫자를 저장하고 있으므로 dtype에 NumPy의 float형을 입력했다. 이렇게 하면 데이터가 없는 칸들은 NaN(Not a Number)으로 불러오게 된다. `index_col` 인자는 몇 번째 열의 내용들을 표의 행 이름으로 사용할지를 지정하는 것이고 0이 첫 번째 열을 의미한다. 마지막으로 `delimiter`는 데이터의 열을 구분 짓는 기호가 무엇인지 알려주는 인자다. csv 파일이 탭으로 구분됐다면 '\t'를 인자에 넘겨주면 된다. `df_id.index`는 불러온 표의 행 이름들을 반환한다. 여기에서는 토크 값들이 `torque_index` 변수에 저장된다.

이제 본격적으로 새로운 표를 형성해 반환하는 부분을 구현해보자.

import_data.py (part 2/2)

```
# read_max_eff() 함수 정의의 계속

  input_arr = []
  output_arr = []

  for torque in torque_index:
      # index가 torque 값인 행을 하나씩 뽑는다. (Series 변수형)
      id_row = df_id.loc[torque, :]
      iq_row = df_iq.loc[torque, :]

      # 전류 값이 없는 칸(nan)을 False로
      # 전류 값이 있는 칸을 True로 표시하는 리스트
```

```
not_nan_list = ~np.isnan(id_row.values)

# 데이터셋의 입력 변수 준비
speed_list = id_row.loc[not_nan_list].index.astype('float')
# (예) [1000, 2000, 3000, ...]
# speed_list와 같은 크기의 torque_list 생성
torque_list = torque * np.ones(np.size(speed_list))
# (예) [5, 5, 5, ...]

# 두 개의 행 벡터를 열로 바꾸고, 열을 늘리는 방향으로 append
new_input = np.c_[torque_list, speed_list]
new_output = np.c_[id_row.loc[not_nan_list].values,
                   iq_row.loc[not_nan_list].values]

try:  # 두 번째 torque 이후 (5~50)
    # 두 행렬을 행을 늘리는 방향으로 append
    input_arr = np.r_[input_arr, new_input]
    output_arr = np.r_[output_arr, new_output]
except ValueError:  # 첫 번째 torque (0)
    input_arr = new_input
    output_arr = new_output


return input_arr, output_arr
```

코드 중 유의해 살펴볼 부분은 테이블 중 전류의 값이 비어 있는 곳에 적용한 처리다. 테이블의 각 행을 series형 변수로 for문 안에서 `id_row.values`로 불러오고, 그 변수를 그대로 NumPy의 isnan(is not a number) 함수에 대입하면 결과로 그 값이 숫자인지를 True와 False로 표시하는 행렬이 반환된다. 문자 '~'은 많은 프로그래밍 언어에서 not을 뜻해 True를 False로, False를 True로 바꿔준다. 결과적으로 값이 쓰여 있는 칸들이 `not_nan_list` 변수에 저장되고, loc를 사용해 값이 있는 부분만 데이터셋에 추가하도록 구현됐다. NumPy의 c_와 r_ 기능을 사용하면 벡터 및 행렬을 append(augment)할 때 코드가 간결해지므로 익혀두는 것이 좋다.

관련 설명 링크
https://NumPy.org/doc/stable/reference/generated/NumPy.c_.html
https://NumPy.org/doc/stable/reference/generated/NumPy.r_.html

이번 예제에서는 데이터 150개 중 135개를 훈련에 사용하고 15개를 검증 데이 터셋으로 사용하기로 한다(훈련 데이터셋이 전체 영역에서 고르게 얻어진 것을 알고 있으므로 평가 데이터셋은 따로 두지 않는다). 검증 데이터셋을 사용해 전류 테이블을 대체하는 데 적합한 인공 신경망의 구조를 결정하는 것이 목표다.

3) 신경망 구성, 훈련, 검증

준비된 (전동기 최고 효율 운전 조건) 데이터를 활용해 신경망을 구성하고 훈련하는 과정 은 첫 회귀 예제(boston 문제)와 거의 같게 구현된다. 다음 코드는 토크^{Torque}와 속도 ^{Speed}를 입력으로 받고 I_d, I_q 전류 지령을 출력으로 하는 신경망을 구성, 훈련, 평가 하는 코드다.

max_eff_regression.py (part 1/2)

```
from keras.models import Sequential
from keras.layers import Dense
from keras.optimizers import Adam

from import_data import read_max_eff
from sklearn.preprocessing import MinMaxScaler

import numpy as np
import matplotlib.pyplot as plt

# 하이퍼파라미터
epoch_num = 1000  # 데이터셋 반복 횟수
learn_rate = 0.01  # 오차에 대한 update 계수
neuron_num = 10  # 은닉층당 신경 수

# 데이터 불러오기
X, Y = read_max_eff()

# 데이터의 각 열별 정규화 수행
X_train = MinMaxScaler().fit_transform(X)
y_scaler = MinMaxScaler()
norm_Y = y_scaler.fit_transform(Y)
```

```
# 데이터 셔플
random_index = np.arange(X.shape[0])
np.random.shuffle(random_index)

X_train = norm_X[random_index, :]
Y_train = norm_Y[random_index, :]
```

먼저 학습과 평가를 위한 데이터 준비 코드를 살펴보자. 코드는 2장에서 Boston 집값 추정을 했던 것과 거의 유사하게 구성돼 있다. 케라스 패키지에서 Sequential, Dense, Adam을 불러와 학습에 사용할 준비를 해뒀다. 데이터를 불러오는 데에는 앞선 절에서 만들었던 `read_max_eff` 함수를 불러와 사용했다. 이 코드에서는 불러온 데이터를 학습에 활용하기에 앞서 '직접' 그 순서를 섞어줬다. 데이터를 불러온 방식이 표를 순차적으로 읽어와 변환한 것이기 때문에 데이터의 마지막 일부를 곧바로 떼어서 평가용으로 사용한다면 훈련 데이터에는 해당 데이터에 대한 정보가 담기지 않게 된다. NumPy의 `random.shuffle` 함수는 주어진 리스트의 순서를 섞는다(순서가 섞인 새 리스트를 반환하지 않고 주어진 리스트의 순서를 섞어 둔다). 인공 신경망의 학습은 모델 변수가 갖는 `fit` 함수를 통해 하게 될 것인데, 이때 `validation_split` 인자에 비율을 줘 평가용 데이터를 지정할 수 있다. 직접 데이터를 섞어 준 이유는 `validation_split` 인자를 사용해 선정된 데이터는 주어진 데이터셋의 마지막 부분을 그대로 떼어서 사용하기 때문이다. 어떤 독자는 `fit` 함수의 `shuffle` 인자에 대해 알고 있을 것이다. 기본값이 True로 돼 있는 `shuffle` 인자는 주어진 데이터셋의 순서를 섞어서 학습을 진행할지 선택하는 옵션인데, 평가 데이터셋은 데이터를 섞기 전에 미리 분리하기 때문에 이를 활용할 수 없다.

이제 모델을 생성하고, 학습하고, 추정 결과를 도시하는 코드를 보자.

max_eff_regression.py (part 2/2)

```
# 모델 생성
model = Sequential()  # 층들이 순차적으로 연결된 신경망 구성
# 첫 번째 은닉층/입력층 정보(input_dim)를 제공
model.add(Dense(neuron_num, input_dim=X.shape[1],
activation='relu'))  # 첫 번째 은닉층/입력층 정보(input_dim)를 제공
```

```python
# model.add(Dense(neuron_num, activation='relu'))  # 두 번째 층
# model.add(Dense(neuron_num, activation='relu'))  # 세 번째 층
model.add(Dense(Y.shape[1], activation="linear"))  # 출력층
model.summary()  # 층의 순서, 구조, 모수(parameter)의 개수 출력

# 모수 갱신 알고리즘 - Adam 사용
adam_optimizer = Adam(lr=learn_rate, beta_1=0.9, beta_2=0.999, amsgrad=False)
model.compile(loss='mse', optimizer=adam_optimizer)  # 손실 함수로 오차 제곱합 사용

# 모델 학습
hist = model.fit(X_train, Y_train, verbose=1, epochs=epoch_num, validation_split=0.1)

# 훈련된 모델을 사용한 추정과 평가
norm_Y_est = model.predict(norm_X)
mse = np.average((norm_Y_est - norm_Y)**2)
print('mse =', mse)

# 학습 곡선 도시하기
plt.figure(1)
plt.title('Learning Curve')
plt.plot(hist.history['loss'], label='train')
plt.plot(hist.history['val_loss'], label='validation')
plt.ylim([0, 0.01])
plt.legend()
plt.show()

# Id, Iq inverse transform
Y_est = y_scaler.inverse_transform(norm_Y_est)

# 3차원 산점도를 통한 추정 결과 검토(Id)
ax = plt.figure(2).add_subplot(111, projection='3d')
plt.title('Estimated Id')
ax.scatter(X[:, 0], X[:, 1], Y[:, 0], label='train')
ax.scatter(X[:, 0], X[:, 1], Y_est[:, 0], label='validation')
ax.view_init(35, 45)
plt.legend()
plt.show()

# 3차원 산점도를 통한 추정 결과 검토(Iq)
ax = plt.figure(3).add_subplot(111, projection='3d')
plt.title('Estimated Iq')
```

```
ax.scatter(X[:, 0], X[:, 1], Y[:, 1], label='train')
ax.scatter(X[:, 0], X[:, 1], Y_est[:, 1], label='validation')
ax.view_init(35, 135)
plt.legend()
plt.show()
```

```
Model: "sequential"
_____
Layer (type)                 Output Shape              Param #
=================================================================
dense (Dense)                (None, 10)                30
_____
dense_1 (Dense)              (None, 2)                 22
=================================================================
Total params: 52
Trainable params: 52
Non-trainable params: 0
_____


Epoch 1000/1000
5/5 [==============================] - 0s 5ms/step - loss:
8.4983e-04 - val_loss: 7.9128e-04
mse = 0.0008032028778682379
```

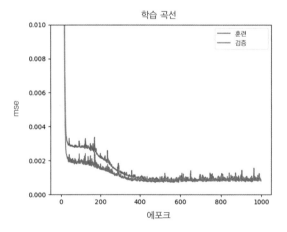

그림 6.5 은닉층이 1개인 피드포워드 신경망의 최고 효율 운전 전류쌍 학습 곡선

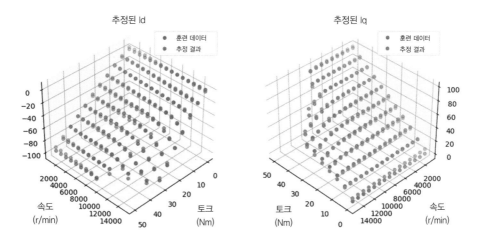

그림 6.6 은닉층이 1개인 피드포워드 신경망의 최고 효율 운전 전류쌍 추정 결과

신경망은 2개의 입력(속도와 토크)을 받아 2개의 출력(Id, Iq)을 출력하도록 구성하고 은닉층에는 ReLU 함수를 활성화함수로 사용했다. 그리고 입력과 출력 모두에 각각을 위한 MinMaxScalar를 사용해 정규화를 적용했다. 보스턴 집값 추정 시에는 추정하려는 변수가 하나(집값)이기 때문에 정규화를 할 필요가 없었지만 이번 예제에서는 출력을 정규화하는 것도 훈련 결과에 영향을 미칠 수 있다. 출력 변수의 크기(범위)가 서로 다른 경우 크기가 더 크게 변하는 출력에서 더 큰 오차가 발생하게 되고, 따라서 모수들이 해당 출력을 더 열심히 묘사하는 방향으로 학습이 이뤄질 수 있기 때문이다. 각 변수가 모두 같은 범위에 있도록 정규화함으로써 이 현상은 해소된다. 또 추정 오차mse, mean of sum of squared errors를 이해할 때에도 출력의 정규화는 도움이 된다. 서로 크기가 다른 출력들을 추정하고 그 오차를 모두 평균을 내서 바라본다면 크기가 큰 출력의 영향이 크게 되기 때문이다.

제일 먼저 생성된 신경망은 하나의 은닉층을 갖고 그 층에 10개의 신경이 사용된 구조를 가졌으며 총 52개의 모수가 사용됐다. 기존 테이블의 총 데이터는 300개였던 것을 생각해보면 더 효율적으로 시스템을 묘사한 것을 알 수 있다. 학습 뒤에는 mse$^{mean\ squared\ error}$를 계산하는 코드가 쓰였다. `fit` 함수의 반환 결과는 학습에 사용된 마지막 배치(데이터셋 중 일부)에서 계산된 값이기 때문에 사실 전체 데이터셋에 대한 mse는 다시 계산해야 얻을 수 있다. 마지막 배치에서 `fit` 함수가 반환한 (훈련 데이터셋) loss가 8.50e-4, 검증 데이터셋 loss가 7.91e-4이고, 전체 데이터셋에서 계산된 mse는 8.03e-4이므로 다르긴 하지만 거의 같은 값을 얻게 됐다.

얻게 된 mse는 정규화된 출력에 대한 값이고 오차의 제곱들을 더한 것이기 때문에 이것이 어느 수준의 오차인지 이해하기가 쉽지 않다. 이때에는 mse에 제곱근을 적용해 rmse를 얻은 뒤 원래 출력의 range를 곱하면 된다. 이렇게 하면 원래 데이터와 같은 단위를 갖는 rmse를 통해 오차의 수준을 이해할 수 있다. 이번 예제에서 I_d와 I_q는 약 100A의 범위를 가졌다. 훈련된 신경망의 스케일된 rmse는 0.0283이고, 여기에 범위를 곱해 약 2.8A의 rmse가 발생했음을 알 수 있다.

훈련된 모델의 학습 곡선을 보면 훈련과 검증 데이터셋에서 유사한 수준의 오차로 수렴한 것이 보인다. 훈련과 검증 데이터셋이 적당히 분류되고 학습이 수렴 단계에 도달했다. 만약 두 오차 수준이 크게 벌어진다면 데이터셋이 잘못 나눠지거나 학습이 잘못된 국소 최적점에 빠진 것일 수 있으므로 훈련을 다시 수행해야 한다(만약 데이터를 랜덤하게 10% 빼내 검증 데이터셋으로 두는 것이 맘에 들지 않는다면 직접 데이터를 확인해 분류해 사용해도 된다).

다음 표는 신경망의 구조(하이퍼파라미터)를 바꾸며 훈련시켰을 때의 추정 성능을 비교한 것이다. 신경망은 생성 시 모든 모수가 랜덤하게 초기화돼 훈련된 결과가 다를 수 있기 때문에 각 구조별로 5개씩의 모델을 생성한 뒤 mse의 평균을 구해 기재했다. 훈련은 모두 1000 epoch 수행했고 `learn_rate`는 모수가 500개 이하, 1,000개 이하, 1,000개 이상일 때 각각 0.01, 0.005, 0.002로 뒀다. 은닉층이 여러 개인 경우 각 은닉층에 사용된 신경의 수는 동일하게 했다.

표 6.6 신경망의 구조에 따른 사용 모수 개수와 추정 오차 비교

은닉층 수	신경 수	활성화함수	모수 개수	Mean Squared Error(10^{-4}) [5회 값], 평균값
1	10	relu	52	[5.15, 2.94, 2.79, 2.17, 1.85] 2.97
1	50	relu	252	[1.71, 1.50, 1.38, 1.29, 1.09] 1.38
1	100	relu	502	[1.68, 1.24, 1.21, 1.18, 0.79] 1.21
2	10	relu	162	[2.00, 1.79, 1.76, 1.68, 1.47] 1.74
2	20	relu	522	[1.91, 1.47, 1.32, 1.15, 0.73] 1.32
2	30	relu	1082	[1.09, 1.03, 0.97, 0.94, 0.91] 1.00
2	50	relu	2802	[1.09, 0.97, 0.85, 0.76, 0.71] 0.88
3	10	relu	272	[1.79, 1.44, 1.35, 1.18, 0.79] 1.32
3	15	relu	557	[1.56, 1.20, 0.94, 0.94, 0.91] 1.21
3	20	relu	942	[1.21, 0.94, 0.94, 0.88, 0.62] 0.91
2	20	tanh	522	[1.91, 1.76, 1.71, 1.59, 1.47] 1.68

신경망이 갖는 표현 자유도가 높아질수록 추정 오차가 감소하는 추세가 보인다. 그러나 성능 향상을 조금 더 이루는 데에 모수의 개수가 급격히 많이 필요함도 보인다. 설계자는 이러한 트레이드 오프 가운데 자신의 시스템에 적합한 모델을 선정해야 한다(이 예제의 경우 기존 테이블의 데이터 수가 300개였으므로 사실 그 이상의 모수를 사용하는 모델을 사용하는 것은 좋지 않은 응용이다). tanh로 활성화함수를 바꿔본 경우에는 추정 성능에 큰 변동이 없었다.

다음 그림은 500개 이하의 모수를 사용하는 모델 중 가장 작은 오차를 보였던 신경망(3개 은닉층에 10개씩의 신경이 사용된 구조)의 학습 곡선과 추정 결과를 보인다. 첫 모델에 비해 추정 결과가 원 데이터셋에 훨씬 가까워진 것이 보인다.

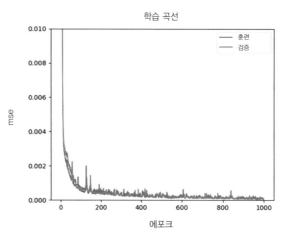

그림 6.7 은닉층이 3개인 피드포워드 신경망의 최고 효율 운전 전류쌍 학습 곡선

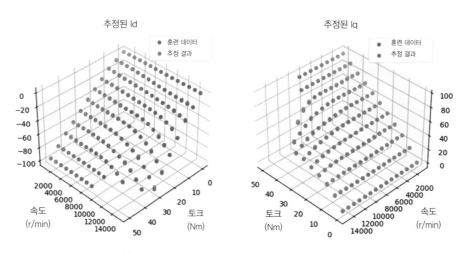

그림 6.8 은닉층이 3개인 피드포워드 신경망의 최고 효율 운전 전류 쌍 추정 결과

　　본 예제의 실질적인 목표는 데이터셋을 가장 잘 표현하는 구조를 찾는 것이 아니라 신경망 모델 하나만 얻어도 되는 것이므로, 사실 여러 훈련된 모델 중 가장 좋은 추정 성능을 보이는 모델을 골라 필드에서 사용하면 된다. 이런 경우 설계자는 목표 오차 범위를 정한 뒤 해당 오차를 만족하는 가장 간단한 구조의 모델을 얻는 노력을 해 MCU가 적은 메모리 및 연산 부담으로 테이블을 대체하도록 할 수 있다.

4) 배포 – 다른 환경에서 활용하기와 훈련된 모델의 모수 추출하기

훈련을 마친 신경망은 그대로 PC상에서 사용될 수도 있고 다른 환경으로 옮겨져 활용될 수도 있다. 신경망은 알려진 모델이나 간단한 회귀 기법으로 해소되기 어려운 문제들에 적용되기 때문에 사실 계속해 PC상에서 활용될 여지가 높지만, 상황에 따라서는 저성능 MCU에 옮겨져 사용될 필요도 있다. 여기에서는 이러한 경우를 위한 라이브러리나 손으로 구현하는 이들을 위해 모수를 추출하는 방법을 소개한다.

[Matlab]

먼저 소개할 것은 Matlab의 패키지 "Deep Learning Toolbox Importer for TensorFlow-Keras Models"이다. 이름에서 알 수 있듯이 케라스에서 저장된 모델을 그대로 Matlab에서 사용할 수 있도록 도와주는 패키지다. 함수는 "net = importKerasNetwork(modelfile)"의 형태로 부른다. 불려진 네트워크를 사용한 추정 및 분류도 다음 코드(이미지 분류 문제 예시 코드)처럼 간단하게 수행된다.

```
I = imread(fullfile(digitDatasetPath, '5', 'image4009.png'));
label = classify(net, I);
```

> 추가 설명 링크
> https://kr.mathworks.com/help/deeplearning/ref/importkerasnetwork.html

[TensorFlow Lite]

다음으로 소개할 것은 텐서플로에서 제공하는 lite(변환기)이다. 텐서플로는 훈련된 모델이 다른 환경에서도 사용될 수 있고, 그 환경에서 훈련까지도 될 수 있도록 여러 기능을 제공하고자 노력하고 있다. 모델의 이전은 두 단계를 통해 이뤄진다. 첫 단계로는 대상 시스템에 TensorFlow Lite 인터프리터를 사용해 해당 하드웨어 유형에 적용되기에 최적화된 모델을 실행할 수 있도록 한다. 그다음 TensorFlow Lite 변환기를 사용해 인터프리터가 사용할 수 있는 효율적인 형식으로 텐서플로 모델을 변환한다. 사용할 수 있는 환경은 Android, iOS, MCU 등이 있고 Java, C, C++, Python으로 변환할 수도 있다. 텐서플로 사이트상에는 STM32F746 디스커버리 키트를 사용해 시작해볼 수 있는 예제도 소개돼 있다.

TensorFlow Lite 가이드 링크
https://www.tensorflow.org/lite/guide
MCU 사용을 위한 링크
https://www.tensorflow.org/lite/microcontrollers

[모수 직접 추출하기]

만약 자신이 원하는 플랫폼에 훈련된 케라스 모델을 옮겨 사용하고 싶다면 모든 것을 직접 구현해야 할 것이다. 층의 구조, 층 간의 연결 및 연산, 활성화함수의 적용, 모수의 저장 및 불러오기를 모두 구현해야 한다. 신경망의 구성과 연산은 여기에서는 다루지 않고 케라스 모델에 있는 모수(가중치와 편향 값들)를 얻는 방법을 소개한다. 이를 얻는 방법은 상당히 간단하다. 다음 코드를 수행하면 된다. 출력 결과는 앞선 예제(입력 변수가 2개)에서 은닉층이 2개, 신경이 5개씩 사용된 신경망을 사용해 다음 코드를 수행한 결과다.

모수 추출을 위한 코드

```
for layer in model.layers:
  weights = layer.get_weights() # list of NumPy arrays
  print(weights)
```

출력

```
[array([[ 0.5125762 , -0.5341464 , -0.84993184,  0.69800556,  0.8194169 ],
       [-0.52983046, -1.05424   , -0.06605674,  0.32616785, -0.9284422 ]],
       dtype=float32), array([-0.0914269,  0.31838506,  0.3435447 , -0.43751636,
0.13779534],
      dtype=float32)]
[array([[-0.86882734, -0.4159036 , -0.5130426 ,  0.23500279, -0.22159229],
```

164

```
       [ 0.5645357 , -0.29391342, -0.34338626,  0.41751862, -0.27326855],
       [-0.79946107,  0.51750535, -0.05917525, -0.6522447 ,  0.20190841],
       [ 0.0654395 , -0.01843089,  0.9225917 ,  0.7937756 ,  0.24283782],
       [-0.35076836,  0.09681087,  0.6355717 , -0.4615836 ,  0.56016153]],
      dtype=float32), array([-0.07012719, -0.1138775 ,  0.35048625, -0.16579467,
0.03378174],
      dtype=float32)]
[array([[-0.78437895, -1.0107077 ],
       [ 0.9181421 ,  0.14575851],
       [ 0.0590567 ,  0.58178484],
       [-1.512325  ,  0.29676998],
       [ 0.13061675,  0.42023876]], dtype=float32), array([-0.03724735,  0.04619779],
dtype=float32)]
```

(신경망의 구조가 Sequential일 때,) `get_weights` 함수는 특정 레이어가 주어졌을 때 두 개의 ndarray 변수를 list 형태로 묶어 반환한다. 첫째 행렬은 신경과 신경을 잇는 가중치의 행렬이고, 둘째 행렬은 선형 조합 이후에 각 신경에 더해질 편향 벡터다. 이렇게 출력된 값들을 다른 플랫폼에 옮겨 사용하면 된다.

6.2 모수 정규화와 과적합 방지 – 노이즈를 갖는 데이터 추정

> 준비하기
> 깃허브(https://github.com/AcornPublishing/keras-ann) regularization.zip

앞선 예제는 데이터가 비교적 정교하게 측정돼 완만한 곡면을 이뤘다. 그러나 어떤 시스템에서는 측정 데이터에 상대적으로 큰 노이즈Noise, 외란가 섞여 있을 수 있다. 이때 신경망의 자유도가 많고 학습을 충분히 수행하면 해당 노이즈까지 학습을 하게 될 수도 있다. 이러한 현상을 방지하는 데에는 충분히 많은 데이터를 얻는 것이 우선이고, 검증 및 평가 데이터셋을 활용해 훈련된 모델을 검증해야 한다.

  여기에서 소개할 모수 **정규화**Regularization 기법은 이와 달리 접근해 (데이터 확보가 마쳐진 상황에서) 학습 과정 중 과적합을 방지하는 데 활용되는 기법이다. 용어가 앞서 나왔던 normalization 의미의 정규화와 같은데 다른 기법을 의미하니 주의하자.

Regularization은 '정칙화'라고 부르기도 한다. 모수 정규화 기법은 추정된 결과가 훈련 데이터셋의 값과 갖는 차이만을 손실함수로 두지 않고 신경망 내부에 사용된 모수들의 크기 또한 손실함수에 더해 생각한다. 모수 정규화 기법을 적용했을 때 과적합 방지 효과가 나타나는 이유를 정성적으로 설명하면, 특정 특징이나 전파 경로가 강세를 갖게 되는 것이 막히고, 비교적 약한 영향을 주는 특징이나 전파 경로가 학습될 기회를 더 얻게 되는 것이다.

가장 유명한 두 정규화 기법은 L1(Lasso), L2(Ridge) 정규화 기법으로 각 경우의 손실함수는 다음과 같이 쓰인다(m은 데이터의 수, θ는 신경망의 모수 집합, h는 신경망의 연산, x는 입력, y는 출력(정답), λ는 정규화 계수다).

$$L1: J(\theta) = \frac{1}{2m}\sum_i(h_\theta(x_i) - y_i)^2 + \frac{\lambda}{2}\sum_j|\theta_j|$$

$$L1: J(\theta) = \frac{1}{2m}\sum_i(h_\theta(x_i) - y_i)^2 + \frac{\lambda}{2}\sum_j\theta_j^2$$

이번 예제에서는 노이즈가 크게 섞여 있는 데이터를 사용해 학습된 신경망의 추정 결과를 살펴본다. 미리 큰 노이즈를 갖는 등간격 sin 함수 데이터를 인위적으로 만들어 sin_noise.csv 파일로 준비해뒀다. 이 데이터는 한 주기의 sin 함수를 샘플링한 것인데 20개의 샘플링 정보만 갖고 있다. 이것으로 훈련된 신경망이 각 샘플 사이의 값을 어떻게 보간할지 살펴보자. 정규화는 모델에 은닉층을 추가할 때 적용될 수 있는데 add 함수에 kernel_regularizer 인자를 설정해 적용할 수 있다. 다음 코드를 보면 앞선 회귀 예제와 거의 모든 부분의 코드가 동일하고 model의 add 함수에 kernel_regularizer 인자만 추가됐다. 케라스로 인공 신경망을 구성하고 훈련할 때, 성능을 개선하는 기법을 시도해보는 것이 아주 용이한 것을 다시 한 번 느낄 수 있는 부분이다.

regularization_ex.py

```python
from keras.regularizers import l2
from keras.models import Sequential
from keras.layers import Dense
from keras.optimizers import Adam
```

```python
import pandas as pd
import numpy as np
import matplotlib.pyplot as plt

# 하이퍼파라미터
epoch_num = 1000   # 데이터셋 반복 횟수
learn_rate = 0.01  # 오차에 대한 update 계수
neuron_num = 15  # 은닉층당 신경 수
reg_val = 0  # regularization penalty = 0 or 0.2

# 데이터 불러오기
df = pd.read_csv('sin_noise.csv')
x = df.values[:, 0]
y = df.values[:, 1]

# 모델 생성
model = Sequential()   # 층들이 순차적으로 연결된 신경망 구성
# 첫 번째 은닉층/입력층 정보(input_dim)를 제공
model.add(Dense(neuron_num, input_dim=1, activation='tanh'))
# 두 번째 은닉층
model.add(Dense(neuron_num, activation='tanh', kernel_regularizer=l2(reg_val)))
model.add(Dense(1, activation="linear"))   # 출력층
model.summary()   # 층의 순서, 구조, 모수(parameter)의 개수 출력

# 모수 갱신 알고리즘 - Adam 사용
adam_optimizer = Adam(lr=learn_rate, beta_1=0.9, beta_2=0.999, amsgrad=False)
model.compile(loss='mse', optimizer=adam_optimizer)  # 오차 제곱합을 줄이는 모수 갱신

# 모델 학습
hist = model.fit(x, y, verbose=1, epochs=epoch_num)

# 추정
x_new = np.linspace(0, 20, 200)
y_est = model.predict(x_new)

plt.figure(1)
plt.title('Estimation result')
plt.scatter(x, y, label='train dataset')
plt.plot(x_new, y_est, label='fit result')
plt.legend()
plt.show()
```

그림 6.9는 모수의 정규화를 적용하지 않았을 때와 적용($\lambda = 0.2$)했을 때의 추정 결과를 비교해 보인다.

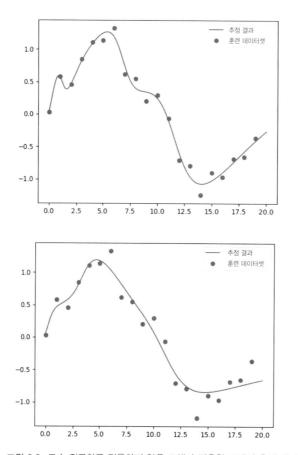

그림 6.9 모수 정규화를 적용하지 않은 모델과 적용한 모델의 추정 결과

정규화를 적용하지 않았을 때 원본 데이터의 복잡도에 비해 신경망에 과도한 자유도가 있어 지나치게 피팅이 이뤄지고 보간 결과가 구불구불해진 것이 보인다. 이에 비해 정규화를 적용했을 때에는 각 데이터에 담긴 노이즈가 덜 반영돼 추정 결과가 전반적인 추세를 나타나게 됐다.

6.3 연속된 신호의 추정과 출력 변수 가공 – 비선형 시스템 묘사

1) 시스템 상태 추정의 의의

회귀 문제는 모델링이 어려운 **동역학계의 묘사**에 활용될 수도 있다. 이 책의 4.2절에서 제어기가 있는 시스템의 묘사를 예시로 신경망의 생성, 학습, 배포 과정을 살펴봤는데, 여기서는 비선형 시스템의 상태 추정이 갖는 의의를 더 깊이 생각해보자.

어떤 **시스템에서 상태를 정확히 아는 것**은 여러모로 도움이 된다. 시스템의 상태 정보는 안전성을 검토하며 운영을 하는 데에도 도움을 주고 **정확한 동작**을 수행하는 데에도 필요하다. 문제는 시스템의 모든 상태를 항상 측정하기는 어렵다는 것이다(혹은 센서 비용을 절약하고 싶을 수도 있다). 이에 상태를 추정해야 하는 경우가 발생한다. 그런데 짚어 볼 점은 상태는 입력에 의해 영향을 받아 바뀌어 갈 뿐더러, 상태 스스로에 의해 영향을 받기도 한다는 것이다. 추상적인 설명이 길어지니 이해하기 어려워지는데, 더 구체적인 예를 살펴보자.

영구자석 전동기를 구동하는 시스템을 생각해보자. 여기서 관심 대상인 상태 두 개는 권선(고정자)의 온도와 영구자석의 온도다. 권선의 온도가 너무 높은 경우에는 전선의 절연체가 녹아 누전 사고가 발생할 수 있고, 영구자석의 온도가 너무 높은 경우에는 영원히 출력이 저하되는 사태가 발생할 수 있기에 온도는 적절한 범위 내에 유지될 필요가 있다. 이는 온도에 따라 전동기의 최대 출력을 제한하는 것을 의미한다. 나아가 두 온도는 정확한 토크 출력에도 영향을 미친다. 영구자석의 자속 밀도는 온도가 높아질수록 낮아진다고 알려져 있으며 권선의 저항의 크기는 온도에 비례해 증가하는데, 이 정보를 정확히 모를 경우 원하는 토크와 수퍼센트(%)의 오차를 갖는 출력을 낼 수 있다. 짚고 넘어갈 것은, 권선과 영구자석의 온도가 전동기의 출력에 영향을 미치므로 전동기 내에서 발생하는 열이 두 온도에 의존한다는 것이다. 즉, 시스템의 어떤 상태의 변화가 해당 상태의 값에 의존할 수도 있다.

하지만 문제가 있다. 전동기는 회전하기 때문에 회전자에 박혀 있는 영구자석의 온도는 사실상 측정할 수 없다. 즉, **시스템의 상태 중 일부**(권선의 온도)**는 측정할 수 있지만 일부 상태**(영구자석의 온도)**는 측정하기 어려울 수 있다.** 여기에서 시스템 설계자가 취할 수 있는 행동은 두 가지다. 첫째는 운전자가 어떤 방식으로 운전하더라도 그 온도를 일정 수준 이하로 유지할 수 있도록 최대 출력을 항상 많이 제한하는 방식이다. 그러나 이러한 방식을 선택하는 설계자는 없을 것이다. 전동기의 사용 가능한 최대 출력을 항상 사용자가 이용할 수 있는 환경을 제공하고 싶을 것이기 때문이다. 그렇기에 대부분의 설계자들을 다른 방법인 추정을 수행한다. 영구자석의 온도를 추정해 각 상황에서 활용 가능한 최대 출력을 제공한다.

그렇다면 **측정이 어려운 상태를 추정하는 방법**은 무엇일까? 바로 시스템을 다양한 조건에서 운영하며 관찰해 **해당 상태가 어떻게 변할지**를 다른 정보들을 통해 묘사하는 것이다. 여기에는 활용 가능한 정보를 최대한 활용하는 것이 당연히 좋은데, 입력뿐만 아니라 측정이 가능한 다른 상태를 활용하는 것도 좋은 방법이다. 위 예로 설명하자면, 영구자석의 온도를 추정하는 데에 측정된 권선의 온도를 활용하는 것 등이다.

마지막으로 짚어 볼 점은 바로 상태의 측정이다. 계속해 측정이 어려운 상태의 추정이 목적이라고 언급해왔는데, 추정 모델을 만들기 위해서는 당연히 **정답인 값을 알고 있어야 한다**. 물론 추정 결과가 옳았는지 판단하는 데에도 측정 결과는 필요하다. 즉, 추정 모델을 만드는 과정에서는 측정이 어려운 상태를 어떻게든 측정해야 하며 가능한 한 여러 운영 조건에서 해당 조건의 측정 데이터를 수집해야 한다(전동기의 경우 자석에 센서를 부착하고 블루투스로 데이터를 전송하거나 적외선 센서를 활용한 온도 측정이 가능하다).

예를 포함한 설명이 길어졌다. 시스템 상태의 추정에 관해 요약하자면 다음과 같다.

- 시스템의 상태를 아는 것은 안정성 확보와 정확한 운영/출력에 도움이 된다.
- 모든 상태를 측정해 알 수 없으므로 일부 상태는 추정돼야 한다.
- 상태를 추정하는 데에는 측정 가능한 상태와 입력을 최대한 활용한다.
- 추정 모델을 만드는 과정에서는 추정 목표인 상태도 측정할 수 있어야 한다.

위 요약 내용을 반영해 인공 신경망을 구성하고 훈련, 검증하는 과정이 4장에서 봤던 다음 그림에 반영돼 나타나 있다.

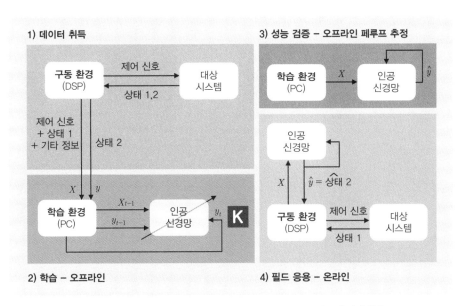

그림 6.10 신경망 생성의 과정−데이터 취득, 학습, 검증 그리고 온라인 응용

2) 신경망을 이용한 비선형 시스템 묘사 모델 구현

준비하기
깃허브(https://github.com/AcornPublishing/keras-ann) nonlin_system.zip

시스템의 상태 변화를 설명하는 변수를 정확히 알지 못하거나 (상태를 포함한) 여러 변수가 서로 얽혀서 상태에 영향을 준다면 상태 방정식을 세우기가 어렵다. 시스템의 차수가 높다면 모델링은 더욱 어려워진다. 본 절에서는 인공 신경망을 비선형 시스템의 묘사에 활용하는 방법과 예를 소개한다(신경망을 활용하는 상태 추정은 다른 간단한 추정 기법에 비해 많은 연산량을 필요로 하므로 비교적 긴 주기를 두고 추정을 수행해도 되는 응용 분야(온도 추정 등)에 적합하다).

시스템의 동작을 묘사하는 가장 단순하면서도 많이 쓰이는 모델은 바로 (1차) **선형 상태 방정식**이고 다음과 같은 형태를 가지고 있다.

$$X[i] = A\,X[i-1] + B\,U[i-1]$$

위 방정식에서 상태 X와 입력 U는 각각 벡터다. 고차 시스템을 표현하려는 경우 각 벡터에 과거의 값, 변화량 등의 성분을 추가하면 되는데, 결과로 다음의 **ARX**Auto-Regressive eXogeneous **모델**을 얻는다.

$$X[i] = A \begin{bmatrix} X[i-1] \\ \vdots \\ X[i-n] \end{bmatrix} + B \begin{bmatrix} U[i-1] \\ \vdots \\ U[i-m] \end{bmatrix}$$

위 식에서 n과 m은 서로 다를 수 있다. 시스템에 대한 이해가 부족한 상황에서 ARX 시스템을 구성하고 판별하는 것은 어려운 작업이 될 수도 있다. 시스템의 어떤 상태들(X)이 수식으로 표현이 가능하며, 그것이 몇 차의 특성을 가지고, 이에 영향을 주는 입력들(U)이 무엇인지 모두 알아야 식별을 할 수 있기 때문이다(설령 변수가 무엇인지 알았다 하더라도 그것을 식별하기 위한 실험을 계획적으로 수행해야 한다).

시스템이 비선형성을 갖는다면 상태 방정식은 다음과 같이 수정돼 쓰이게 되고 이 식을 NARXNonlinear ARX 모델이라고 부른다.

$$X[i] = f(X[i-1], ..., X[i-n], U[i-1], ..., U[i-m])$$

NARX 모델의 식별 목표는 상태 변수의 결정, 입력 변수의 결정, 모델 차수의 결정 그리고 **비선형함수 f의 조사**가 된다. f를 비선형함수로 뒀기 때문에 오히려 앞선 ARX 모델에 비해서는 상태와 입력 변수의 선정은 쉽게 할 수도 있다. 시스템에서 직접적으로 측정이 가능한 값들을 상태로 두고, 이에 영향을 주는 것으로 보이는 변수들을 입력 변수로 선정하면 되기 때문이다(영향을 주는지 판단하는 것은 사실 어려운 일이다. 여기에는 상태와 입력의 correlation을 살펴보는 등의 방법 등을 적용할 수 있다).

비선형함수 f를 구현하는 방법으로는 세 가지를 생각할 수 있다. 첫 번째는 다양한 조건에서 변화 양상을 관찰해 테이블을 제작하는 것이다. 하지만 모든 입력과 상태의 조합을 직접 조절하면서 상태 변화를 관찰하는 실험은 실질적으로 불가능하다(이것이 가능했다면 이미 시스템을 잘 이해한 상태일 것이다). 두 번째는 단계적 회귀 기법을 통해 최소 제곱합 방법least sum of squared errors method 기반 모델을 생성하는 것이다. 입력 변수들과 상태 변수의 다양한 곱의 조합을 설명 변수 후보로 선정한 뒤 실험을 통해 관찰된 현상을 가장 잘 설명하는 변수를 차례로 고르고 최종적으로는 해당 변수들로 "선형 회귀"를 수행하는 방법이다. 세 번째는 바로 인공 신경망을 활용하는 방법이다. 입력 변수와 출력 변수 사이의 임의의 비선형 관계를 묘사한다는 인공 신경망의 강점은 시스템을 빠르게 그리고 정확하게 묘사하는 데 도움이 된다. 물론 각 변수의 적절한 최고 차수는 여러 모델의 생성, 훈련, 비교를 통해 알아내야 한다. 나아가 인공 신경망으로 비선형 시스템을 묘사하기 위해서는 폐루프의 구성과 검증 방법도 고려해야 한다.

다음 예제를 통해 인공 신경망을 비선형 시스템 묘사에 활용하는 과정을 살펴보자. 예시에 사용되는 비선형 시스템은 하나의 상태와 하나의 입력이 있게 했고 다음과 같이 구성했다.

$$x[i] = (0.98 + 0.01 \tanh(0.1\ x[i-2]))\ x[i-1] + (0.04 + 0.01 \tanh(u[i-1]))\ u[i-2]$$

위 시스템에서 수행된 예시 시뮬레이션 결과는 다음과 같다. 이를 활용해 인공 신경망을 학습시키고, 동일 데이터로 폐루프 추정을 수행해보자.

nonlin_system.py

```python
import numpy as np
import matplotlib.pyplot as plt

# 입력 벡터 생성
u = np.r_[np.ones(10), np.zeros(10),
          np.ones(10), np.zeros(10),
          np.ones(10), np.zeros(10),
          np.ones(10), np.zeros(10),
          np.linspace(0, 1, 20),
          np.linspace(1, 0, 40),
          np.random.random(60)]
x = np.zeros(len(u))

# 비선형 시스템 시뮬레이션
for i in range(2, len(u)):
  x[i] = (0.98 + 0.01 * np.tanh(0.1*x[i-2])) * x[i-1]\
    + (0.04 + 0.01 * np.tanh(u[i-1])) * u[i-2]

# 시뮬레이션 결과 확인하기
```

```
plt.figure()
plt.plot(u, label='u(input)')
plt.plot(x, label='x(state)')
plt.xlim(0, len(u))
plt.ylim(0, 2)
plt.legend()
plt.show()
```

```
# 시뮬레이션 결과 저장하기
np.savetxt("nonlin_exp.csv", np.c_[x, u], delimiter=',', fmt="%.5f")
```

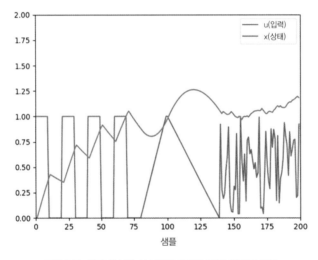

그림 6.11 예제 비선형 시스템의 시간에 따른 입력과 상태

이제 위 비선형 시스템을 묘사하는 인공 신경망을 구성해보자. 신경망 훈련 및 활용 과정은 4장에서 설명됐으니 다시 참고하자. 그림 6.10에는 비선형 시스템을 묘사하기 위한 신경망이 있는데 이를 더 자세히 나타내면 그림 6.13으로 그릴 수 있다.

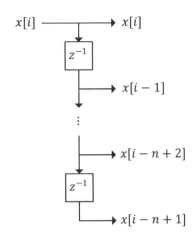

그림 6.12 최근 입력을 포함해 최근 n개 입력 벡터를 만드는 n-delay chain

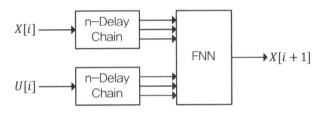

그림 6.13 n개의 과거 정보를 활용해 다음 샘플링의 상태를 추정하는 신경망(학습을 위한 구조)

그림 6.13은 **학습과 검증 중에 사용되는 개루프**^{Open-Loop} 구조이다. 이는 상태를 계속 측정해 가면서 다음 샘플링에서의 상태를 추정하는 모델이라는 의미로 과거의 상태에 대한 정보가 정확한 경우를 의미한다. 본 절의 최종 목표는 폐루프 추정(상태에 대한 센싱이 없는 연속 추정) 모델을 생성하는 것인데 훈련을 하는 중에는 추정 결과가 실제 시스템과 다르기 때문에 이를 다시 활용하는 구성을 해서는 훈련을 하기 곤란하다. 다시 말하자면 폐루프 추정 모델을 생성하려 한다고 하더라도 훈련을 위해서는 상태를 측정한 데이터가 확보돼 있어야 하고 이를 개루프 구조에서 훈련에 활용해야 한다.

더 나아가기에 앞서 혼용되고 있는 용어에 관해 한 가지 확인해둘 것이 있다. 시스템에 주어지는 신호(u)도 입력이라 부르고 있고, 인공 신경망의 첫 층에 주어지는 값들(U, X) 모두도 입력이라 부르고 있으니 주의해서 이해하자.

이제 다시 예제로 돌아와 해당 시스템의 개루프 추정을 위한 인공 신경망 모델을 구현해보자. 대상 시스템은 다음 샘플링에서의 상태가 지난 두 샘플링에서의 상태(x)와 입력(u)에 의존하는 시스템이다. 이러한 사실을 안다고 가정하고 과거 두 샘플의 상태(x)와 입력(u)을 입력층에 사용하며(신경망 입력 벡터의 길이 = 4), 다음 샘플링의 상태를 출력하는(신경망 출력 벡터의 길이 = 1) 신경망을 케라스로 구성해보자. 이처럼 최근 몇 개의 (유한한 길이의) 입력을 활용하는 방법은 그림 3.15에서 먼저 생각해봤다. 코드에는 데이터 형태를 가공하는 내용이 포함돼 있고 그림 6.14는 그 변환을 보인다(코드에서 order 변수의 값을 바꿔 신경망이 의존할 과거 정보의 길이를 바꿀 수 있다).

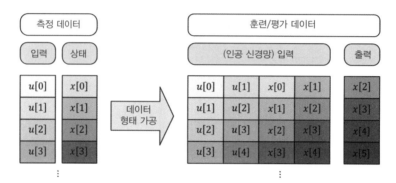

그림 6.14 인공 신경망 훈련을 위한 측정 데이터 가공

nonlin_closed_loop.py (part 1/2)

```
from keras.models import Sequential
from keras.layers import Dense
from keras.optimizers import Adam
from sklearn.preprocessing import MinMaxScaler
from tqdm import tqdm

import matplotlib.pyplot as plt
import numpy as np
import pandas as pd

# 하이퍼파라미터
```

```
order = 2
neuron_num = 10
lr = 0.002
epochs = 1000

# 데이터 불러오기와 훈련 데이터셋 만들기
output = []
input = []

df = pd.read_csv('nonlin_exp.csv', delimiter=',')
data = df.values  # x, u 순서
for i in range(order, len(data)):  # order부터 마지막까지 loop
    # 입력에 과거의 상태들과 입력들을 일렬로 추가
    input.append(np.r_[data[i-order:i, 0], data[i-order:i, 1]])
    # 출력에 다음 샘플링의 상태 추가
    output.append(data[i, 0])

input = np.asarray(input)
# MinMaxScaler가 2차원 입력을 받으므로 차원을 증가시켜 사용
output = np.expand_dims(np.asarray(output), axis=1)

print("input.shape =", input.shape)  # (200-order-1, order*2)
print("output.shape =", output.shape)  # (200-order-1, 1)

# 입출력 정규화
input_scaler = MinMaxScaler()
output_scaler = MinMaxScaler()
input_norm = input_scaler.fit_transform(input)
output_norm = output_scaler.fit_transform(output)

# 모델 생성
model = Sequential()  # 층들이 순차적으로 연결된 신경망 구성
# 첫 번째 은닉층/입력층 정보(input_dim)를 제공
model.add(Dense(neuron_num, input_dim=order*2, activation='tanh'))
model.add(Dense(neuron_num, activation='tanh'))  # 두 번째 은닉층
model.add(Dense(1, activation="linear"))  # 출력층
model.summary()  # 층의 순서, 구조, 모수(parameter)의 개수 출력

model.compile(optimizer=Adam(lr=lr), loss='mse')

# 모델 학습
```

```python
hist = model.fit(input_norm, output_norm, epochs=epochs, verbose=1)

# 학습 곡선
plt.figure()
plt.plot(hist.history['loss'])
plt.ylim(0, 5e-4)
plt.show()
```

```
input.shape = (197, 4)
output.shape = (197, 1)
Model: "sequential"

_____
Layer (type)                 Output Shape              Param #
=================================================================
dense (Dense)                (None, 10)                50

_____
dense_1 (Dense)              (None, 10)                110

_____
dense_2 (Dense)              (None, 1)                 11
=================================================================
Total params: 171
Trainable params: 171
Non-trainable params: 0
_____


Epoch 1000/1000
7/7 [==============================] - 0s 1ms/step - loss: 8.8156e-06

100%|██████████| 197/197 [00:00<00:00, 1025.82it/s]
```

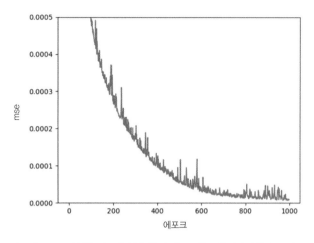

그림 6.15 비선형 시스템 상태 추정 피드포워드 신경망의 학습 곡선

신경망은 2개의 은닉층에 10개씩의 신경을 사용한다. 비선형적 관계가 상대적으로 단순한 시스템이기 때문에 여기에서 신경이나 은닉층을 더 증가시켜도 개루프 추정 오차(history의 loss)가 눈에 띄게 감소하지는 않는다. 이제 훈련된 신경망을 사용해 폐루프 추정을 수행해보자. 이는 네 단계로 이뤄진다.

1. 과거 데이터들을 사용해 원 데이터셋 스케일의 입력 벡터(new_input)를 만든다. 이때 상태는 추정된 결과(x_est)를 사용하고, 입력(u)은 데이터셋의 값을 사용한다. 단, 추정을 시작할 때, x_est는 정답 벡터로 초기화한다.
2. input_sacler를 사용해 입력 벡터를 정규화^{Normalize}한다.
3. model.predict를 사용해 다음 상태를 추정한다.
4. 추정된 결과는 정규화된 상태이므로 output_scaler를 사용해 원 데이터셋 스케일로 되돌린 후$^{\text{Inverse Transform}}$ x_est에 append한다. 위 과정을 반복하며 폐루프 추정을 이어 나간다.

신경망을 사용한 폐루프 추정 루프를 그리면 다음과 같다(단순하게 표현하기 위해 위의 2, 4번 과정에 해당하는 정규화 블록과 역정규화 블록은 표현을 생략했다).

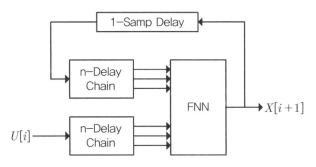

그림 6.16 개루프 구조에서 훈련된 신경망을 활용한 폐루프 상태 추정

    다음은 훈련을 마친 모델을 활용해 폐루프 추정을 수행하고 추정 결과를 도시하는 코드다. 이전 코드에서는 모든 입력을 한 번에 신경망에 줘, 출력 결과를 한 번에 얻었지만 폐루프 추정 중에는 그럴 수 없다. **다음 샘플링에서 신경망에 주어질 입력이 직전 시점에 신경망이 출력한 추정된 상태이므로 폐루프 추정은 한 샘플씩 수행될 수밖에 없다.** 따라서 데이터의 길이에 맞게 for문을 반복하면서 최근의 추정 결과를 입력 행렬에 넣어 사용하는 코드를 구현한다.

    한 샘플씩 추정을 진행하려면 입력의 길이가 1로 바뀌게 되는데 학습에 사용됐던 입력에 비해 차원이 하나 감소하게 되므로 각 입력을 NumPy의 expand_dims를 통해 차원을 확장한다. 다음 코드에는 **tqdm 패키지를 사용해 진행도를 확인**하는 코드도 포함돼 있다. 반복하려는 문구를 tqdm의 range를 사용해 구현하면 손쉽게 진행 상황이 바^{Bar} 형태로 출력된다.

nonlin_closed_loop.py(part 2/2)

```
# 폐루프 추정
data_len = len(data)
old_progress = 0
x_est = input[:order, 0]
for i in tqdm(range(order, len(data))):
  # 상태는 추정된 최근 order개를 사용
  # input 행렬의 i-order번째 행, order부터 order*2-1열을 사용
  new_input = np.expand_dims(np.r_[x_est[i-order:], input[i-order, order:]], axis=0)
  new_input_norm = input_scaler.transform(new_input)
  x_est = np.r_[
```

```
    x_est,

    output_scaler.inverse_transform(model.predict(new_input_norm))[0]
  ]
x_est = x_est[order:]

plt.figure()
plt.title('Closed-loop estimation result')
plt.plot(output, label='ori state')
plt.plot(x_est, label='est state')
plt.legend()
plt.show()
```

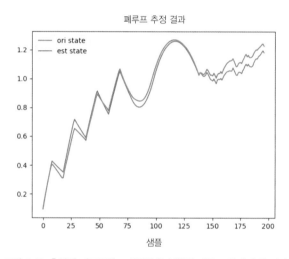

그림 6.17 훈련된 피드포워드 신경망을 사용한 폐루프 상태 추정 결과

　　폐루프 추정 결과가 원 데이터에 가깝게 얻어졌지만 완벽히 추정했다고 하기는
어렵다. 전체 크기에 비해 최대 폐루프 추정 오차는 약 5%의 크기로 보인다. 개루프
추정(정답 과거 정보들이 주어졌을 때 다음 샘플링의 상태를 추정한 경우)의 정규화된 오차가
10^{-6} 단위로 얻어진 것에 비하면 큰 오차가 얻어진 것 같다. 이는 폐루프 추정 시 발
생한 오차가 다음 샘플링에 영향을 주고, 그 영향이 점차 누적돼 나타나게 된 결과로
이해할 수 있다. 나아가, 오차로 인해 영향을 받은 상태가 입력에 주어지면서 신경망

은 훈련 데이터셋에서는 다뤄지지 않았던 데이터에 대한 추정을 수행하게 되므로 폐루프 추정의 결과가 예상보다 더 안 좋아질 수 있다.

폐루프 추정 결과를 더 좋게 하는 세 가지 방법을 생각해볼 수 있다. 첫째는 **다른 추정 기법을 함께 사용**해 추정 결과를 서로 보정해 가면서 추정하는 것이다. 여기에서는 다른 추정 기법을 함께 사용하는 방법은 다루지 않겠다. 둘째는 **신경망의 구조를 바꿔보는 것**이다. 신경망의 수나 신경의 수를 늘려 볼 수 있고 다양한 학습 속도^{Learn Rate}를 적용해볼 수도 있다. 또, 여기에서는 피드포워드 신경망만을 구성하고 있는데 상황에 따라서는 합성곱 신경망, 순환 신경망을 활용할 수도 있다. 이 방법은 책을 뒷부분까지 읽은 뒤 독자가 직접 시도해보자. 세 번째 방법은 **입력 혹은 출력 변수의 전처리**^{Pre-processing} **방법을 바꾸는 것**이다. 설계자가 이해하는 한에서 조금 더 복잡한 입력 변수들을 만들어 추가 입력으로 사용할 수도 있고 출력 변수를 바꿔 폐루프 추정 방식을 바꿀 수도 있다. 다음에서부터는 출력 변수를 변환해 추정 성능을 개선하는 방법을 더 깊이 소개한다.

위 예시 시스템에서도 그렇듯 대부분의 비선형 동역학계의 상태는 연속적으로 변화하는데, 샘플링이 충분히 빠르게 이뤄진 경우 어떤 순간의 상태는 그 직전 샘플링의 상태와 거의 같은 값을 갖는다. 즉, 입력에 과거 샘플링의 상태를 주고 출력에 다음 샘플링의 상태를 둔다면, 그 둘 사이의 상관관계가 너무 큰 탓에 남은 변수들 사이의 학습이 잘 이뤄지지 못할 수 있다. 둘 사이의 관계를 묘사한 것만으로 오차가 작아져서 모수 갱신 속도가 상당히 느려지는 것이다. 그렇다고 해서 샘플링 주파수를 낮추는 것은 묘사 성능을 근본적으로 낮추게 되기 때문에 좋지 않다.

이 책이 제안하는 하나의 방법은 출력 변수를 바꾸어, 상태의 변화량을 추정하는 신경망을 구성하는 것이다. 상태의 변화량은 이전 샘플링에서의 상태와 입력이 다음 샘플링에서의 상태에 미치는 영향을 의미한다. 다음의 그래프는 상태, 입력 그리고 상태의 변화량을 함께 그린 그래프다.

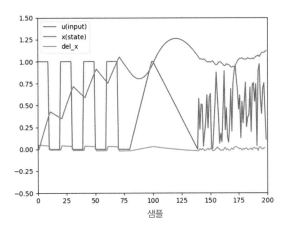

그림 6.18 입력과 상태, 상태의 변화량 그래프

상태의 변화량을 추정하는 신경망을 활용하는 폐루프 구조는 다음과 같이 그려진다.

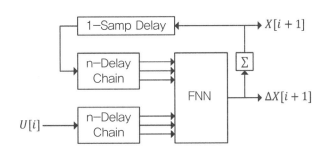

그림 6.19 피드포워드 신경망을 사용해 상태의 변화량을 추정하는 폐루프 구조

피드포워드 신경망을 사용해 상태의 변화량을 추정하는 폐루프 구조의 동작 방식을 이해하자면 상태 중 유지되는 성분은 신경망의 외부에서 적분기로써 다루고, 변화하는 성분만을 신경망이 추정한다. 이를 구현하는 것은 이전 코드의 일부만을 수정하면 된다. 수정하는 부위만을 표시하면 다음과 같다.

```
nonlin_closed_loop.py
```

이전 코드	수정된 코드
`output.append(data[i, 0]) output.`	`append(data[i, 0] - data[i-1, 0])`
`x_est = np.r_[x_est, output_scaler.` `inverse_transform(model.predict(new_` `input_norm))[0]]`	`x_est = np.r_[x_est, x_est[i-1] +` `output_scaler.inverse_transform(model.` `predict(new_input_norm))[0]]`

상태의 변화량을 추정하게 폐루프 구조를 수정한 뒤 학습을 수행하면 정규화된
오차가 이전과 유사하거나 조금 높은 수준으로 얻어진다.

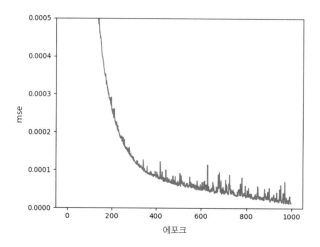

그림 6.20 비선형 시스템 상태 변화량 추정 피드포워드 신경망의 학습 곡선

그런데 그림 6.18에서 봤듯이 상태의 변화량은 상태에 비해 매우 작은 값이었다.
출력을 정규화해 학습하는 과정에서 상태의 변화량은 약 20배 확대돼 주어졌기 때
문에 실제로 상태에 대한 묘사 오차 수준은 상당히 감소하게 됐다고 이해할 수 있다.
수정된 코드를 반영해 추정한 폐루프 추정 결과는 다음과 같다.

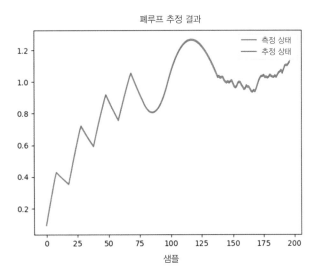

폐루프 추정 결과

측정 상태
추정 상태

샘플

그림 6.21 훈련된 피드포워드 신경망을 사용한 폐루프 상태 추정 결과

　상태를 추정하는 경우에 비해 상태의 변화량을 추정하는 인공 신경망을 사용한 경우의 폐루프 추정 결과가 훨씬 좋아졌다. 같은 시스템을 같은 구조의 신경망으로 학습시켰을 때 출력 변수를 변화시킨 것만으로 묘사 성능이 향상된 것이다. 이처럼 시스템에 대한 설계자의 이해와 이를 반영한 입출력 변수의 전처리는 추정/묘사 성능에 큰 영향을 줄 수 있다.

　상태 변화량 추정 신경망과 비슷한 기능을 하는 신경망은 사실 이미지 분류 대회에서 소개된 적이 있는데 바로 Microsoft 팀에서 제안한 ResNet[Residual Network]이다. 하지만 이 신경망에 관련된 연구는 은닉층을 여러 개 사용하면서 오차의 역전파가 잘 이루어지지 못하는 현상을 해소하고자 제안돼 그 목적이 다르다. 책의 맨 뒤에서 ResNet에 대한 추가 소개를 다뤘다.

- **회귀 문제**: 회귀 문제는 주어진 데이터셋에서 입력(독립 변수)과 출력(종속 변수) 사이의 비선형적 관계를 찾고, 이후 새로운 입력이 주어졌을 때 적절한 출력 값을 추정하는 문제다. 일반적으로 연속적인 값을 갖는 출력을 추정한다. 회귀 문제를 위해 다양한 수학적 기법이 개발돼왔고 인공 신경망은 최근 각광을 받게 된 비선형성 묘사에 강점을 갖는 하나의 선형 회귀 모델이다.

- **지도학습을 위한 데이터 준비**: 일반적으로 인공 신경망은 사람의 이해 수준에서 잘 설명되기 어려운 회귀 문제에 적용된다. 즉, 입력과 출력 변수 사이의 관계가 복잡하기에 가능한 한 다양한 경우(넓은 정의역 공간)에 대한 데이터를 준비할 필요가 있다. 준비된 데이터셋은 보통 별도의 파일로 관리되는데 pandas 라이브러리를 활용해 쉽게 데이터를 불러오고 가공할 수 있다. 복잡한 회귀 문제에서는 테이블 형태의 자료에 빈칸이 종종 있는데 NumPy의 `isnan` 함수가 데이터의 필터와 가공에 도움이 된다.

- **학습 데이터셋과 학습 준비**: 취득한 데이터는 모두 학습으로 활용할 수도 있지만, 모델의 일반성을 검토하기 위해 일부를 평가용/검증용으로 분리해두는 것이 좋다. 케라스 신경망 모델의 `fit` 함수는 주어진 훈련 데이터셋의 순서를 기본적으로 섞어 사용하기에 데이터를 직접 섞어 줄 필요가 없다. 다만 평가용/검증용 데이터셋을 분류하기 전 데이터가 정렬돼 있다면 NumPy의 random. shuffle 등을 활용해 그 순서를 섞은 뒤 분류하는 것이 도움이 된다.

- **데이터 전처리**: 취득한 데이터를 그대로 인공 신경망의 입출력으로 사용하기보다는 전처리를 적용하는 편이 더 좋은 학습/추정 결과를 얻는 데 좋다. 가장 기본적인 전처리는 2장에서 첫 예제로 설명된 정규화^{Normalization}다. 비선형 시스템의 상태 추정 예제에서는 상태의 변화량을 추정하는 방법을 살펴봤고, 입력값들을 서로 곱하거나 log를 적용하는 등 다양한 전처리 기법도 있다.

- **신경망의 구조 결정**: 같은 문제를 묘사하기 위한 인공 신경망의 구성 방법은 무

궁무진하다. 은닉층의 종류, 은닉층의 개수와 연결 방식, 신경의 개수, 활성화 함수 등 구조적인 부분에 많은 자유도가 있는데 이는 모두 설계자에게 의존한다. 나아가 학습 알고리즘과 반복 횟수 등도 설계자가 정해야 한다. 하이퍼파라미터의 결정을 위해서는 다양한 신경망을 실제로 구현하고 비교해봐야 한다. 여기에는 손실함수의 값 및 학습 곡선이 활용되고, 이를 위해 평가/검증 데이터셋을 사용한다. 결과적으로 설계자는 파레토 최적 곡선(트레이드 오프 문제)을 마주하게 되는데 문제에서 요구되는 수준의 손실을 만족하면서 가장 적은 메모리/연산량을 사용하는 신경망을 사용하는 것이 목표가 된다.

- **배포**: 인공 신경망은 연구의 발전, 제품 적용 등을 위해 다른 플랫폼에 전달돼 활용될 필요가 종종 있다. 케라스에서 저장한 인공 신경망 모델은 Matlab에서 곧바로 불러와 활용할 수 있다. Tensorflow Lite는 학습된 신경망을 Android, iOS, MCU 등에서 사용하게 해주며 Java, C, C++, Python에서 활용되도록 변환할 수도 있다. 혹은 직접 {케라스 모델}.layers를 통해 층들을 얻은 뒤 layer.get_weights()를 통해 모수들을 추출할 수도 있다.

- **모수 정규화**Regularization: 취득된 데이터셋이 조밀하지 않은 데에 비해 노이즈가 클 경우 모수 정규화 기법은 도움이 된다. 추정 결과가 측정 데이터와 갖는 오차뿐만 아니라 인공 신경망 내에서 사용되는 모수의 크기도 손실함수에 반영함으로써 훈련 데이터셋 내의 특이 케이스들을 조금 무시하는 효과를 얻는다. 대표적인 모수 정규화 기법으로는 L1(Lasso), L2(Ridge) 기법이 있다. 케라스에서는 은닉층을 추가할 때 인자를 설정하는 것만으로 쉽게 적용이 가능하다.

07

분류 문제

7장에서는 3개의 분류 문제를 다룬다. 그림 데이터 혹은 문장 데이터를 분류하는 합성곱 신경망과 순환 신경망을 구성해본다. 마지막으로는 정상 동작과 이상 동작을 구분하는 문제에서 데이터 취득에 관련된 어려움을 살펴본다.

7.1 합성곱 신경망의 활용 – 패션 이미지 분류

1) 패션 이미지 데이터셋 소개

1장에서도 소개했던 MNIST^{Modified National Institute of Standards and Technology} 데이터셋은 이미지 데이터베이스다. 각 그림은 28×28 크기의 행렬로 표현되는데, 각 칸에는 0-255 사이의 밝기 데이터가 쓰여 있다. MNIST 데이터는 워낙 유명해 여러 경로를 통해 다운로드받을 수 있는데 케라스의 datasets 패키지 안에는 MNIST 데이터를 불러오는 함수가 있다. 앞서 소개했던 데이터셋은 손글씨 숫자였는데 본 예제에서는 옷/가방/신발의 데이터가 담긴 MNIST Fashion을 사용한다. 이 함수를 사용해 데이터를 불러올 경우 60,000개의 훈련용 데이터와 10,000개의 평가용 데이터가 불러와지며, 각 데이터는 28×28 행렬과 레이블로 이뤄져 있다.

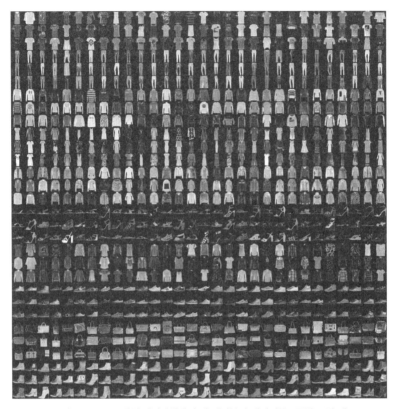

그림 7.1 MNIST 패션 데이터셋에서 각 레이블의 데이터를 3줄씩 그린 예

본 예제에서는 분류 문제를 해결하는 신경망을 구성하는 방법을 살펴본다. 케라스를 활용해 분류 문제 해결을 위한 피드포워드 신경망^{FNN}과 합성곱 신경망^{CNN}을 구성하는 방법을 살펴보자.

2) 이미지 분류를 위한 인공 신경망 구현

준비하기
깃허브(https://github.com/AcornPublishing/keras-ann) mnist_fashion.zip

분류 문제를 해결하기 위해 인공 신경망을 구성할 때 (회귀 문제를 위한 구성과) 달라지는 점은 크게 두 가지다. 첫째는 손실함수이고, 둘째는 출력층의 활성화함수다.

분류 문제는 정답이 연속적인 값이 아니라 0과 1인 문제다. 즉, 추정에 오차의 크기가 존재하는 것이 아니고, 올바른 추정과 틀린 추정이라는 결과가 얻어지기 때문에 손실함수를 다르게 정의하면 더 효율적인 학습이 가능할 수도 있다. 분류 문제에서 가장 많이 사용되는 손실함수는 **교차 엔트로피**Cross-Entropy이고 다음과 같이 정의된다.

$$J = -\sum_k t_k \log y_k$$

여기에서 k는 각 레이블을, t와 y는 **원핫**One-hot **인코딩**된 정답 레이블 벡터와 추정 레이블 벡터다. 원핫 인코딩이란 여러 대상을 서로 구분되는 벡터로 대응시키는 기법인데 전체 개수만큼의 0으로 채워진 벡터를 형성한 후 하나의 위치에만 1을 표기하는 기법이다. 예를 들어 강아지와 고양이 분류 문제에서 강아지 그림이 주어졌을 때, $t = [1, 0]$이 되고 $y = [0.8, 0.2]$가 된다(반대로 고양이가 주어졌다는 $t = [0, 1]$이 된다). t를 원핫 인코딩해 사용하기 때문에 교차 엔트로피의 손실함수는 여러 레이블에서 계산되지 않고 정답인 레이블에서만 값이 나온다. 신경망이 해당 레이블의 값을 1에 가깝게 출력할수록 오차는 작아진다.

그림 3.10에서도 그려졌었듯이 합성곱 신경망을 활용한 분류 문제 추정 모델의 출력층에는 **소프트맥스**Softmax라는 활성화함수를 사용하는데 이는 보통의 활성화함수와는 달리 모든 출력 신경의 값을 참조한다. 신경망 출력층의 (활성화함수를 적용하기 전인) 선형 조합 결과(벡터)가 x일 때, 소프트맥스의 계산은 다음과 같이 이뤄진다.

$$\text{softmax}(x)_i = \frac{1}{\sum_k e^{x_k}}$$

예를 들어 소프트맥스 적용 직전에 신경망의 계산 결과가 [3, 2, 1]이라면 소프트맥스를 적용한 결과는 $[e^3, e^2, e^1]/(e^3 + e^2 + e^1) = 0.66, 0.24, 0.1$이 된다. 소프트맥스를 분류 문제에 사용할 때 얻는 이점은 두 가지인데, 첫째는 출력의 합이 1이 돼 각 출력이 분류 결과에 대한 확률처럼 나타낼 수 있다는 것이고, 둘째는 교차 엔트로피에 적용됐을 때 (모든 출력이 0과 1 사이에 있게 되기 때문에) $\log$형 손실함수를 사용하기에 적합하다는 것이다.

이제 MNIST 패션 데이터를 불러와 내용을 확인하는 것으로 분류 예제를 본격적으로 시작해보자. 코드의 앞부분은 케라스에서 제공하는 함수를 통해 훈련과 평가 데이터를 다운받고, 10개 각 레이블에 해당되는 랜덤 사진을 출력하는 것으로 시작한다. 다음 코드에는 각 레이블에서 랜덤하게 샘플을 추출하는 random 패키지의 choice 함수 사용법, 여러 이미지를 나열해 그리는 matplotlib 패키지의 GridSpec과 imshow 함수의 사용법이 담겨 있으니 참고해두자.

mnist_fnn.py (part 1/3)

```python
from keras.datasets import fashion_mnist

import random

import numpy as np
from matplotlib.gridspec import GridSpec
from matplotlib import pyplot as plt

# MNIST 데이터셋 불러오기
(train_images, train_labels), (test_images, test_labels) = fashion_mnist.load_data()
label_texts = ['T-shirt/Top', 'Trouser', 'Pullover', 'Dress', 'Coat', 'Sandal',
'Shirt', 'Sneaker', 'Bag', 'Ankle boot']

print("train_images.shape =", train_images.shape)
print("test_images.shape =", test_images.shape)

fig = plt.figure(figsize=(15, 3))   # inch 단위로 창 크기 조절
fig.subplots_adjust(wspace=0.7)   # subplot 사이의 간격 조절
fig.suptitle('Images and labels')
gs = GridSpec(nrows=1, ncols=10)

for label_num in range(0, 10):
    label_where = random.choice(np.where(train_labels == label_num)[0])
    ax = plt.subplot(gs[label_num])
    ax.imshow(train_images[label_where], cmap='Greys')
    ax.set_title('[' + str(label_num) + ']\n' +
                label_texts[label_num])
plt.show()
```

```
train_images.shape = (60000, 28, 28)
test_images.shape = (10000, 28, 28)
```

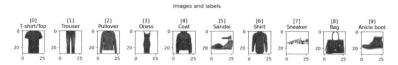

Images and labels

그림 7.2 불러온 데이터에서 각 레이블당 하나의 데이터를 그린 결과

멋있는 옷, 바지, 드레스, 신발, 가방이 불러와졌다. 훈련과 평가 데이터는 각 6만, 1만 개이고 각 그림의 크기는 28×28이다. 이제 이 데이터를 학습에 용이한 형태로 가공한다. 이 예제의 최종 목표는 합성곱 신경망을 활용해 이미지 분류를 높은 효율과 정답율로 수행하는 것이다. 이를 알아보기 위해 먼저 피드포워드 신경망으로 이미지 분류를 시도해보자. 다음 코드에서는 28×28 형태의 데이터가 **피드포워드 신경망**의 입력으로 사용되도록 **일렬로 세우는 변환**을 했다.

mnist_fnn.py (part 2/3)

```python
from keras.utils import to_categorical

# 입력 정규화 (0~255의 값을 0~1로)
train_images_norm = train_images.astype('float32') / 255
test_images_norm = test_images.astype('float32') / 255

# 입력을 일렬로 세우기 (28x28 행렬을 784행으로 세움)
train_images_norm = train_images_norm.reshape((60000, 28 * 28))
test_images_norm = test_images_norm.reshape((10000, 28 * 28))

# 레이블을 범주형으로 변환: one-hot 인코딩
print("train_labels(before to_categorical) =", train_labels)
train_labels = to_categorical(train_labels)
print("train_labels(after to_categorical) =")
print(train_labels)
test_labels = to_categorical(test_labels)
```

```
train_labels = [9 0 0 ... 3 0 5]
train_labels_cat =
[[0. 0. 0. ... 0. 0. 1.]
 [1. 0. 0. ... 0. 0. 0.]
 [1. 0. 0. ... 0. 0. 0.]
 ...
 [0. 0. 0. ... 0. 0. 0.]
 [1. 0. 0. ... 0. 0. 0.]
 [0. 0. 0. ... 0. 0. 0.]]
```

이미지의 각 셀이 0~255의 값을 갖기 때문에 255로 나누기만 하면 정규화가 된다. 케라스가 제공하는 **to_categorial** 함수 덕분에 원핫 인코딩을 쉽게 수행할 수 있다. 길이가 6만이었던 훈련 레이블 벡터가 60000×10 크기의 행렬로 변환됐다. 이제 신경망을 구성하고 훈련, 검증하는 코드를 보자.

mnist_fnn.py (part 3/3)

```python
from keras.models import Sequential
from keras.layers import Dense
from sklearn.metrics import classification_report

# 모델 생성
model = Sequential()
model.add(Dense(256, activation='relu', input_dim=len(train_images_norm[0])))
model.add(Dense(len(train_labels_cat[0]), activation='softmax'))
model.summary()

# 모델 컴파일하기
model.compile(optimizer='rmsprop',
              loss='categorical_crossentropy',
              metrics=['accuracy'])

# 모델 훈련
model.fit(train_images_norm, train_labels_cat, epochs=5, batch_size=128)

# 평가 데이터셋으로 정확도 측정하기
# 방법 1
```

```python
# test_loss, test_acc = model.evaluate(test_images_norm, test_labels_cat)
# print('test_acc: ', test_acc)
# 방법 2
test_pred = np.argmax(model.predict(test_images_norm), axis=1)
print(classification_report(test_labels, test_pred))

# 2*10개 데이터 추정해보기
fig = plt.figure(figsize=(15, 5))  # inch 단위로 창 크기 조절
fig.subplots_adjust(wspace=0.7)  # subplot 사이의 간격 조절
fig.suptitle('Estimation results')
gs = GridSpec(nrows=2, ncols=10)
for row_iter in range(0, 2):  # 각 레이블 2개씩 추정
  for label_num in range(0, 10):
    label_where = random.choice(np.where(test_labels == label_num)[0])
    pred_class = np.argmax(model.predict(np.array([test_images_norm[label_where]])))
    ax = plt.subplot(gs[label_num + row_iter*10])
    ax.imshow(test_images[label_where], cmap='Greys')
    ax.set_title('[answer]\n' +
                 label_texts[label_num] +
                 '\n[estimation]\n' +
                 label_texts[pred_class])
plt.show()
```

출력

```
Model: "sequential"
_____
Layer (type)                 Output Shape              Param #
=================================================================
dense (Dense)                (None, 256)               200960
_____
dense_1 (Dense)              (None, 10)                2570
=================================================================
Total params: 203,530
Trainable params: 203,530
Non-trainable params: 0
_____
```

```
Epoch 1/5
469/469 [==============================] - 9s 20ms/step - loss: 0.5567 - accuracy: 0.8038
Epoch 2/5
469/469 [==============================] - 9s 20ms/step - loss: 0.3887 - accuracy: 0.8587
Epoch 3/5
469/469 [==============================] - 11s 23ms/step - loss: 0.3437 - accuracy:
0.8749
Epoch 4/5
469/469 [==============================] - 10s 21ms/step - loss: 0.3153 - accuracy:
0.8848
Epoch 5/5
469/469 [==============================] - 8s 18ms/step - loss: 0.2958 - accuracy: 0.8918
```

	precision	recall	f1-score	support
0	0.86	0.79	0.82	1000
1	0.99	0.97	0.98	1000
2	0.81	0.78	0.79	1000
3	0.79	0.94	0.86	1000
4	0.80	0.79	0.79	1000
5	0.99	0.94	0.96	1000
6	0.71	0.68	0.69	1000
7	0.94	0.92	0.93	1000
8	0.97	0.98	0.97	1000
9	0.91	0.98	0.94	1000
accuracy			0.88	10000
macro avg	0.88	0.88	0.87	10000
weighted avg	0.88	0.88	0.87	10000

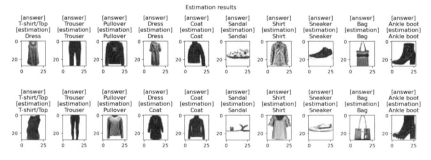

그림 7.3 훈련된 피드포워드 신경망으로 각 레이블에서 두 개의 랜덤 샘플을 추정한 결과

분류 문제 해결을 위한 피드포워드 신경망을 구성하는 코드는 3장에서 봐왔던 회귀 문제의 코드와 사실 거의 같다. 여기에서는 하나의 은닉층을 사용했고 활성화함수로 ReLU^Rectified Linear Unit를 사용했다. 첫 번째 은닉층인 완전 연결^Dense층에는 입력층에서 길이가 얼마인 입력이 주어질 것인지를 input_dim 옵션으로 미리 설정했다. 그리고 출력층은 레이블의 개수(길이)와 같은 벡터를 출력하도록 설정했는데 활성화함수로 소프트맥스를 적용했다. 본 예제에서 학습 알고리즘으로는 rmsprop을 사용했는데 별도의 옵티마이저 객체 생성 없이 곧바로 컴파일 옵션에서 적용했다(이와 같이 설정하는 경우 옵티마이저의 세부 파라미터는 기본값이 적용된다). 손실함수에는 앞서 설명됐던 교차 엔트로피가 적용됐다. 케라스 모델의 컴파일 시에는 metrics 옵션을 설정할 수 있는데 이 옵션을 통해 신경망이 학습되거나 검증될 때 수행/계산할 추가 작업을 설정할 수 있고, 본 문제는 분류가 목표이므로 accuracy를 둬 정답과 추정 레이블의 (최대값 위치의) 일치도를 평가했다. 출력창에서 loss 옆에 accuracy가 함께 나온 것을 볼 수 있다. 학습은 5회(에포크)를 수행했고 batch_size를 정해줬다. batch_size만큼의 데이터씩으로 데이터셋을 잘라 입력해주면서 그 오차의 평균을 계산한다. **이렇게 얻게 된 평균 오차에 따라 모수를 업데이트하면 batch_size가 클수록 각 훈련 데이터에 둔감하게 가끔 업데이트하게 되고 batch_size가 작을수록 각 훈련 데이터에 민감하게 자주 업데이트하게 된다.** 총 데이터는 6만 개였으므로 $60000/128 = 468.75$에 따라 각 epoch당 469번의 모수 갱신이 이뤄졌음을 출력창에서도 볼 수 있다(학습 방식은 그림 4.4에서 다시 비교해보자).

평가 데이터셋으로 모델을 평가하는 데에는 **model이 갖는 evaluate 함수**(방법 1)를 활용하면 된다. 평가 데이터셋(정규화된 그림 데이터와, 원핫 인코딩된 정답)을 인자로 주면 훈련된 신경망으로 추정을 수행하고, 가장 값이 큰 출력 신경을 사용해 분류 정확도를 측정해 반환한다. 만약 class별 추정 정확도를 알고 싶다면 **scikit-learn에서 제공하는 classification_report 함수**(방법 2)를 활용할 수 있다. 이에 앞서 model이 갖고 있는 predict 함수를 통해 평가 데이터셋에 대한 분류를 수행해 정답과 비교했다. 추정된 결과는 원핫 인코딩이 된 결과이므로, NumPy의 argmax 함수를 사용해 0~9 사이의 값을 갖는 (길이가 1만인) 벡터로 바꾼 뒤 정답과 함께 classification_report 함수의 인자로 주었다. 보고 결과에서 support 열은 해당 레이블의 data 수를 의미하며 precision, recall, accuracy, f1 score 등의 정의는 표 7.1과 같이 이뤄진다.

표의 지표들은 훈련된 모델의 성능을 평가하고 이해하는 데에도 사용될 수 있지만, 여러 모델 간의 성능 비교를 하는 데에도 도움이 되는 지표다. 자동차가 카메라를 사용해 전방에 대한 정보를 자동으로 감지해 달리는 상황을 생각해보자. 이때 두 모델이 있는데 한 모델은 전방에 물체가 없을 때에도 있다고 판단할 확률이 5%이지만 있을 때에는 100% 확률로 있다고 진단을 한다. 다른 모델은 전방에 물체가 없을 때에는 반드시 없다고 판단하지만 0.01% 확률로 전방에 물체가 있을 때 그것을 놓친다. 만에 하나 (=0.01%) 전방의 사람을 놓치는 경우에는 큰 사고가 발생하게 되므로 두 모델 중에는 첫 번째 모델을 선택해 사용하는 것이 옳다. 전방에 물체가 있는 경우와 없는 경우가 동등히 주어진다 했을 때, 두 모델의 precision은 각각 $1/(1+0.05)=0.95$와 $0.9999/(0.9999+0)=1$로 뒷모델이 더 좋게 보인다. 반면 recall을 계산해보면 각각 $1/(1+0)=1$과 $0.9999/(0.9999+0.0001)=0.9999$로 앞모델이 더 좋은 값을 갖고 있다. 상황에 따라 모델의 성능을 비교하는 데 사용할 지표가 적절히 선정돼야 함을 알 수 있다.

표 7.1 분류 결과를 수치적으로 평가하기 위한 지표들의 정의

		실제 정답		
		True	False	
분류 결과	True	TP (True Positive)	FP (False Positive)	Precision $\dfrac{TP}{TP+FP}$
	False	FN (False Negative)	TN (True Negative)	Negative Predictive Value $\dfrac{TN}{TN+FN}$
		Recall (Sensitivity) $\dfrac{TP}{TP+FN}$	Specificity $\dfrac{TN}{TN+FP}$	Accuracy $\dfrac{TP+TN}{TP+FN+FP+TN}$ f1 score $2\times\dfrac{(Precision)\times(Recall)}{(Precision)+(Recall)}$

다시 본 예제로 돌아와 결과를 마저 살펴보자. 코드의 마지막 부분에는 각 레이블별 그림을 2개씩 실제로 보면서 추정 결과를 확인하는 기능을 넣었는데, 추정 결과가 틀린 경우를 보면 사람이 봐도 애매한 그림들로 보인다. **인공 신경망도 사람이 헷갈릴 만한 부분에서 오차를 많이 발생시키게 됨을 간접적으로 알 수 있다.**

5 epoch 훈련 결과 피드포워드 신경망은 훈련 데이터셋에서 89%의 정확도를, 평가 데이터셋에서 88%의 정확도를 보였다. 위 코드에서는 한 개의 은닉층에 256개의 신경을 두고 피드포워드 신경망을 구성했는데, 층을 늘리거나 신경의 수를 바꾸며 추정 성능을 비교해 신경망의 복잡도에 대한 감을 얻고 시스템에 대해서도 더 깊게 이해해보는 시간을 가져보자.

다음은 피드포워드 신경망 대신 합성곱 신경망을 사용한 MNIST fashion 데이터셋의 분류 구현 코드를 살펴본다. 합성곱 신경망을 사용할 때 바뀌는 점은 훈련 데이터셋의 형태와 합성곱/max-풀링/평탄화층의 사용이다. 먼저 데이터 준비 단계부터 보자.

mnist_cnn.py (part 1/2)

```python
from keras.datasets import fashion_mnist
from keras.utils import to_categorical

# MNIST 데이터셋 불러오기
(train_images, train_labels), (test_images, test_labels) = fashion_mnist.load_data()
label_texts = ['T-shirt/Top', 'Trouser', 'Pullover', 'Dress', 'Coat', 'Sandal',
'Shirt', 'Sneaker', 'Bag', 'Ankle boot']

# 입력 정규화 (0~255의 값을 0~1로)
train_images_norm = train_images.astype('float32') / 255
test_images_norm = test_images.astype('float32') / 255

# 입력에 깊이 차원 추가하기
train_images_norm = train_images_norm.reshape(train_images_norm.shape[0], 28, 28, 1)
test_images_norm = test_images_norm.reshape(test_images_norm.shape[0], 28, 28, 1)

# 레이블을 범주형으로 변환: one-hot 코딩
train_labels_cat = to_categorical(train_labels)
test_labels_cat = to_categorical(test_labels)
```

피드포워드 신경망을 위해 데이터를 준비했던 코드와 다른 점은 reshape 함수의 인자 부분이다. load_data 함수가 반환한 데이터의 형태는 (60000, 28, 28) 혹은 (10000, 28, 28)의 형태였는데 여기에 두 번째 차원을 추가해 (60000, 1, 28, 28) 혹은 (10000, 1, 28, 28)의 모양이 되도록 가공했다. 이렇게 하나의 차원을 추가하는 것은 데이터의 깊이 방향 정보를 적절히 처리하기 위함이다. 본 예제는 흑백 이미지 데이터이기 때문에 깊이가 1인 경우인데, 일반적인 합성곱 층(Conv2D 모델)을 사용하기 위해 깊이 차원을 추가하는 작업을 수행한 것이다.

이제 합성곱 신경망 활용 추정 모델을 생성하고 훈련, 검증하는 코드를 보자. 케라스를 사용해 합성곱 신경망을 생성하는 부분도 피드포워드 신경망과 차이를 갖는다. 첫째로 완전 연결^{dense}층 대신 **2D 합성곱**(Conv2D)**층**이 사용된 것을 볼 수 있다. 이전에는 imput_dim 인자에 단순히 입력의 원소 개수를 쓴 것에 비해 여기에서는 입력 변수의 크기를 튜플로 준다. 깊이 성분을 포함해 (28, 28, 1)로 표현된 것에 주목하자. 그리고 함께 커널(필터)의 크기가 5×5로 입력됐다. 커널이 한 번에 움직일 거리인 스트라이드의 값은 기입하지 않았는데 기본값인 1이 사용되게 된다. 만약 border_mode 인자에 'same'이라고 기입해주면 적절히 패딩을 넣어 출력된 결과의 크기가 입력과 같아지게 된다. Conv2D층 뒤에는 **차원을 1/2로 줄이는 max 풀링층, 평탄화층, 완전 연결층** 그리고 **소프트맥스**를 적용하는 출력층을 뒀다.

`mnist_cnn.py (part 2/2)`

```python
from keras.models import Sequential
from keras.layers import Dense, Conv2D, MaxPooling2D, Flatten, Dropout
from sklearn.metrics import classification_report

import numpy as np

# 모델 생성
model = Sequential()
model.add(Conv2D(32, 5, 5, input_shape=(28, 28, 1), activation='relu'))
# model.add(Conv2D(32, 5, 5, border_mode='same', input_shape=(28, 28, 1),
activation='relu'))
model.add(MaxPooling2D(pool_size=(2, 2)))
# model.add(Dropout(0.1))
```

```
model.add(Flatten())
model.add(Dense(128, activation='relu'))
model.add(Dense(num_classes, activation='softmax'))

# 모델 컴파일하기
model.compile(optimizer='rmsprop',
              loss='categorical_crossentropy',
              metrics=['accuracy'])

# 모델 훈련
model.fit(train_images_norm, train_labels_cat, epochs=5, batch_size=128)

# 평가 데이터셋으로 정확도 측정하기
# 방법 1
# test_loss, test_acc = model.evaluate(test_images_norm, test_labels_cat)
# print('test_acc: ', test_acc)
# 방법 2
test_pred = np.argmax(model.predict(test_images_norm), axis=1)
print(classification_report(test_labels, test_pred))
```

출력

```
Model: "sequential"

_____
Layer (type)                 Output Shape              Param #
=================================================================
conv2d (Conv2D)              (None, 24, 24, 10)        260

_____
max_pooling2d (MaxPooling2D) (None, 12, 12, 10)        0

_____
flatten (Flatten)            (None, 1440)              0

_____
dense (Dense)                (None, 128)               184448

_____
dense_1 (Dense)              (None, 10)                1290

=================================================================
Total params: 185,998
Trainable params: 185,998
Non-trainable params: 0
_____
```

```
Epoch 1/5
469/469 [==============================] - 4s 7ms/step - loss: 0.5513 - accuracy: 0.8058
Epoch 2/5
469/469 [==============================] - 4s 9ms/step - loss: 0.3447 - accuracy: 0.8767
Epoch 3/5
469/469 [==============================] - 4s 8ms/step - loss: 0.2936 - accuracy: 0.8938
Epoch 4/5
469/469 [==============================] - 5s 10ms/step - loss: 0.2614 - accuracy: 0.9042
Epoch 5/5
469/469 [==============================] - 5s 11ms/step - loss: 0.2386 - accuracy: 0.9125
              precision    recall  f1-score   support

           0       0.84      0.89      0.86      1000
           1       0.99      0.98      0.98      1000
           2       0.87      0.80      0.84      1000
           3       0.90      0.93      0.91      1000
           4       0.77      0.93      0.84      1000
           5       0.99      0.96      0.97      1000
           6       0.81      0.63      0.71      1000
           7       0.93      0.98      0.95      1000
           8       0.97      0.98      0.98      1000
           9       0.98      0.95      0.96      1000

    accuracy                           0.90     10000
   macro avg       0.90      0.90      0.90     10000
weighted avg       0.90      0.90      0.90     10000
```

합성곱 층 출력 깊이를 10으로 두고 그 다음 이어지는 완전 연결층의 신경 수를 128로 둬 전체 모수의 개수가 185,998개가 됐는데, 이는 앞서 훈련됐던 피드포워드 신경망보다 조금 적은 수의 모수다. 더 적은 모수가 사용됐지만 훈련과 평가 데이터셋에 대한 정확도가 91%, 90%로 각 약 2%씩 좋아진 것을 볼 수 있다. 합성곱 신경망이 피드포워드 신경망에 인접한 데이터 사이에 존재하는 특징을 추출하는 데에 강점이 있음을 느낄 수 있다.

합성곱 신경망을 구성할 때에는 구조에 대한 자유도가 피드포워드 신경망을 구성하는 경우보다 많이 있다. 필터(kernel)의 크기, 필터가 이동할 폭(stride), 데이터의 가장자리에 대한 처리 방법(border_mode), 출력 깊이, 풀링 층의 기법과 크기 등이 추가로 고려돼야 한다. 다양한 합성곱 신경망 관련 하이퍼파라미터를 바꿔 가면서 비슷한 성능을 유지하는 작은 구조를 찾아간다면 피드포워드 신경망에 비해 훨씬 효율적으로 입출력 관계를 묘사하는 모델을 얻을 수도 있을 것이다.

여기까지 케라스를 이용해 합성곱 신경망을 구성하고 이미지를 분류하는 예제를 살펴봤다. 비록 신경망의 구조와 연산 방식은 상당히 많이 달라졌지만 케라스를 사용해 구현했을 때 코드는 그다지 바뀌지 않았음을 볼 수 있다. 물론 어떤 층을 사용할지, 자유도를 어떻게 할지, 그 순서를 정하는 것 등은 온전히 설계자의 몫이지만 그 또한 설정하는 것은 쉽게 할 수 있다. 어떤 독자는 합성곱 신경망을 활용해 이미지를 분류하는 과정이 현란하고 복잡할 것이라 예상했을 수도 있지만 실은 그 정반대다. 케라스를 활용하면 코드의 몇 줄을 바꾸는 것만으로 다양한 종류와 구조의 신경망을 구현할 수 있기 때문에 설계자는 온전히 파라미터의 튜닝, 데이터의 전후 처리에 집중할 수 있다. 1차원 혹은 N차원의 자료를 다루는 합성곱 층은 여기에서 다루지 않지만 케라스 공식 홈페이지의 사용법 안내를 참고해 쉽게 시도할 수 있으니 다양한 종류의 데이터를 분류하는 시도를 해보자.

7.2 순환 신경망의 활용 – 뉴스 분류

1) 언어 처리를 위한 연산 기법

이번 절에서는 주어진 문장을 기반으로 해당 문장이 스팸(광고)성을 갖는지 판별하는 신경망을 구성한다. 이때 신경망에 주어지는 입력은 다름아닌 문장인데 이는 처음 접하는 사람에게는 상당히 처리가 곤란한 형태의 입력이다. **문장을 입력으로 사용하는 데 있어서 어려움이 발생하는 이유** 두 가지를 보며 관련된 연산 기법을 살펴보자. 첫 번째 어려움은 **어떤 단위로 입력을 잘라서 사용할지**이고, 두 번째는 **문장들의 길이가 다른 것**에 관한 것이다.

먼저 입력을 어떤 단위로 잘라 입력으로 사용할지 생각해보자. 바로 문자 단위로 자를지, 단어 단위로 잘라서 볼지에 대한 고민이다. "Hello world."라는 문장을 해석할 때, 신경망에 'H', 'e', 'l', … 처럼 한 문자씩 줄지, "Hello", "world."라는 단어로 나누어 넣어 줄지에 대한 고민이다. 거의 모든 문장 해석 연구는 **단어 단위로 잘라서 입**

력할 것을 선택한다. 문자는 그 자체로 의미를 갖지 않기 때문에 신경망이 문자를 입력으로 받아 의미를 해석하게 하는 것은 신경망에게 하나의 언어를 처음부터 다 가르치는 것이 된다. 세상에 존재하는 각 단어를 숫자 혹은 벡터로 변환해 입력으로 사용한다면 신경망에게 조금 더 직접적으로 의미를 전달하는 방법이 된다.

이어지는 고민이 문장 해석에서 가장 중요한 부분인데 바로 **단어를 어떻게 숫자나 벡터로 변환할 것**인가이다. 이러한 과정을 **임베딩**Embedding이라 한다. 임베딩 방법 3가지를 순차적으로 살펴보고 비교해보자.

[임베딩 방법 1 – 문자 코드 그대로 사용하기]

컴퓨터는 문자를 숫자로 인식한다. 서로 다른 문자는 서로 다른 숫자로 표현되기 때문에 서로 다른 단어는 값과 길이가 다르게 보이게 된다. 따라서 사실 단어를 어떤 변환도 없이 신경망의 입력으로 활용하는 것이 가능하다. 하지만 이 경우 단어의 의미에 관한 정보는 신경망에 전혀 입력이 되지 않으며 단어들의 길이도 다르기 때문에 신경망을 구성하기 곤란하다. 게다가 단어를 변환하지 않고 문자 그대로 활용하는 방법은 신경망이 단어의 의미를 인식하는 데 부정적인 영향을 줄 수도 있다. 다음 세 단어를 살펴보자.

표 7.2 단어 철자의 유사성과 의미의 유사성 사이의 무관성을 보이는 예

영단어	Ascii code(hexadecimal)			
love	6C	6F	76	65
live	6C	69	76	65
like	6C	69	6B	65

사람은 단어의 의미를 알기 때문에 love와 유사한 단어는 like임을 알고 있다. 하지만 컴퓨터에게는 어쩌면 live라는 단어가 love와 더 가까워 보일 수도 있다. 문자가 하나만 다르기 때문이다. 이제 단어의 의미를 반영해 변환하는 다른 임베딩 기법을 살펴보자.

[임베딩 방법 2 – 번호 매기기와 원핫 인코딩]

단어들을 가장 쉽게 서로 구분하는 임베딩 기법은 바로 번호 매기기다. 이 방법은 실제로 현재 진행되는 많은 연구에서도 채택하고 있는 방법이다. 영단어로 설명하자면 'I'에는 1, 'you'에는 2, 'she'에는 3,⋯ 이런 식으로 각 단어에 숫자를 부여하는 방식이다. 이렇게 하면 모든 단어는 서로 쉽게 구분이 되며 길이가 같아져 신경망의 입력으로 사용하기도 수월해진다. 케라스는 이 기법을 수행하는 **토크나이저**tokenizer를 제공하고 있다. 문장을 수집해 다음과 같이 토크나이저에 입력해주면 단어에 번호를 매겨준다.

tokenizer_ex.py (part 1/2)

```python
from keras_preprocessing.text import Tokenizer

sentences = [
    'I love keras.',
    'I love YOU!',
    'What about you?'
]

new_sentence = ['He does not like keras.']

tokenizer = Tokenizer(oov_token='Unseen')
tokenizer.fit_on_texts(sentences)
print(tokenizer.word_index)
print(tokenizer.texts_to_sequences(sentences))
print(tokenizer.texts_to_sequences(new_sentence))
```

출력

```
{'Unseen': 1, 'i': 2, 'love': 3, 'you': 4, 'keras': 5, 'what': 6, 'about': 7}
[[2, 3, 5], [2, 3, 4], [6, 7, 4]]
[[1, 1, 1, 1, 5]]
```

　토크나이저는 단어들을 빈도순과 출현순으로 번호를 매긴다. 이때 번호는 대소문자를 구분해 매겨지지 않고 문장 부호는 무시된다. 예시에서는 토크나이저를 선언할 때에 oov_token이라는 옵션을 줬는데, 이는 문장에서 나타나지 않은 단어를 어떤 단어로 대체해 볼 것인지에 대한 옵션이다. **학습 시에는 나타나지 않았던 단어**^{Out-Of-}Vocabulary가 주어졌을 때에도 신경망은 대응할 수 있어야 하기 때문에 이 기능이 요구된다. oov_token 옵션을 사용하면 해당 토큰이 가장 낮은 값의 번호를 갖게 된다. 예시에서는 'Unseen' 이라는 값을 넣어줬는데, 실제로는 입력 단어로 unseen이 주어질 수 있으므로 oov_token에는 임의의 문자열(oov 등)을 넣어주는 것이 좋다.

그런데 한 번도 본 적이 없는 단어를 평가 시에 처음 만나서야 신경망이 올바르게 동작하지 않을 확률이 높다. 때문에 훈련 시에도 처음 나타나는 토큰에 적절히 대응하도록 미리 훈련시켜둬야 한다. 이를 위해서는 주로 **학습 중 단어들에 번호를 매길 때에 빈도가 가장 높은 수백 혹은 수천 개의 단어에만 번호를 매기고 그 뒤의 단어들은 oov_token과 동일한 번호를 매기는 방법을 사용한다.** 훈련 시에도 1회 혹은 2회밖에 안 나타난 단어를 이후에 처음 나타난 단어와 비슷하게 바라보겠다는 취지다.

신경망은 주어진 입력 값을 바탕으로 연산을 수행하기 때문에 위 방법은 어쩌면 적절한 임베딩 방법이 아닐 수도 있다. 단어들의 빈도에 대한 정보를 알아낸 것은 좋으나 이를 반영해 값의 크기가 정해졌기 때문이다. 예제에서 'i'는 2, 'keras'는 5라는 값을 가졌는데 이것이 의미적으로 2.5배의 차이를 갖는 것이 아니기 때문에 문제라는 것이다. 따라서 많은 연구에서 **숫자의 크기를 배제하고 빈도의 정보만을 담기 위해** 다음과 같이 **원핫 인코딩**을 적용한다.

tokenizer_ex.py (part 2/2)

```python
def one_hot_encoding(word, word_index):
  one_hot_vector = [0] * len(word_index)
  one_hot_vector[word_index[word]] = 1
  return one_hot_vector

print(one_hot_encoding('keras', tokenizer.word_index))
```

출력

```
[0, 0, 0, 0, 0, 1, 0]
```

[임베딩 방법 3 – 벡터화(밀집 표현)]

단어를 표현하는 마지막 방법은 바로 **벡터화**다. 사실 앞의 방법인 원핫 인코딩도 단어를 벡터로 변환하는 방법 중의 한 가지인데 여기서 논하고자 하는 방법은 거기에 **의미를 더욱 부여하는 것**이다. 앞선 임베딩 기법들은 오로지 단어가 서로 구분되는 데에만 집중했는데 이러한 표현 방식을 **희소 표현**Sparse Representation이라고 한다. 이 경우 벡터의 길이는 우리가 다루는 전체 단어의 개수가 된다. 이와 달리 더욱 의미를 갖는 집약된 벡터를 형성하고 그 방향성의 관계를 통해 단어 간의 관계를 끌어내는 표현 방식을 **밀집 표현**Dense Representation이라고 한다. 밀집 표현 아이디어가 도출된 것은 바로 다음과 같은 예시로부터다.

- "강아지가 나에게 달려온다." & "고양이가 나에게 달려온다."
- "내가 강아지로부터 도망친다." & "내가 ?로부터 도망친다."

앞의 두 문장은 유사한 구조를 갖고 있다. 때문에 강아지와 고양이가 **유사한 기능**을 하고 있다는 것이 유추된다. 그리고 물음표의 자리에 고양이가 들어가도 적절할 것이라는 생각이 떠오른다. 이를 일반화해 이해하자면, 어떤 단어들은 특정 위치에 있으려는 경향이 있고, 같은 자리에서 관찰되는 단어들은 유사한 의미를 가진다. 이에 착안해 각 단어를 벡터로 표현하는 것이 바로 밀집 표현의 목표다. 유명한 임베딩 방법으로는 LSA^Latent Semantic Analysis, Word2Vec, FastText, Glove 등이 있다. 유의미한 밀집 표현을 해내려면 방대한 양의 텍스트 분석이 선행돼야 하는데 이러한 샘플을 얻고 레이블링하는 것은 상당한 노력을 필요로 한다. 때문에 알고리즘을 개발하는 많은 그룹은 결과적으로 얻어진 변환 기법 혹은 신경망을 배포해 사용할 수 있도록 제공하기도 한다. 다음은 Word2Vec 알고리즘을 한국어에 적용한 결과(1000차원의 벡터로 변환)를 시험해보도록 제공하는 사이트다(https://word2vec.kr/).

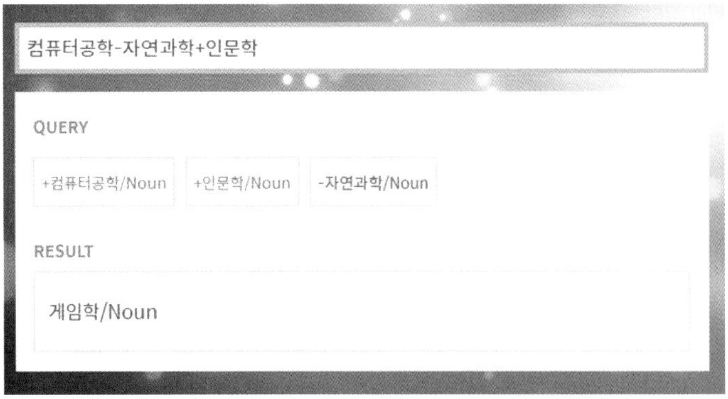

그림 7.4 한국어에 적용 Word2Vec 알고리즘을 체험할 수 있는 사이트

사이트에서는 단어의 연산을 입력해 다른 단어를 얻어내는 기능을 제공하는데 "사랑 + 이별 = 추억", "한국 − 서울 + 파리 = 프랑스" 등 상당히 재밌는 결과들을 얻을 수 있다.

케라스에서 제공하는 Embedding 모듈은 각 단어를 서로 구분되는 랜덤 밀집 벡터로 변환하는 기능을 제공한다. 물론 이러한 기능이 곧바로 유의미한 변환을 수행하는 것은 아니다(아쉽게도 이미 학습된 밀집 표현 변환이 제공되지는 않는다). 하지만 기나긴 원핫 벡터를 사용하는 것에 비해서는 효과적으로 단어들을 압축하며 변환한다는 데에 큰 의의가 있다. 이 책에서는 각 임베딩 기법의 구체적인 원리와 학습된 임베딩 기계를 활용하는 방법은 소개하지 않는다. 예제에서는 케라스가 제공하는 임베딩 모듈을 활용해보도록 하자.

이제 다시 처음으로 돌아가 문장을 입력으로 받는 신경망이 갖는 다음 고민을 살펴보자. 바로 **문장들의 길이가 다른 것**에 관한 것이다. 입력의 길이가 모두 동일하다면 신경망을 구성하기 쉽지만 문장의 길이는 천차만별이다. 하지만 순환 신경망을 사용한다면 입력의 길이가 문제가 비교적 쉽게 해소된다. 같은 자리에 시간에 따라 단어들을 (변환한 결과를) 순차적으로 넣으며 연산을 수행하면 되기 때문이다.

그런데 여전히 애매한 부분이 하나 남아 있다. 문장의 길이에 따라 순환 신경망이 연산을 수행하는 횟수가 달라진다는 점이다. 이에 대해 세 가지 처리 방법을 생각해 볼 수 있다.

1. 문장의 길이가 다른 대로 연산 횟수를 다르게 한다.

2. 가장 긴 문장의 길이에 맞춰 연산 횟수를 고정한다. 가장 긴 문장보다 짧은 문장의 경우 비어 있는 부분을 대체하는 값(0벡터 등)을 넣어 연산한다.

3. 임의의 길이를 정해 연산 횟수를 고정한다. 정한 길이보다 짧은 문장의 경우 비어 있는 부분을 대체하는 값(0벡터 등)을 넣어 연산한다. 정한 길이보다 긴 문장의 뒷부분은 입력으로 사용하지 않는다.

그림 7.5는 입력 길이를 5로 두고 세 번째 방식을 적용한 예를 보인다.

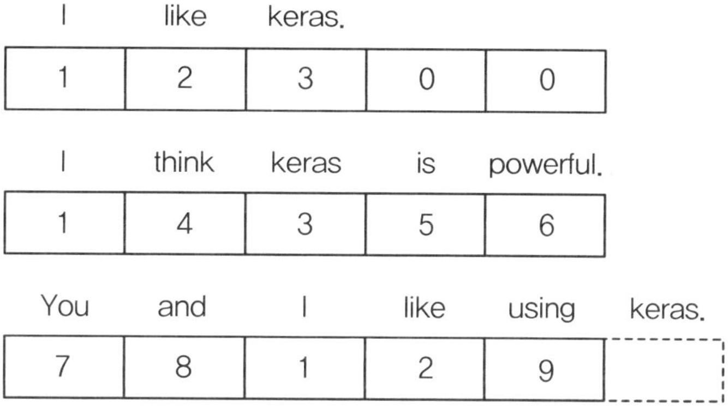

그림 7.5 서로 다른 길이의 문장을 같은 길이로 변환하는 방법의 예

세 가지 방법 중 어느 것이 정답이라고 미리 단언하기는 어렵다. 각 방법을 시도해 주어진 데이터셋에 대한 인식/분류 성능을 비교하면 좋을 것이다.

언어를 해석하는 데 있어 고민할 부분은 이외에도 잔뜩 있다. 이에 관해서는 이 책에서 더 자세히 다루지는 않을 것인데 다음 문장들을 보면서 언어 해석 툴의 설계에 있을 어려움을 더 짐작해보도록 하자.

1. 동일 단어의 변형: study, studies, studied, studying, have studied, …

2. 줄임말: I am & I'm, going to & gonna

3. 어포스트로피(apostrophe)의 용도: Don't, John's, a day's holiday

4. 문법 오류가 있는 문장: I eats chicken. Itishardtoread.

5. 의미 오류가 있는 문장: I will study yesterday.

6. 불용어: i, a, the, over 등 해석에 영향이 적은 단어

7. 존대어: 이다, 입니다.

8. 조사: 가, 의, 를, 에, 에서, 보다, 로, 고, 와, 처럼, 만큼, 야, 부터, 만,…

2) 뉴스 분류를 위한 인공 신경망 구현

준비하기
깃허브(https://github.com/AcornPublishing/keras-ann) news_classification.zip

언어 처리에 대한 서론이 길어졌다. 이제 예제를 살펴보자. 이번 예제에서는 케라스 라이브러리가 제공하는 함수를 통해 로이터[Reuters] 뉴스를 받아와 그 카테고리를 분류한다. 먼저 로이터 뉴스 데이터를 불러오고 그 내용을 살펴본다. 그 뒤에는 바닐라 순환 신경망과 LSTM을 이용해 로이터 뉴스를 분류하는 시도를 해 두 구조의 문장 처리에 대한 성능을 비교해보도록 한다.

news_load.py

```
from tensorflow.keras.datasets import reuters
import matplotlib.pyplot as plt
import numpy as np

# 데이터 불러오기, 평가 데이터로 20% 사용
(x_train, y_train), (x_test, y_test) = reuters.load_data(num_words=None, test_split=0.2)
print('Train data #:', len(x_train))
print('Test data # :', len(x_test))

num_class = y_train.max() + 1  # class는 0부터 45, 46개
print('Class #:', num_class)

# 샘플 출력
print(x_train[0])  # 인덱싱된 단어
print(y_train[0])  # 인덱싱된 분류

# 단어 수 분포 확인
```

```
lengths = [len(x) for x in x_train]
plt.hist(lengths, bins=100)
plt.xlabel('# of word')
plt.ylabel('# of news')
plt.show()

# 분류 분포 확인
classes, cnt_class = np.unique(y_train, return_counts=True)
plt.bar(classes, cnt_class)
plt.xlabel('class')
plt.ylabel('# of news')
plt.show()

# 문장 복원
word_index = reuters.get_word_index()
index_word = {v: k for k, v in word_index.items()}
# <pad>: padding, 길이를 맞출 때 사용하는 토큰
# <sos>: start of sentence, 문장 시작 토큰
# <unk>: unknown, 모델이 인식할 수 없는 토큰
for idx, token in enumerate(("<pad>", "<sos>", "<unk>")):
    index_word[idx] = token
print(' '.join([index_word[index] for index in x_train[0]]))
```

```
Train data #: 8982
Test data # : 2246
Class #: 46
[1, 27595, 28842, 8, 43, 10, 447, …, 6, 109, 15, 17, 12]
3
<sos> wattie nondiscriminatory mln loss for plc said at only ended said commonwealth
could 1 traders now april 0 a after said from 1985 and from foreign 000 april 0 prices
its account year a but in this mln home an states earlier and rise and revs vs 000 its
16 vs 000 a but 3 psbr oils several and shareholders and dividend vs 000 its all 4 vs
000 1 mln agreed largely april 0 are 2 states will billion total and against 000 pct
dlrs
```

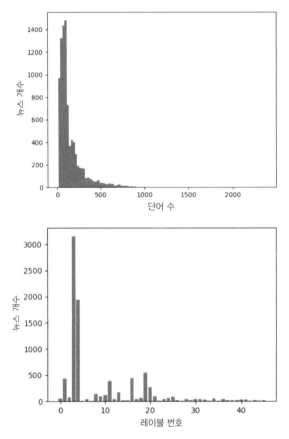

그림 7.6 불러온 로이터 뉴스의 단어 수별 기사 분포와 레이블별 기사 수

총 11,228개의 데이터가 불려와 8,982개와 2,246개의 훈련, 평가 데이터가 준비됐다. 불러온 각 샘플은 이미 인덱싱이 돼 있다. 각 샘플에서 입력은 숫자 리스트이고 출력은 0~45 사이의 수다. 문장의 길이는 샘플마다 다른데 대부분 300단어 이하의 뉴스다. get_word_index 함수는 로이터 뉴스 데이터셋이 사용한 단어와 인덱스 사이의 관계를 알려주는 딕셔너리를 반환한다. 이를 활용하면 기존 문장을 복원할 수 있는데 그 결과를 보면 내용을 이해하기가 어렵다. 이는 사실 저장된 로이터 뉴스가 어느 정도 압축된 상태이기 때문이다.

이제 데이터가 준비됐으니 신경망을 구성해 뉴스를 분류해보자. 먼저 바닐라 (simple) 순환 신경망을 사용해 분류를 하는 예제를 구현해본다. 신경망을 구현하기

212

에 앞서서 데이터를 조금 더 가공하자. 먼저 앞선 불러오기에서는 num_words 옵션을 None으로 뒀는데 이를 1,000으로 정해주도록 한다. 이로써 출현 빈도가 높은 1,000개의 단어만 서로 다르게 인덱싱을 하고 나머지 단어들은 하나의 일관된 값으로 인덱싱한다. 이렇게 단어 수를 제한해 훈련 데이터를 구성하는 것은 신경망이 새로운 단어의 출현에 대응할 능력을 얻게 하기 위함이다. 그리고 pad_sequences 함수를 사용해 문장의 길이를 100으로 통일시키는 부분을 추가했다. 길이가 짧은 뉴스는 0으로 입력을 채우고 길이가 100보다 긴 뉴스는 뒷부분을 자른다.

news_clsf.py (part 1/2)

```python
from tensorflow.keras.datasets import reuters
from tensorflow.keras.models import Sequential
from tensorflow.keras.preprocessing.sequence import pad_sequences
from tensorflow.keras.layers import Embedding, SimpleRNN, Dense
from tensorflow.keras.utils import to_categorical

# 하이퍼파라미터
word_kind = 1000
len_news = 100
num_rnn = 100
epoch = 30
patience = 4   # 평가 데이터에 대한 오차가 patience회 연속 증가하면 학습 중단

# 데이터 불러오기
(x_train, y_train), (x_test, y_test) = reuters.load_data(num_words=word_kind,
test_split=0.2)

# 뉴스 길이 100으로 맞추기
x_train = pad_sequences(x_train, maxlen=len_news)
x_test = pad_sequences(x_test, maxlen=len_news)

# 원핫 인코딩 적용
y_train = to_categorical(y_train)
y_test = to_categorical(y_test)

# 모델 생성
model = Sequential()
model.add(Embedding(word_kind, num_rnn))
```

```
model.add(SimpleRNN(num_rnn))
model.add(Dense(y_train.shape[1], activation='softmax'))
model.summary()

# 모델 컴파일하기
model.compile(optimizer='adam',
              loss='categorical_crossentropy',
              metrics=['acc'])
```

분류 결과는 이미 0부터 45의 수로 돼 있으니 to_categorial 함수를 통해 바로 원 핫 인코딩을 적용했다. 신경망은 단순한 구조로 3단계로 구성한다. 입력에 임베딩층을 연결하고 그 뒤에는 바닐라 순환층, 마지막으로는 출력층을 둔다. 임베딩 층의 입력 개수는 제한한 단어 수로 설정하고, 출력 개수는 순환 신경의 수로 둔다.

이제 학습 관련 코드를 살펴보자. 이번 예제에서는 학습의 과정을 지켜보며 최적의 모델을 찾아내는 두 가지 방법을 반영해보자. 첫째는 체크포인트^{ModelCheckpoint} 기능을 사용해 accuracy 값이 가장 좋을 때마다 모델을 저장하는 기능이다. 평가 데이터셋에 대한 추정 성능이 좋아질 때마다 모델을 저장한다. 둘째는 조기 중단^{EarlyStopping} 기능을 사용해 과적합을 방지하는 기능이다. 평가 데이터셋에서의 손실이 연속으로 지정한 횟수 이상 증가하면 학습을 중지하는 기능이다. 조기 중단 시의 인공 신경망은 과적합이 진행된 모델이고, 체크포인트 기능을 통해 저장된 마지막 모델이 최적 모델이 된다. 만약 조기 중단이 발생하지 않는다면 학습은 fit 함수에서 지정해준 epoch 값까지 진행된다.

news_clsf.py (part 2/2)

```
# 조기 종료와 중간 저장
es = EarlyStopping(monitor='val_loss', mode='min', verbose=1, patience=patience)
mc = ModelCheckpoint('best_model.h5', monitor='val_acc', mode='max', verbose=1,
save_best_only=True)

# 학습하기
history = model.fit(x_train, y_train, batch_size=128, epochs=epoch, callbacks=[es, mc],
validation_data=(x_test, y_test))
```

```
# 최고 성능 모델 불러오기
loaded_model = load_model('best_model.h5')
print("Test accuracy:", loaded_model.evaluate(x_test, y_test)[1])


epochs = range(len(history.history['acc']))
plt.plot(epochs, history.history['loss'])
plt.plot(epochs, history.history['val_loss'])
plt.title('Learning curve')
plt.ylabel('Loss')
plt.xlabel('Epoch')
plt.legend(['Train', 'Test'], loc='upper left')
plt.show()
```

출력-순환 신경망 학습 결과 1

```
Model: "sequential"
```

Layer (type)	Output Shape	Param #
embedding (Embedding)	(None, None, 200)	200000
simple_rnn (SimpleRNN)	(None, 200)	80200
dense (Dense)	(None, 46)	9246

```
Total params: 289,446
Trainable params: 289,446
Non-trainable params: 0
```

```
Train on 8982 samples, validate on 2246 samples

 128/8982 [..............................] - ETA: 2s - loss: 0.3554 - acc: 0.9219
 384/8982 [>.............................] - ETA: 2s - loss: 0.5258 - acc: 0.8672
(생략)
8832/8982 [=============================>.] - ETA: 0s - loss: 0.5105 - acc: 0.8724
Epoch 00014: val_acc did not improve from 0.48931

8982/8982 [==============================] - 2s 278us/sample - loss: 0.5113 - acc: 0.8724
- val_loss: 2.4127 - val_acc: 0.4733
```

```
Epoch 00014: early stopping
Test accuracy: 0.48931435
```

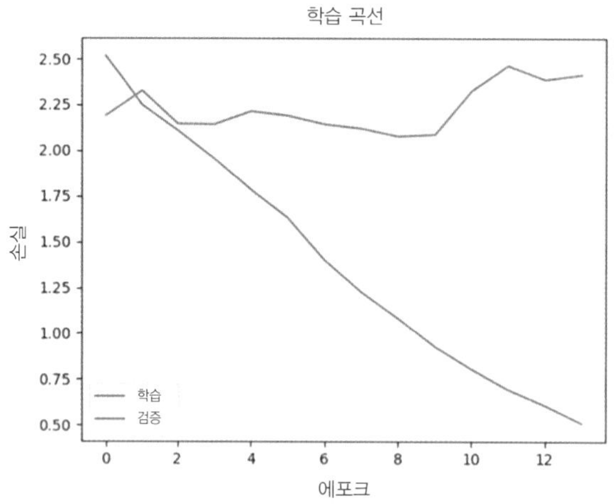

학습 곡선

그림 7.7 과적합이 발생한 순환 신경망의 로이터 뉴스 분류 학습 곡선

 순환층의 신경 수를 200으로 두고 학습한 결과를 보면 학습이 진행되며 훈련 데이터셋에서는 추정 성능이 계속 좋아졌지만 평가 데이터셋에서는 그다지 나아지지 못했다. 훈련용과 평가용 뉴스에서는 약 87%와 49%의 분류 정확도를 얻었다. 모델에 빠르게 과적합이 발생했다. 다시 순환층의 신경 수를 50으로 줄여 실행한 결과는 다음과 같다.

출력―순환 신경망 학습 결과 2

```
Model: "sequential"
```

Layer (type)	Output Shape	Param #
embedding (Embedding)	(None, None, 50)	50000
simple_rnn (SimpleRNN)	(None, 50)	5050
dense (Dense)	(None, 46)	2346

```
Total params: 57,396
Trainable params: 57,396
Non-trainable params: 0
```

(생략)

```
Epoch 00017: val_acc did not improve from 0.57346

8982/8982 [==============================] - 3s 309us/sample - loss: 1.3081 - acc: 0.6785
- val_loss: 2.2872 - val_acc: 0.4314
Epoch 00017: early stopping

Test accuracy: 0.5734639
```

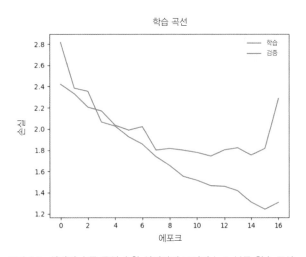

그림 7.8 신경의 수를 줄인 순환 신경망의 로이터 뉴스 분류 학습 곡선

신경망에 사용된 모수가 289,446개에서 57,396개로 감소됐고 학습이 더 많은 epoch 동안 진행됐다. 훈련 뉴스들에 대한 손실은 증가했지만 평가 뉴스에서 더 작은 손실이 달성되고 각 68%와 57%의 정확도를 나타냈다.

이어서 바닐라 순환 신경망을 LSTM으로 대체한 학습을 진행해보자. 신경망을 교체하는 것은 상당히 간단한데, 이전 코드에서 바닐라 순환 신경망으로 쓰인 부분을 LSTM으로 바꿔주기만 하면 된다. 다음은 50개의 LSTM 신경을 사용한 분류 학습 결과다.

```
Model: "sequential"

_____
Layer (type)                 Output Shape              Param #
=================================================================
embedding (Embedding)        (None, None, 50)          50000
_____
lstm (LSTM)                  (None, 50)                20200
_____
dense (Dense)                (None, 46)                2346
=================================================================
Total params: 72,546
Trainable params: 72,546
Non-trainable params: 0
_____
```

(생략)

Epoch 00030: val_acc did not improve from 0.69234

8982/8982 [==============================] - 1s 103us/sample - loss: 0.8595 - acc: 0.7870 - val_loss: 1.3199 - val_acc: 0.6892

Test accuracy: 0.6923419

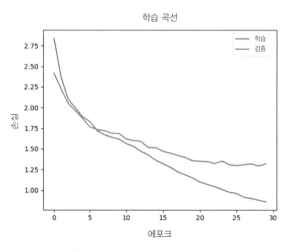

그림 7.9 LSTM층을 사용한 신경망의 로이터 뉴스 분류 학습 곡선

바닐라 순환 신경망과 동일한 개수의 LSTM 신경을 사용했을 때 학습 결과는 상당히 개선됐다. LSTM 신경은 순환 신경망 신경보다 복잡한 신호 전달 구조와 추가 모수를 갖기 때문에 신경망이 갖는 총 모수의 개수가 57,396개에서 72,546개로 증가됐다. 분류 정확도는 훈련 뉴스에서 약 79%, 평가 뉴스에서 69%를 얻었다. 마지막 순간까지 손실은 감소되고 있었으므로 epoch를 더 진행하거나 신경 수를 증가시키는 것이 좋아 보인다. 다음은 신경의 수를 바꾸면서 내가 확인한 모델별 모수 개수와 정확도를 비교한 표다(하이퍼파라미터는 그대로 유지).

표 7.3 인공 신경망의 종류와 신경 수에 따른 모수 개수와 정확도

	신경 수	총 모수 수	훈련 정확도	평가 정확도
순환 신경망	200	289,446	87%	49%
	50	57,396	68%	57%
	25	27,471	61%	51%
LSTM	500	2,525,046	88%	73%
	200	530,046	85%	72%
	50	72,546	79%	69%
	25	31,296	68%	63%

간단한 비교의 결과 바닐라 순환 신경망에 비해 LSTM이 문장 해석에 있어서 좋은 성능을 보였다. 분류 성능은 하이퍼파라미터와 옵티마이저의 설정에 따라 바뀐다. 나아가 신경망의 구조도 현재는 최소한의 구조로 구성돼 있는데, 층을 추가하거나 다른 연산을 수행하는 층을 넣을 수도 있다. 직접 다양한 변경을 시도하며 신경망의 구조와 복잡도에 따른 훈련 과정, 추정 결과를 비교해보자.

7.3 이상 진단 문제의 데이터 취득 – 전동기 인버터 고장 분류

일반적인 분류 문제와 이상 진단 문제는 언뜻 비슷한 문제로 보이지만 그 내용과 해결책에는 차이가 있다. 분류 문제에서는 어떤 데이터가 주어졌을 때 그것에 대한 레

이블이 명확했다고 한다면 이상 진단 문제에서는 오로지 정상 데이터에만 정상이라고 레이블링이 가능한 것이다. 이상 진단 문제는 인공 신경망 혹은 인공지능에게만 어려운 문제인 것이 아니라 다른 모델 그리고 사람에게도 어려운 문제다. 어떤 기기 혹은 시스템이 늘 정상적으로만 동작해왔다면 이것이 갑자기 **다르게 동작하게 됐을 때 그 동작이 새 유형의 정상 동작인 것인지 아니면 고장인지 그리고 어떤 고장인지 진단하는 것은 불가능**하기 때문이다. 사실 누구도 **정답을 모르는 상황**이라고 표현하는 편이 옳을 것이다. 그렇다고 시스템의 안전성을 확보해야 하는 설계자가 이상 진단 기능을 구현하지 않을 수는 없다. 이상이 있을 때에 그것을 감지해 동작을 중지시키고 더 큰 피해를 막는 것은 많은 제품과 시설에서 매우 중요한 기능이다. 그렇다면 이상 진단을 구현하는 방법은 어떤 것이 있을까?

가장 기본적인 이상 진단은 바로 **알려진 이상 동작에 대한 인지**다. 이전에 관찰된 이력이 있는 고장이라면 같은 현상이 관찰되는 순간 그것을 이상 동작으로 인지할 수 있다. 따라서 많은 업체들은 자신들의 고장난 장비를 수집하기 위해 애를 쓰며, 고장나기 전의 로그가 기록돼 있도록 기능을 구현해놓고는 한다.

하지만 이러한 접근으로도 이상 진단의 구현은 쉽지 않다. **이상 동작의 정도가 바뀌는 경우**도 많기 때문이다. 가령 컨베이어 벨트의 동작을 생각해보면 축에 작은 이물질이 낀 경우는 조금의 힘이 더 필요해졌을 뿐 동작에는 큰 문제가 없을 수도 있다. 작은 변화에도 반응해 시스템이 멈춰버린다면 오히려 비용 혹은 손실을 초래하게 되기에 이상 진단의 구현은 조심스럽다.

이상 동작이 정상 동작의 범주와 비슷해 구분하기 어려운 경우도 있다. 컨베이어 벨트의 예로 설명하자면, 계절이 바뀌어 축의 마찰력에 변동이 생길 수도 있고(정상), 이물질이 유입돼 마찰력에 변동이 생길 수도 있다(고장). 두 경우 모두를 이상 동작으로 진단해버린다면 벨트를 겨울에는 항상 이용할 수 없게 된다. 때문에 현상의 경계가 애매한 경우 이상 진단에 어려움이 있다.

이상 진단에 어려움이 있음은 잘 알았지만 안전 기능 설계자의 입장에서는 당연히 **최선을 다해 미리 이상을 진단할 수 있도록** 해야 한다. 기존 이상 데이터를 활용해 미래의 이상을 감지하고 대응하는 기술이 가장 확실한 방법인 만큼, 안전 기능 설계자는 **가상 혹은 실제 고장을 일부러 유발**해 그 상태에서의 동작에 대한 기록을 확보해야 한다. 알고 있는 이상 상황에서의 동작이 다양할수록 이상 상황을 놓치지 않고 진단 해낼 수 있다. 7.3.1절부터 7.3.3절은 이러한 접근을 통해 전동기의 인버터 고장을 진단하는 피드포워드 신경망을 구현하는 과정을 보인다. 예상 가능한 모든 종류의 고장과 그 정도를 반영하고 다양한 운전 조건하에서 데이터를 취득하는 과정을 보인다. 7.3.4절에서는 이러한 시도로도 해결이 되지 못할, 처음 나타난 이상 동작^{OOD,} ^{Out-Of-Distribution}의 감지에 대해 고민해본다.

1) 문제 배경과 인공 신경망의 필요성

전동기가 구동되는 데에는 토크가 적절히 합성돼야 한다. 토크는 전동기의 구조와 회전자의 자속 그리고 고정자가 생성한 자속 사이의 관계에 의해 발생한다. 전동기 와 제어 시스템이 구성되고 나면 실질적인 제어는 고정자의 각 상(phase, 보통 3개)에 흐르는 전류를 제어하는 것뿐이다. 전동기의 각 상은 고정자에 전선을 감음으로써 형성되기에 권선^{Winding}이라 불리기도 하며, 그 구조로 인해 인덕턴스와 저항으로 모 델링된다. 이러한 구조를 갖는 전동기의 제어를 위해서는 각 상에 전압을 인가하는 방법이 주로 사용되는데, 이때 사용되는 기기를 전압원 인버터^{VSI, Voltage Source Inverter} 라 부른다. 여기부터는 전압원 인버터를 인버터로 줄여 부르기로 한다. 본 예제에서 는 인버터의 구성 요소인 스위치 중 하나가 개방된 경우, 그리고 상 전류 센서 중 하 나가 스케일 혹은 오프셋 오차를 갖는 경우를 감지하고 분류해내는 인공 신경망을 구성하는 것을 목표로 한다. 이러한 고장이 발생하면 구동이 원활하게 되지는 않지 만 진동을 수반한채로 계속 운전될 수 있기에 감지해 사용자에게 문제를 알리는 기 능의 구현이 필요하다.

문제의 구체적인 상황과 감지 방법을 살펴보기에 앞서 인버터의 구조를 살펴본 다. 만약 구체적인 구조와 제어 방식이 어렵게 다가온다면 표 7.5의 정상/고장 상태 15가지를 그림 7.11부터 그림 7.16으로 나타나는 두 개의 신호(전압 오차)를 사용해 구분하려는 것이 목적이라는 것만 알고 4.3.2절로 넘어가도 좋다.

인버터는 보통 세 개의 레그^{Leg}를 갖는데 각 레그의 출력이 하나의 상이 된다. 인버터의 각 레그는 사용된 스위치의 구성에 따라 합성 가능한 전압의 개수는 제한적인데, 그 개수가 n개 일 때 n-레벨 인버터라 부른다. 여기에 인버터가 합성하는 상의 개수를 붙여 부름으로써 인버터의 구조를 명시하곤 하는데, 다음은 본 예제에서 다룰 3상 2-레벨 (전압원) 인버터의 구조를 보인다.

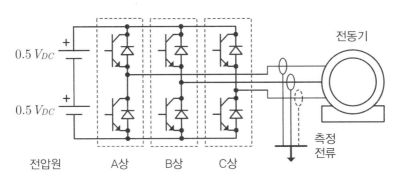

그림 7.10 전압원 인버터와 전동기 그리고 전류 센싱

그림에서 보듯이 인버터의 각 레그는 양 끝이 직류 전압원$^{\text{DC-link}}$에 연결돼 있고, 내부에는 두 개의 (IGBT) 스위치가 직렬로 연결돼 있으며, 그 중간 부분이 단자^{Pole}가 돼 전압을 출력하는 구조로 이뤄져 있다. 각 스위치는 꼭지를 갖고 있는데 이를 게이트^{Gate}라고 부르며 게이트에 신호가 있는 경우 전류가 스위치의 검정색 화살표 방향을 따라 흐를 수 있고, 신호가 없는 경우에는 검정색 화살표 방향을 따라서는 전류가 흐를 수 없다. 반면 신호의 유무에 상관없이 병렬로 연결돼 있는 다이오드(흰색 화살표)를 따라서는 전류가 언제든지 흐를 수 있다. 전류는 스위칭 신호가 있을 때에는 반드시 스위치를 통해 먼저 흐른다(다이오드보다는 활성화된 스위치를 우선해 전류가 흐른다). 전압원 인버터는 이 성질을 활용해 각 상의 전압을 원하는 대로 합성할 수 있고, 각 상의 전류 제어가 가능하다.

스위칭 신호와 상전류 방향에 따라 전류가 흐르는 경로를 보이면 아래 표와 같다. 전동기의 각 상은 인덕터처럼 동작한다. 즉, 전류의 값이 연속적으로 변화하며, 인버터의 어떤 상의 전압 출력이 양이나 음인 것과 해당 상에 양이나 음의 전류가 흐르는 것은 별개의 일이다.

표는 A상을 기준으로 작성됐는데 S_{AU}는 A상의 위쪽 스위치 신호이고, S_{AL}은 A상의 아래쪽 스위치 신호로, 0일 때 끄고 1일 때 켜는 것을 의미한다. S_{AU}와 S_{AL}이 동시에 1인 경우는 단락 사고가 발생하게 되므로 존재하지 않는다. 반대로 두 신호가 동시에 0인 경우도 의도적으로 사용되는데, 단락 사고를 방지하기 위한 것으로 이 조건을 만족하는 각 구간을 데드 타임$^{Dead\ Time}$이라 부른다. 데드타임 중 전류는 두 개의 다이오드 중 방향이 일치하는 것을 통해 흐르게 된다. i_a는 A상에 흐르는 전류로써 해당 상의 단자에서 나가는 방향을 양으로 표시했다.

표 7.4 스위칭 신호와 전류 부호에 따른 전류 경로(상 출력 전압)

스위칭 신호 / 전류 방향	$S_{AU} = 0, S_{AL} = 0$	$S_{AU} = 1, S_{AL} = 0$	$S_{AU} = 0, S_{AL} = 1$
$i_a < 0$			
$a > 0$			

마지막으로 전류 제어의 동작 방식에 관해 추가로 설명할 부분이 있다. 그림 6.1에서 봤듯이 영구자석 전동기는 회전자^{Rotor}에 자석이 있는데, 이 자석에 토크를 인가함으로써 그 회전이 제어된다. 자석이 정렬된 축을 d-축이라 부르고 자석과 자석

사이의 방향을 q-축이라 부르는데, 이 두 축에 전류(자속)를 적절히 제어해 고효율로 원하는 토크를 합성해내는 것이 전류 제어기의 목적이 된다. 이 책에서 원하는 dq-축의 전류를 합성하기 위해 필요한 abc-상의 전류를 계산하는 방법은 설명하지 않는다. 인버터의 전류 제어는 d-축과 q-축에 전압을 인가함으로써 d-축과 q-축에 흐르는 전류를 제어하는 방식으로 제어된다.

인버터 주변에서는 다양한 고장이 발생한다. 고장 중에는 짧은 시간 사이에 발생하면서 큰 위험을 동반하고 발생 이후 구동이 불가능해지는 종류의 고장이 있다. 여기에는 레그 단락 사고, 상-프레임(기기 외함) 단락 사고, 베어링 파괴 등이 있다. 이러한 고장은 발생 시 큰 전류 변화나 속도 변화를 동반하기 때문에 발견이 용이하고 이에 따라 구동을 중지하는 대응을 할 수 있다. 이러한 고장은 별도의 감지 기법이 항상 시스템에 다중으로 구현되기 때문에 본 예제에서는 다루지 않는다.

본 예제에서 관심을 두는 고장 유형은 사고로 직접 이어지지 않지만 구동 특성에 큰 영향을 주는 두 고장이다. 첫째는 스위치 중 하나가 개방이 된 경우다. 6개의 스위치 중 한 개가 스위칭 신호에 반응하지 않게 되고 전류가 흐르지 않게 된 경우 구동이 불가능할 것으로 생각되지만 실제로 구동은 진동을 수반하며 가능하다(다만 정지 상태로부터의 기동은 어렵다). 다른 경우는 전류 센서 중 한 개가 스케일이나 오프셋 오차를 갖는 경우다. 여기에서는 3상 대칭 특성을 사용해 전동기의 3개 상의 전류를 측정하는 데에 A상과 B상의 전류만을 측정하는 경우를 생각한다(C상의 전류는 A상과 B상의 측정 전류를 더한 뒤 부호를 뒤집은 값으로써 추정한다). 전류 센서 고장의 결과만을 요약해 이야기하자면 하나의 전류 센서에 스케일 오차가 있으면 전기각속도의 2배에 해당하는 진동이 발생하고, 오프셋 오차가 있으면 전기각속도에 해당하는 진동이 발생하게 된다. 여기에서 전기각이란 실제 축이 회전하는 기계각에 전동기의 극쌍pole pair 수를 곱한 것이다. 위 내용을 정리해본 예제에서 다루려고 하는 인버터의 상태들을 나열하면 다음 표와 같다(I_{fault}는 기기의 구동에 심각하게 영향을 준다고 생각되는 특정 값으로 전동기 시뮬레이션 등을 통해 검토돼야 한다).

표 7.5 전동기 인버터의 고장 종류에 따른 15가지 상태

상태 번호	상태
1	정상
2	A상 아래쪽 스위치 개방
3	A상 위쪽 스위치 개방
4	B상 아래쪽 스위치 개방
5	B상 위쪽 스위치 개방
6	C상 아래쪽 스위치 개방
7	C상 위쪽 스위치 개방
8	A상 전류 스케일 = 2.0
9	A상 전류 스케일 = 0.5
10	B상 전류 스케일 = 2.0
11	B상 전류 스케일 = 0.5
12	A상 전류 오프셋 = $+I_{fault}$
13	A상 전류 오프셋 = $-I_{fault}$
14	B상 전류 오프셋 = $+I_{fault}$
15	B상 전류 오프셋 = $-I_{fault}$

이 상태들을 서로 분류하기 위해서는 각 상태마다 다른 값이나 규칙을 보이는 변수가 필요하다. 이러한 변수를 찾는 데에는 고장 시 발생하는 현상에 관한 이해가 필요한데, 본 예제에서는 전류 제어기에서 관측되는 d-축과 q-축의 전압 오차를 활용한다. 측정된 d-축과 q-축 전류를 활용해 인가된 전압의 크기를 다음의 식으로 계산할 수 있다. 이 계산을 위해서는 전동기의 고정자 권선 저항 R_S와 d-축, q-축 인덕턴스 L_d, L_q를 알고 있어야 한다. 이 제 정수들은 모터의 기본적인 정보로 쉽게 확인할 수 있다. 식에 표시된 $\hat{i}_d$와 $\hat{i}_q$는 (고장을 가지고 있을 수도 있는) 센서에 의해 측정된 값이다.

$$\hat{\lambda}_d = L_d \hat{\imath}_d + \lambda_{PM}$$

$$\hat{\lambda}_q = L_d \hat{\imath}_q$$

$$V_{d,eff} = L_d \frac{d\hat{\imath}_d}{dt} + R_s \hat{\imath}_d - \omega_r \lambda_q$$

$$V_{q,eff} = L_q \frac{d\hat{\imath}_q}{dt} + R_s \hat{\imath}_q - \omega_r \lambda_d$$

그리고 이상치로 사용될 d-축, q-축 전압 오차는 전압 지령 V_d^*와 V_q^*를 다음과 같이 정의하자.

$$V_{d,err} = V_d^* - V_{d,eff}$$

$$V_{q,err} = V_q^* - V_{q,eff}$$

이렇게 계산된 전압 오차들은 시스템이 정상이고 이상적이며 제정수를 올바르게 알고 있다면 0이어야 한다. 각 고장 상태들에서는 전압 오차가 특별한 특징을 가지게 되는데 이를 활용해 고장을 진단하자. 다음은 동일한 운전 조건하에서, 몇 고장에서 관찰되는 시간에 따른 전압 오차의 예를 보인다(녹색 선 = d-축 전압 오차, 적색 선 = q-축 전압 오차).

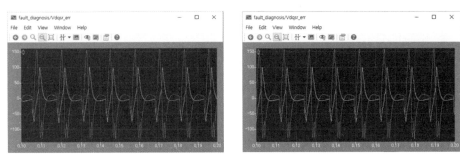

그림 7.11 A상 아래쪽/위쪽 스위치 개방 시 dq-축 전압 오차

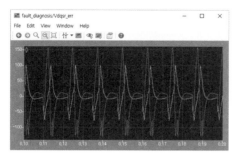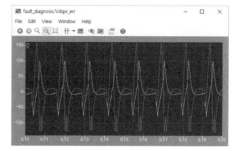

그림 7.12 B상 아래쪽/위쪽 스위치 개방 시 dq-축 전압 오차

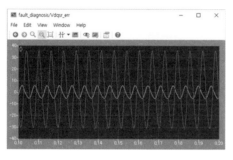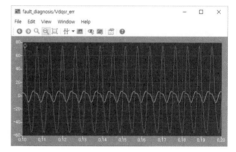

그림 7.13 A상 전류 스케일=2, 0.5 시 dq-축 전압 오차

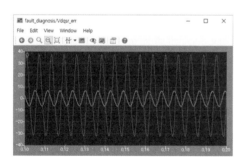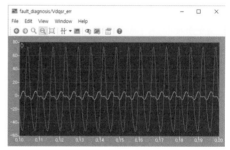

그림 7.14 B상 전류 스케일=2, 0.5 시 dq-축 전압 오차

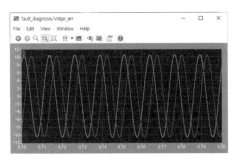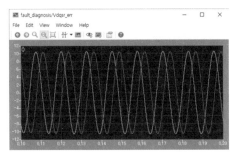

그림 7.15 A상 전류 오프셋 = $+I_{fault}$, $-I_{fault}$ 시 dq-축 전압 오차

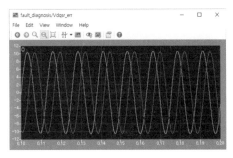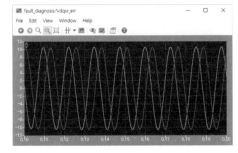

그림 7.16 B상 전류 오프셋 = $+I_{fault}$, $-I_{fault}$ 시 dq-축 전압 오차

시뮬레이션 결과를 얻었더라도 운전 중 전압 오차 정보로부터 인버터의 고장 상태를 분류하는 것은 쉽지 않다. 분류 시도 시점에서 특정 고장이 어떤 전압 오차를 보일지를 알고 있어야 하기 때문이다. 14종류의 고장이 임의의 속도에서 임의의 토크를 출력하려는 경우 발생할 전압 오차의 값들을 알고 있어야 고장의 분류가 가능한 것이다(물론 정상인 상태에서 지령이 변하는 경우에 발생하는 전압 오차 역시 알고 있어야 한다). 이는 실질적으로 구현하기에 까다로운 문제다. 전동기의 속도와 출력 토크에 따른 전압 오차의 테이블을 고장 종류별로 저장해둬야 하며, 그 모든 값들과 계산된 전압 오차를 비교하는 판별 과정(비교문, if문)이 필요하다. 때문에 자동차 등과 같이 안전이 매우 중요한 장치에서는 기기를 제어하는 코드보다도 안전을 위한 코드가 양도 많이 차지하고 수행 시간도 더 소요하곤 한다.

이러한 구현은 더 효율적인 고장 분류 기법의 수요로 이어진다. 전압 오차 정보를 효율적으로 압축하고 입력으로 받은 뒤 인버터가 15가지의 상태에 있을 각 확률을 (한 번에) 반환하는 분류 기법이 있다면 아주 좋을 것이다. 다음 부분부터는 이 기능을 수행하는 인공 신경망을 구성하고 학습시키는 과정을 설명한다.

2) 고장 분류 기법과 고장 데이터 취득

고장 상태의 효율적인 분류를 위해서는 측정한 신호가 상태별로 갖는 특징을 파악하는 것이 중요하다. 앞선 절에서 봤던 시뮬레이션 결과(전압 오차)는 다음의 특징을 가졌다.

1. 전압 오차 그래프는 각 고장 상황에서 주기성을 갖는다. 스위치 개방과 전류 센서 offset 고장은 전기각으로 360도를 회전하는 시간의 주기를 가지며, 전류 센서 gain 고장은 전기각 180도를 회전하는 시간의 주기를 갖는다.
2. 서로 다른 종류의 고장 상황에서는 다른 개형의 전압 오차 그래프가 얻어진다.
3. 유사한 종류의 고장 상황에서는 같은 개형의 그래프가 얻어지는데 위상이 달라져 있다. 예를 들어 A상 아래쪽 스위치 개방은 A상 위쪽 스위치 개방의 경우와 180도의 위상이 틀어져 있고, B상 아래쪽 스위치가 개방된 경우와는 60도의 위상이 틀어져 있다.

전압 오차의 특성들로부터 15가지의 인버터 상태를 분류하는 방법을 고안할 수 있다. 바로 전기각 60도를 회전할 때마다 d-축과 q-축의 전압 오차를 측정하는 것이다. 이렇게 전압 오차를 기록하는 경우 전기각으로 한 바퀴를 회전하는 동안 d-축과 q-축 전압 오차가 6개씩, 총 12개의 오차가 기록된다. 이때 전압 오차 집합의 구성 요소들이 각각 특정 전기각 위치에서 기록한 d-축 혹은 q-축 전압 오차가 되도록 고정해 두도록 한다. 즉, 전기각 0도에서 측정한 d-축과 q-축 전압 오차가 집합의 첫 번째와 두 번째 원소가 되게 하고, 전기각 60도에서 측정한 두 전압 오차가 집합의 세 번째와 네 번째 원소가 되게 하는 식으로 집합을 구성한다.

$$V_{dq\cdot err} = \{V_{d\cdot err, 0°},\ V_{q\cdot err, 0°},\ V_{d\cdot err, 60°},\ V_{q\cdot err, 60°},\ V_{d\cdot err, 120°},\ V_{q\cdot err, 120°},$$
$$V_{d\cdot err, 180°},\ V_{q\cdot err, 180°},\ V_{d\cdot err, 240°},\ V_{q\cdot err, 240°},\ V_{d\cdot err, 300°},\ V_{q\cdot err, 300°}\}$$

이렇게 집합이 구성되면 전압 오차 집합을 보는 것만으로 인버터의 상태 분류를 하는 것이 가능해진다. 이처럼 적절한 집합을 입력으로 활용하면 목표로 하는 분류 케이스를 상대적으로 적은 연산량과 메모리를 사용해 분류할 수 있다.

다음으로 수행할 작업은 15개 인버터 상태 모두에, 여러 운전 조건(토크와 속도의 조합)에서 전압 오차 집합을 얻는 것이다. 1장에서 설명했듯이 지도학습을 위한 훈련 데이터셋은 가능한 한 다양한 데이터를 취득해 준비해야 한다. 본 예제에서는 어떠한 운전 조건에서 전압 오차 값들이 주어지더라도 인버터의 상태를 성공적으로 분류하기 위해 다음과 같이 운전점들을 옮겨 가며 전압 오차 데이터를 취득했다.

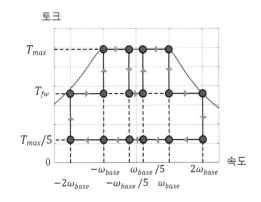

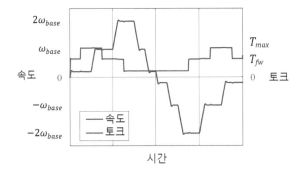

그림 7.17 훈련 데이터셋 취득에 사용된 운전 조건들

230

다음 그림은 앞서 말한 운전 조건(빨간 점)들을 수행하도록 하면서 취득된 전압 오차 집합을 각 원소별로 시간에 따라 정규화해 그린 것이다. 그래프가 복잡해 d축 전압 오차 집합과 q축 전압 오차 집합으로 나눠 도시했다. 그림은 점선을 사용해 15 구간으로 나뉘어 있는데, 각 구간마다 인버터의 상태를 바꿔 가면서 시뮬레이션을 반복한 결과다.

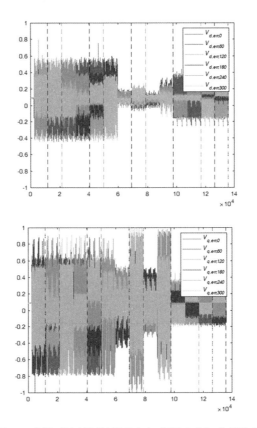

그림 7.18 훈련 데이터셋에서 60도마다 기록한 d-축/q-축 전압 오차

상태 7(C상 위쪽 스위치 개방)과 상태 8(A상 전류 스케일 = 2) 사이의 영역을 확대해 그린 d축과 q축 전압 오차 그래프는 다음과 같다.

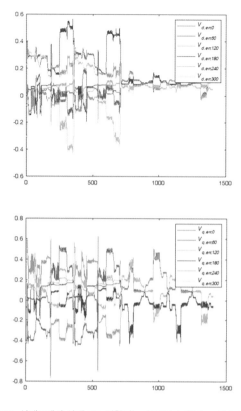

그림 7.19 상태 7에서 상태 8로 전환되는 순간의 d-축과 q-축 전압 오차

　두 그래프의 중앙 부근에서 인버터의 고장 상태가 바뀐 것인데, 전압 오차의 집합이 크게 다르게 구성되는 것을 확인할 수 있다.

　훈련 데이터셋에 이어 평가용 데이터셋을 취득했다. 훈련된 운전 조건들로 검토하는 것은 불충분하다고 여겨 새로운 운전 조건들을 선정했다. 새로 선정된 운전 조건들은 훈련 데이터셋에 사용되지 않았던 속도와 토크의 값들이 사용되도록 했다.

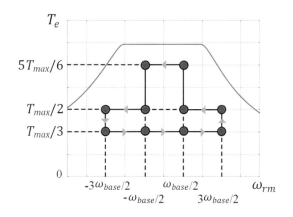

그림 7.20 평가 데이터셋 취득에 사용된 운전 조건들

평가 운전 역시 15개의 인버터 상태를 바꿔 가면서 수행됐고, 운전 중 기록된 전압 오차 그래프는 다음과 같이 얻어졌다.

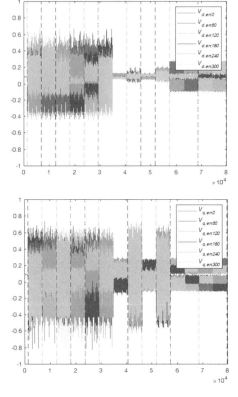

그림 7.21 평가 데이터셋에서 60도마다 기록한 d-축/q-축 전압 오차

3) 신경망 구성, 훈련, 검증

본 예제에서 인버터의 상태 분류를 위한 인공 신경망은 피드포워드 신경망으로 구현
하도록 한다. 신경망을 구성하는 과정은 앞선 MNIST 패션 이미지 분류 문제와 거의
같은 과정으로 하는데 입력이 1차원 데이터이므로 오히려 조금 더 간단하다. 12개의
전압 오차를 입력으로 하고 정상 상태를 포함해 총 15개의 상태를 출력하는 신경망
을 구성한다. 훈련 시 출력에 주는 정답은 원핫 인코딩을 적용하고, 손실함수로는 교
차 엔트로피를 사용한다. 배경 설명이 길었지만 신경망의 구현 및 추정 코드는 앞선
예제에서의 코드와 크게 다르지 않다.

```python
flt_clsf.py

from keras.models import Sequential
from keras.layers import Dense
from keras.utils import to_categorical
from sklearn.metrics import classification_report

import pandas as pd
import numpy as np

# 전압 오차와 상태 레이블 불러오기
df = pd.read_csv('Vdq_err_train.csv')
Verr_train = df.values[:, :-1]
status_train = df.values[:, -1].astype(np.int64) - 1   # 1-15의 상태 번호를 0-14로 변경

# 불러온 데이터의 마지막 행 출력
print('Verr_train[-1] =', Verr_train[-1])
print('status_train[-1] =', status_train[-1])

# 레이블을 범주형으로 변환: one-hot 코딩
print("status_train =", status_train)
status_train_cat = to_categorical(status_train)
print("status_train_cat =")
print(status_train_cat)
```

```
# 모델 생성
model = Sequential()
model.add(Dense(32, activation='relu', input_dim=len(Verr_train[0])))
model.add(Dense(len(status_train_cat[0]), activation='softmax'))
model.summary()

# 모델 컴파일하기
model.compile(optimizer='rmsprop',
              loss='categorical_crossentropy',
              metrics=['accuracy'])

# 모델 훈련
model.fit(Verr_train, status_train_cat, epochs=10, batch_size=128)

# 평가 데이터셋에서의 정확도 측정하기
df = pd.read_csv('Vdq_err_test.csv')
Verr_test = df.values[:, :-1]
status_test = df.values[:, -1].astype(np.int64) - 1  # 1-15의 상태 번호를 0-14로 변경

test_pred = np.argmax(model.predict(Verr_test), axis=1)
print(classification_report(status_test, test_pred))
```

출력

```
Verr_train[-1] = [0.11272  0.11336  0.087372 0.098435 0.061485 0.077544 0.07541
0.06749 0.11163  0.090714 0.12309  0.11565 ]
status_train[-1] = 14
status_train = [ 0  0  0 ... 14 14 14]
status_train_cat =
[[1. 0. 0. ... 0. 0. 0.]
 [1. 0. 0. ... 0. 0. 0.]
 [1. 0. 0. ... 0. 0. 0.]
 ...
 [0. 0. 0. ... 0. 0. 1.]
 [0. 0. 0. ... 0. 0. 1.]
 [0. 0. 0. ... 0. 0. 1.]]

Model: "sequential"
```

```
Layer (type)                    Output Shape               Param #
=================================================================
dense (Dense)                   (None, 16)                 208
_____
dense_1 (Dense)                 (None, 15)                 255
=================================================================
Total params: 463
Trainable params: 463
Non-trainable params: 0
_____
(생략)
Epoch 10/10
1063/1063 [==============================] - 29s 28ms/step - loss: 0.0957 - accuracy:
0.9694
```

	precision	recall	f1-score	support
0	0.97	1.00	0.99	1326
1	1.00	1.00	1.00	5617
2	1.00	1.00	1.00	5618
3	1.00	0.99	0.99	5620
4	1.00	1.00	1.00	5620
5	1.00	1.00	1.00	5619
6	1.00	0.99	0.99	5616
7	0.75	1.00	0.86	5624
8	0.90	0.84	0.87	5533
9	0.86	1.00	0.92	5632
10	0.99	0.58	0.73	5581
11	1.00	1.00	1.00	5621
12	0.99	1.00	1.00	5618
13	1.00	1.00	1.00	5616
14	0.99	1.00	1.00	5619
accuracy			0.96	79880
macro avg	0.96	0.96	0.96	79880
weighted avg	0.96	0.96	0.95	79880

훈련 준비 단계의 코드에서 한 가지 생각해볼 것은 훈련 데이터셋의 셔플(데이터의 모든 행의 순서를 무작위로 섞는 것)이다. 현재 훈련에 사용된 데이터셋은 데이터가 취득

된 순서 그대로를 저장한 것이기 때문에, 앞에서부터 인버터의 상태 변화에 따른 전압 오차가 순차적으로 기록돼 있다. 즉, 제일 앞에는 정상인 경우의 데이터가, 그다음에는 A상 아래쪽 스위치가 개방된 경우의 데이터가 나타나는 순이다. 여기에서 짚어둘 것은 미니 배치_{Mini Batch}식 훈련이 앞에서부터 순차적으로 데이터를 덩어리(예시 코드에서는 128개)로 잘라 해당 집합에 대한 추정 오차를 보고 모수들을 갱신한다는 점이다. 따라서 만약 셔플되지 않은 훈련 데이터셋을 사용한다면 신경망이 훈련 데이터셋의 처음 혹은 마지막에 나타난 데이터들에서만 좋은 추정 성능을 보이게 될 수 있다. Kears의 `fit` 함수는 shuffle이라는 인자를 받는데 여기에 True를 주면 자동적으로 훈련 데이터셋을 셔플해 훈련에 사용한다. 코드에는 shuffle 인자의 값을 설정한 부분이 보이지 않는데 이는 기본적으로 True가 사용되도록 돼 있기 때문이다. 결론적으로는 케라스를 사용하는 경우 훈련 데이터셋의 순서를 직접 섞어서 `fit` 함수에 줄 필요는 없다(fit 함수의 `validation_split` 기능을 사용하려는 경우에는 직접 데이터를 미리 섞어야 한다).

1개 은닉층, 16개 신경, ReLU 활성화함수를 사용하는 신경망의 훈련 결과, 훈련 데이터셋과 평가 데이터셋 모두에서 약 96%의 정확도를 보였다. 넓은 운전 영역으로 학습된 인공 신경망이 새로운 운전 조건에서 계산된 전압 오차 정보를 활용해 인버터의 상태를 진단하는 데 높은 성공률을 보인 것이다. 분류 결과 보고서를 살펴보면 나머지 데이터에서는 정확도가 99% 이상으로 나타나는데 상태가 7과 10 사이인 경우 즉, 전류 센서 중 하나의 스케일이 이상한 경우들을 잘 분류하지 못했다. 다시 앞으로 돌아가 전압 오차 그래프를 살펴보면 이 원인을 알 수 있는데, A상 센서 스케일이 2인 경우와 B상 센서 스케일이 0.5인 경우의 그래프가 유사하다. 또, A상 센서 스케일이 0.5인 경우와 B상 센서 스케일이 2인 경우 역시 서로 비슷한 형태를 갖고 있다. 사람이 볼 때 비슷해 구분이 어려운 경우에서 인공 신경망 역시 분류에 어려움을 겪었다.

여기에서 정확도를 더 향상시키기 위한 두 가지 방법이 있다. 첫째로, 스케일이 0.5인 경우에서는 q축 전압 오차 그래프가 상대적으로 더 일그러져 있는 것이 보이므로 이 정보를 활용하는 것이다. 더 복잡한 구조의 신경망을 사용하거나 오랜 시간

학습을 진행하는 방법이다. 다음 표는 구조와 활성화함수를 바꾸며 수행해 얻은 평가 데이터셋 추정 정확도^{Accuracy} 표다.

표 7.6 인공 신경망의 구조와 활성화함수에 따른 분류 정확도

	은닉층 1	은닉층 2	활성화함수	모수 개수	정확도(%)
모델 1	16	X	ReLU	463	97
모델 2	16	X	tanh	463	96
모델 3	32	X	ReLU	911	97
모델 4	16	16	ReLU	735	98
모델 5	16	16	tanh	735	98
모델 6	32	32	ReLU	1967	99

필자가 구현한 결과 99%의 정확도를 달성한 마지막 모델 역시 스케일 이상 상태 4개의 경우에서는 약 95%의 상대적으로 낮은 정확도를 보였다. 전류 스케일의 오차에 따라 나타나는 현상을 서로 분류해내는 데에 여전히 신경망이 고전하고 있음을 볼 수 있다.

둘째 방법은 추가 입력을 활용하는 방법이다. 유사한 개형을 갖는 그래프에서 진폭을 살펴보면 약 2배의 차이가 보인다. 즉, 전압 오차 정보와 함께 운전 정보(속도와 토크)를 입력 변수로 사용했다면 4개의 상태(7부터 10번)가 서로 구분되는 데 도움을 줄 수 있을 것이다.

상황에 따라서는 인버터의 고장을 구체적으로 진단할 필요가 없을 수도 있다. 정상, 스위치 개방, 센서 스케일 이상, 센서 오프셋 이상의 4가지 레이블만 사용한 고장 진단도 충분히 유의미한 진단이다. 이처럼 4개의 레이블을 사용하도록 하는 코드는 다음에 있다.

flt_clsf_4status.py

```python
from keras.models import Sequential
from keras.layers import Dense
from keras.utils import to_categorical
```

```python
import pandas as pd
import numpy as np

# 전압 오차와 상태 레이블 불러오기
df = pd.read_csv('Vdq_err_train.csv')
Verr_train = df.values[:, :-1]
status_train = df.values[:, -1].astype(np.int64) - 1   # 1-15의 상태 번호를 0-14로 변경

# 레이블 수 줄이기(정상, 스위치 개방, 전류 센서 스케일, 전류 센서 오프셋)
status_train[(status_train > 0) & (status_train <= 6)] = 1
status_train[(status_train > 6) & (status_train <= 10)] = 2
status_train[status_train > 10] = 3

# 레이블을 범주형으로 변환: one-hot 인코딩
status_train_cat = to_categorical(status_train)

# 모델 생성
model = Sequential()
model.add(Dense(16, activation='relu', input_dim=len(Verr_train[0])))
# model.add(Dense(16, activation='relu'))
model.add(Dense(len(status_train_cat[0]), activation='softmax'))
model.summary()

# 모델 컴파일하기
model.compile(optimizer='rmsprop',
              loss='categorical_crossentropy',
              metrics=['accuracy'])

# 모델 훈련
model.fit(Verr_train, status_train_cat, epochs=5, batch_size=128)

# 평가 데이터셋에서의 정확도 측정하기
df = pd.read_csv('Vdq_err_test.csv')
Verr_test = df.values[:, :-1]
status_test = df.values[:, -1].astype(np.int64) - 1   # 1-15의 상태 번호를 0-14로 변경

# 레이블 수 줄이기(정상, 스위치 개방, 전류 센서 스케일, 전류 센서 오프셋)
status_test[(status_test > 0) & (status_test <= 6)] = 1
status_test[(status_test > 6) & (status_test <= 10)] = 2
status_test[status_test > 10] = 3
```

```
# 레이블을 범주형으로 변환: one-hot 인코딩
status_test_cat = to_categorical(status_test)

test_loss, test_acc = model.evaluate(Verr_test, status_test_cat)
print('test_acc: ', test_acc)
```

```
Model: "sequential"

_____
Layer (type)                 Output Shape              Param #
=================================================================
dense (Dense)                (None, 16)                208

dense_1 (Dense)              (None, 4)                 68
=================================================================
Total params: 276
Trainable params: 276
Non-trainable params: 0
_____

Epoch 5/5
1063/1063 [==============================] - 27s 25ms/step - loss: 0.0247 - accuracy:
0.9991
2497/2497 [==============================] - 64s 26ms/step - loss: 0.0185 - accuracy:
0.9988
test_acc:  0.9988232254981995
```

정상 상태와 각 종류의 고장을 각 1개의 레이블로 표현하니 훈련 및 평가 데이터
셋에 대한 분류 정확도가 99.9%로 훅 높아졌다. 앞선 경우와 비교했을 때 적은 모수
가 사용됐고 훈련 횟수^{epoch}도 5회로 줄었다. 어쩌면 당연하지만 육안으로 구분이 서
로 잘 되는 신호를 인공 신경망도 잘 분류해냈다.

구체적인 예가 됐는데, 시스템의 안전 설계자가 갖는 고충을 위 과정에서 독자가
느꼈길 바란다. 가능한 모든 경우를 미리 생각하고 그에 관한 데이터를 학습 데이터
로 취득하는 것은 고통스러운 과정이다. 하지만 이러한 준비 과정에 비례해 시스템
의 안정성이 향상됨을 기억하자.

그럼에도 시스템에서는 예상치 못한 상황이 발생할 수 있기에 다양한 부가 안전 수단이 요구된다. 다음 절에서는 새로운 데이터에 대한 대응에 관해 생각해보자.

4) 이상 데이터셋 취득과 진단에 관한 조언

인공 신경망은 훈련 데이터셋에 의해 학습된다. 이는 인공 신경망의 분류 능력이 훈련 데이터셋에 의해 그 성능이 제한될 수도 있음을 뜻한다. 훈련 데이터셋에서 나타나지 않았던 데이터에서는 인공 신경망의 추정 성능이 보장되기 어렵다. 고장 시 나타나는 현상들을 미리 조사한 뒤, 이를 바탕으로 이후의 운전 중 고장을 분류하려는 시도는 데이터-주도적$^{\text{Data-Driven}}$인 접근이다. 데이터-주도적 접근은 사실 인공 신경망을 논할 때에만 사용되는 용어는 아니다. 선형 회귀 모델, KNN 등의 모델 등도 데이터-주도적 모델이다. 데이터셋이 부실할 경우 추정 성능에 한계를 갖게 되는 것은 인공 신경망뿐만이 아니라 데이터셋에 의존하는 모든 모델이다. 다만 차이가 있다면 다른 모델들은 연산의 방식을 미리 확실히 정해두고 내부의 제정수들을 최적화하는 과정을 갖는 반면, 인공 신경망은 일반적인 연산 체계를 구성한 뒤 임의의 비선형 관계를 묘사하는 것이 목적이자 강점이다.

이상 진단 문제 해결 과정에서 데이터셋의 준비 정도에 따라 학습 방식은 세 가지로 크게 나뉜다.

표 7.7 정상/비정상 데이터의 준비 여부에 따른 이상 진단 방법 분류

용어	정상 데이터	비정상 데이터
지도 이상 진단 Supervised Anomaly Detection	훈련 데이터셋에 있음	훈련 데이터셋에 있음
준지도 이상 진단 Semi-supervised Anomaly Detection	훈련 데이터셋에 있음	훈련 데이터셋에 없음
비지도 이상 진단 Unsupervised Anomaly Detection	모든 데이터에 레이블이 없음 취득된 데이터의 대부분이 정상이라고 가정	

앞선 전동기 고장 진단 예제에서는 정상과 비정상 데이터가 모두 직접 생성됐고 레이블된 훈련 데이터셋이 주어지는 지도 고장 진단이 수행됐다. 하지만 여전히 훈련 데이터셋은 몇 개의 대표적인 운전 조건에서만 취득됐다. 만약 데이터셋을 취득할 시간적 여유가 있다면 더 많은 운전점을 훈련 데이터셋에 포함시키는 것이 좋을 것이다. 또 다른 문제로, 전류 센서의 스케일이나 오프셋에 이상이 생긴 경우가 특정 수치에 대한 것으로 한정됐다. 센서의 스케일 값이 0.5나 2일 때만 고장인 것이 아니고 0.4나 2.5 등일 때도 고장으로 분류가 돼야 할 것이다. 반대로 0.9나 1.1 등인 경우에는 정상으로 분류돼도 될지 고민이 필요하다. 따라서 응용 분야에 따라 정상의 경계를 정한 뒤 시스템의 다양한 상태에 따른 훈련 데이터를 취득하고 고장과 정상 레이블을 달아야 할 것이다.

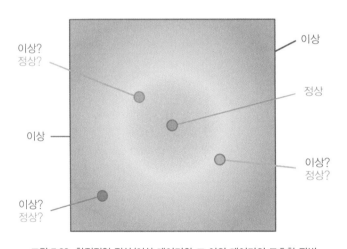

그림 7.22 한정적인 정상/이상 데이터와 그 이외 데이터의 모호한 판별

그러나 이렇게 이해 혹은 예상이 가능한 수준에서 데이터셋을 늘리는 것은 여전히 이상 진단에 있어 한계가 있어 보인다. 바로 예상하지 못한 고장이 발생하는 경우가 있기 때문인데, 위 표에서 준지도와 비지도 고장 진단이 등장하는 이유가 된다. 가령 전류 센서에 스케일이나 오프셋 문제가 있는 것이 아니라 큰 노이즈가 더해지는 경우가 있을 수도 있다. 이 경우는 데이터셋에 포함돼 있지 않기 때문에 어떤 종류의 고장으로 분류될지, 혹은 정상으로 분류될지 알기 어렵다.

그림 7.23은 손글씨 숫자를 인식하는 인공 신경망을 훈련시킨 뒤, 그 판별 결과를 온라인상에서 체험하게 해주는 사이트(https://tensorflow-mnist.herokuapp.com)이다. 이상(고장) 상황 진단의 어려움을 이해하기 쉽게 해주는 예시다.

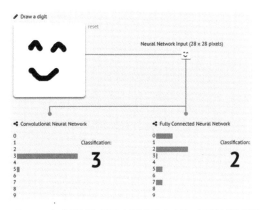

그림 7.23 숫자 인식용 인공 신경망에 스마일 기호를 넣은 경우

스마일 기호를 넣은 경우에는 0-9의 어느 클래스에도 속하지 않기 때문에 모든 경우일 확률이 각 10%로 반환되는 것이 이상적이겠지만 신경망은 3 또는 2일 확률이 높다고 예측하고 있다. 이와 같이 처음 보는 데이터를 신경망에 주어도 어떤 클래스에 속할 확률이 높다고 예측을 해내기 때문에 새로운 유형의 데이터가 주어진 것을 알기 어려운 것이 걸림돌이 된다. 하나의 예를 더 살펴보자.

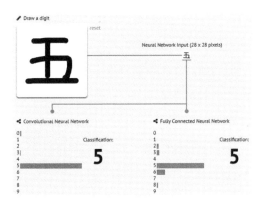

그림 7.24 아라비아 숫지 인식용 인공 신경망에 한자 숫자를 넣은 경우

짓궂은 사용자(필자)가 한자로 五(5)를 입력해봤는데, 놀랍게도 합성곱 신경망과 피드포워드 신경망이 모두 5라고 분류를 해냈다. 하나를 가르쳐주니 열을 안다는 속담이 떠오르지만, 이는 오히려 아주 곤란한 상황이다. 새로운 데이터인 五를 5 데이터셋에 추가해 앞으로 활용한다면 전체 데이터셋이 오염되기 때문이다. 따라서 일반적인 이상의 감지를 위해서는 추정 결과가 정답인지 오답인지 등에 관계없이 새로운 유형의 입력 자체를 검출해내는 방법이 요구된다.

인공 신경망의 구조, 데이터 처리 방법, 학습 방법 등에 발전이 있으면서 점차 인공 신경망을 고장 진단, 예상 그리고 방지에 활용하려는 시도들이 늘고 있다. 다음 논문에서는 처음 주어진 유형의 데이터를 기존의 클래스와 나눠 분류하는 것을 ODD^{Out-of-Distribution Detection}라고 정의해 중요 문제로 다루는 시도를 처음 했고, 이에 대한 평가 지표들을 제안했다.

Hendrycks, Dan, and Kevin Gimpel. "A baseline for detecting misclassified and out-of-distribution examples in neural networks." arXiv preprint arXiv:1610.02136 (2016).

이후 다음의 논문들이 후속으로 이어지면서 점차 처음 보는 유형의 데이터를 감지하고 새로운 클래스로 인식하기 위한 발전들이 이뤄지고 있다. 관심이 있다면 살펴볼 것을 추천한다.

1. Liang, Shiyu, Yixuan Li, and Rayadurgam Srikant. "Enhancing the reliability of out-of-distribution image detection in neural networks." arXiv preprint arXiv:1706.02690 (2017).
2. Lee, Kimin, et al. "Training confidence-calibrated classifiers for detecting out-of-distribution samples." arXiv preprint arXiv:1711.09325 (2017).
3. Lee, Kimin, et al. "A simple unified framework for detecting out-of-distribution samples and adversarial attacks." Advances in Neural Information Processing Systems. 2018.

4. Hendrycks, Dan, Mantas Mazeika, and Thomas Dietterich. "Deep anomaly detection with outlier exposure." arXiv preprint arXiv: 1812.04606 (2018).

- **분류 문제**: 분류 문제는 대상이 갖는 특징에 대한 값을 활용해 대상을 서로 나누는 문제다. 분류 결과는 불연속적인 값으로 레이블^{label}되며 레이블은 크기를 갖는 값일 수도 있고 크기적 의미를 갖지 않을 수도 있다. 분류 문제를 위해서도 과거 결정 트리, KNN, 등 많은 기법이 발전해왔으며 인공 신경망은 분류 문제를 해결하기 위한 하나의 도구다.

- **분류 모델의 성능 지표**: 분류 모델의 성능은 해당 모델의 추정 결과가 주어진 데이터와 얼마나 일치하는지로 판단된다. 분류 모델의 성능 지표로는 Precision, Recall, Negative predictive value, Specificity, Accuracy, F1 score 등이 있다. 주어진 분류 문제의 목표에 따라 모델 간 성능 비교에 사용될 지표는 다르게 선택한다. 구체적인 정의는 4.1.2절에 있다.

- **교차 엔트로피**^{Cross-Entropy}: 지도학습을 통해 인공 신경망이 분류 문제를 해결하기 위해 사용되는 수학적 기법은 다양하다. 먼저 손실함수로는 종종 교차 엔트로피^{Cross-Entropy}가 사용된다. 교차 엔트로피는 정답이 틀린 경우에 대해 mse 손실함수에 비해 훨씬 강력한 손실 값을 부여하는 함수다.

- **소프트맥스**^{Softmax}: softmax 함수는 어떤 값들의 합이 1이 되면서 그 차가 더 부각되게 한다. softmax 함수는 보통 신경망의 출력 값들에 적용돼 신경망의 출력이 분류 확률을 의미하도록 보이게 하는 데 사용된다.

- **원핫 인코딩**^{One-hot Encoding}: 분류 결과가 서로 크기적 관계를 갖지 않고 확실하게 분리돼 보이도록 하는 희소 표현 방식이다. {1, 0, 0}, {0, 1, 0}, {0, 0, 1} 처럼 하나의 값만 1인 벡터를 출력으로 사용하도록 주어진 레이블을 변환하는 방법이다.

- **밀집 표현**: 원핫 인코딩처럼 변환 결과가 서로 완전히 독립적이도록 변환하는 방법을 희소 표현이라 하는데, 밀집 표현은 이와 달리 변환 결과가 크기 개념을 갖고 그 크기가 유사 정도를 의미하도록 하는 인코딩 기법이다. 문장의 이

해/번역 등에서 주로 활용되는 인코딩 방식이다.

- **임베딩**^{Embedding}: 임베딩은 문장의 이해/번역을 위해 단어들을 수치화/벡터화하는 과정을 일컫는다.

- **토크나이저**^{tokenizer}: 서로 다른 단어들이 서로 다른 수치/벡터가 되도록 변환하는 도구

- Out of Vocabulary^{OOV}: 문장 이해/번역을 위한 학습 시 나타나지 않았던 단어를 의미하며, 그에 대한 변환 결과를 가리키기도 한다. 새로운 단어가 나타났을 때에도 적절한 대응을 하기 위해 보통 학습 데이터셋에서도 토크나이저가 값을 부여하는 최대치를 정하는 등의 방법으로 의도적으로 OOV가 나타나도록 한다.

- **풀링**^{Pooling}**층**: 인공 신경망의 연산 중 차원을 축소하는 층으로 max 풀링 기법과 average 풀링 기법이 대표적으로 사용된다. 차원을 축소함으로써 인공 신경망은 대상의 일반적인 특징을 감지하는 데에 더욱 초점을 맞추게 된다. 입력의 위치가 조금 변하더라도 동일한 값이 출력돼 같은 분류 결과를 얻을 수 있다.

- **평탄화**^{Flattening}**층**: 분류 문제에서는 종종 인공 신경망의 연산 결과가 고차원이 된다. 고차원의 연산 결과를 최종적으로는 1차원으로 변환해야 분류 결과로 연결하기가 용이한데, 이 변환이 이뤄지는 층이 평탄화층이다.

- **합성곱 신경망과 순환 신경망의 응용**: 분류 문제 중에는 연속적인 입력을 다루는 경우가 많고, 이 경우 입력 속에 숨겨져 있는 특징을 감지하는 것이 중요 목표가 된다. 합성곱 신경망과 순환 신경망은 이러한 기능을 수행하기에 있어 피드포워드 신경망보다 강점을 갖는다. 신경망이 아니더라도 필터 개념은 기존에 영상 처리 기법에서 많이 활용되기도 했다. 두 신경망 모두 모수를 여러 샘플에 걸쳐서 반복적으로 활용(모수의 공유)한다. 이는 다른 분야에서 필터가 동작하는 방식과 유사하게 생각할 수도 있다. 단순한(바닐라) RNN의 경우 긴 시

간차를 갖는 입력에 대한 학습이 vanishing gradient 문제로 인해 잘 이뤄지지 않는 한계가 있는데, LSTM^{Long-Short-Term Memory} 등의 순환 신경망의 등장으로 상당히 해소됐다.

- **이상 진단 문제**: 어떤 샘플이 정상이 아님을 알아내는 이상 진단 문제는 분류 문제보다 조금 더 어렵다. 학습 시 보지 못했던 샘플이 나타나는 것을 Out of Distribution^{OOD}이라 하며 이를 효율적으로 하는 연구가 활발히 진행되고 있다. 특별한 기법을 적용하지 않을 경우, 이상 진단 장치의 설계자는 예상 가능한 이상 현상을 시뮬레이션해 최대한 다양한 경우를 미리 살펴보는 노력을 해야 한다.

우리는 다양한 예제를 살펴보며 인공 신경망을 문제 해결에 적합하도록 구성하는 방법과 학습 방법 그리고 성능 검토 방법을 살펴봤다. 기나긴 과정이었지만 현재 세상에서 주목받고 있는 신경망들은 이 책에서 소개한 것에 비해 훨씬 복잡한 구조를 활용하고 있으며 그 적용 분야는 끝이 없다. 이들을 모두 소개할 순 없고 (특히 그 원리를 깊게 다룰 수는 없지만) 대략적인 응용과 발전의 방향을 여기에서 소개하고자 한다. 또, 좋은 성능을 얻고자 한 시도가 오히려 성능을 저하시는 함정들을 살펴보고자 한다. 마지막으로는 인공 신경망을 구현하고 학습시키는 것을 도와주는 웹 플랫폼들을 소개하며 책을 마친다.

[ResNet]

인공 신경망이 급격히 주목을 끌게 된 사례 중 대표적인 사건들을 고르면 단연 이미지 인식은 그중 하나다. 2010년부터 시작된 이미지넷(ImageNet Large Scale Visual Recognition Challenge) 대회는 1,000개 이상의 분류 결과를 갖는 100만 개의 이미지를 분류하는 대회다. 놀랍게도 2012년 이전까지 기계(신경망뿐만 아니라 각종 타 그림 인식 기술)의 이미지 인식 성공률은 75%도 되지 않았다. 그러던 중 2012년 캐나다 토론토대학교의 알렉스가 GPU 기반 딥러닝을 적용한 알렉스넷(AlexNet)을 선보였고 1등을 차지했다. 2014년의 승자였던 구글의 LeNet은 구조 개선을 통해 6,000만 개에 달했던 AlexNet의 모수 개수를 1,500만 개로 줄이며 인식률을 개선했다. 2015년에는 비로소 사람의 인식률(94.9%)보다 높은 점수(96.4%)를 보인 Microsoft의 ResNet이 등장한다.

이미지 인식을 위한 고급 신경망들은 대부분 은닉층을 단순한 방식으로 길게 연결해 구성하기보다는 소형 신경망들을 모아 종합 신경망을 구성한다. 또 모든 신경층을 순차적으로만 연결하기보다는 여러 갈래로 나눠지는 데이터 전파 형태를 갖는다. 이러한 구조 속에서 어떤 신경망은 이미지의 형상으로부터 정보를 추출하고, 어떤 신경망은 이미지 내 요소들의 크기 관계를 파악하는 등 여러 기능이 각 신경망에 나뉘어 구현된다.

ResNet은 무엇이 특별했기에 인간을 추월할 만큼의 추정 성능을 얻을 수 있었을까? 바로 인공 신경망의 연결 방식을 새롭게 제안했기 때문이다. 기존의 기법들은 항상 신호들이 은닉층 내지는 신경망을 통과하며 전파되도록 했는데 ResNet은 신호가 건너뛰며 전달되는 경로를 구현했다. 그것도 출력부터 입력까지 직접적으로 오차의 정보가 전달되는 구조를 만들었다. 이렇게 함으로써 출력의 오차가 역전파 중 감쇄돼 학습 성능에 저하가 발생하는 그래디언트 소멸$^{Vanishing\ Gradient}$ 문제를 근본적으로 없앴다. ResNet은 입력이 출력에 직접 전달되기도 하므로 중간에 위치한 신경망들이 그 잔여 성분^{Residual}들을 묘사하게 된다는 점에서 붙여진 이름이다. 글로 설명할 수 있을 정도로 간단한 아이디어지만 이러한 접근이 처음 적용된 순간 바로 1등을 달성할 성능의 신경망이 구현됐다는 점은 짚어 볼 만하다. 기초적이지만 인공 신경망의 학습 원리에 기반해 제안된 이러한 아이디어는 많은 인공 신경망 설계자들을 자극했고 그 이후로 다양한 구조의 신경망이 여러 분야에서 제안되고 있다.

이미지 인식 신경망의 능력을 믿을 수 없거나 직접 그 성능을 보고 싶은 독자들을 위한 정보를 소개한다. Pytorch에서는 이미 훈련을 마친 ResNet을 받아 사용해보도록 배포해주고 있다. torchvision을 설치해뒀다면 해당 모델은 단 한 줄로 불러올 수 있다.

```
from torchvision import models

resnet18_pretrained = models.resnet18(pretrained=True)
```

물론 불러온 신경망을 활용해 추정을 수행하려면 이 신경망이 훈련될 때 사용된 데이터의 형태에 맞게 이미지를 가공해 입력해줘야 그 출력이 어떤 의미를 갖는지도 확인이 필요하다.

[번역]

이 책에서는 주어진 문장을 순환 신경망에 입력해 뉴스를 분류하는 예제를 다뤘다. 이는 일련의 입력을 받아 하나의 출력을 내는 sequence-to-one 문제다. 신경망은 문장의 분류를 넘어서 번역에도 응용되고 있다. 여기에서는 번역을 위해 신경망을 어떻게 사용하고 입력과 출력을 어떻게 다루는지 살펴본다.

번역은 문장을 받아 문장을 출력해야 하는데 이때에는 출력 또한 길이를 갖는 형태로 sequence-to-sequence 문제가 된다. 이때 신경망 설계자는 새로운 어려움에 봉착하게 되는데 바로 '순서'와 '길이'이다. 번역은 서로 다른 언어에서 대응되는 단어를 찾아 나열하는 것이 아니기 때문이다. 예를 들어 "I am good at using Keras"를 "나 는 잘한다 에 사용하는 케라스"라고 번역해서는 안 된다. "나는 케라스를 잘 사용한다"라고 길이도 순서도 바뀌어야 올바른 번역이다. 때문에 번역을 학습시킬 때에는 출력 결과들에도 입력에 적용한 것과 유사한 전처리를 적용해야 한다. 이때 유의 사항이 있다. 빈도가 높은 단어들만 사용해 결과물을 만들어내기에 문장 내용에 한계가 생기게 되고, 분류 시에는 중요시하지 않았던 불용어(the, a, me 등)를 번역 결과에는 문법적 완성도를 위해 올바른 자리에 잘 채워 넣어야 한다.

ResNet에서도 설명했듯이 목표로 하는 모든 복잡한 기능을 하나의 신경망으로 모두 구현할 필요는 없다. 번역을 수월하게 수행하기 위한 번역 과정을 3단계로 생각해보자.

1. 대응되는 단어(구절)들 얻기
2. 인코딩^{Encoding}: 이전 문장의 의미 파악하기
3. 디코딩^{Decoding}: 단어들을 의미가 같고 문법이 성립하게 배치하기

위 과정 중 1번은 사실 신경망으로 구현될 필요가 없다. 오히려 거대한 사전을 참고해 대응되는 단어들을 얻어내는 편이 단어의 인덱싱^{Tokenization}이나 임베딩 과정에서 소실될 정보에 대한 걱정을 할 필요가 없어진다.

2번 과정을 구현하는 것과 그것이 정답인지 검토하는 것은 어려운 일이다. 이에 관해서는 여기서 더 깊게 언급하지는 않겠지만 하나의 구현 방법을 소개한다. 바로 신경망(LSTM 등)에 입력을 순차적으로 줘 하나의 벡터로 변환하는 것이다. 이렇게 얻어진 벡터를 의미 벡터Context Vector라고 부르며, 이러한 변환 과정은 인코딩Encoding이라 부른다. 일련의 입력을 통해 하나의 벡터가 얻어졌으므로 인코딩은 sequence-to-one 변환 과정이 된다. 이 벡터는 디코딩Decoding이라 부르는 3번 과정의 시작 시 반영한다.

3번 과정은 별도의 신경망을 통해 실행된다. 신경망의 은닉 상태(신경의 최근 출력값)를 의미 벡터로 덮어쓰는 것으로 번역은 시작된다. 입력으로는 1번 과정에서 얻었던 단어들이 주어진다. 물론 어떤 순서가 올바른지 모르므로 원래 문장의 어순과 동일한 순서로 단어들이 입력된다. 이 두 번째 신경망의 출력은 모두 결과에 사용된다. 즉, 입력이 한 번 입력될 때마다 얻어진 출력이 번역 결과가 된다(신경망이 직접 번역 결과인 단어를 출력하는 것은 아니고 갖고 있는 단어들 중 어느 것이 이번 차례에 올지를 판단한다). 번역 결과의 길이가 원 문장과 다를 수 있기 때문에 이 신경망은 마지막 단어로 〈eos〉(end of sequence)를 출력하도록 학습시킨다.

다음 그림은 위 3개의 과정을 모두 담아 표현한다.

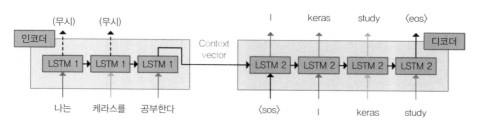

그림 1 두 개의 신경망을 활용한 번역(Sequence-to-sequence 모델)

소개한 번역 모델은 번역의 가장 기본이 되는 모델로 동작 방식을 본따 sequence-to-sequence 모델이라 부른다. 이외에도 번역의 성능을 높이기 위한 구조와 기법은 다양하게 연구됐다. 그 가운데 대표적인 방법은 어텐션 메커니즘Attention Mechanism이다. Sequence-to-sequence 모델은 의미 벡터를 형성하는 과정에서 정보 손실이 발생할 여지가 있으며 순환 신경망의 고질적인 문제인 기울기 소멸 문제를 겪게 된다. 어텐션 메커니즘은 번역 결과를 도출할 때에 디코더만 동작하는 것이 아니고 다시 인코더의 전체 은닉 상태(이력)를 참고한다는 특징이 있다. 입력이 이뤄지는 순서에 따라 변해갔던 상태를 참고해 출력의 순서를 결정하기 때문에 원본 문장의 의미를 파악하는 성능이 향상되고, 앞부분에 입력된 단어에 대한 학습도 수월하게 이뤄진다.

[모델의 복잡도 증가에 따른 성능 저하]

인공 신경망 설계자는 한 번의 신경망 설계와 학습만으로 만족해서는 안 된다. 같은 구조를 갖는 신경망에서도 학습 알고리즘에 따라, 혹은 랜덤 초기화에 따라 그 학습 결과가 다르게 얻어지기 때문이다. 나아가 다양한 형태의 모델을 구성해 모델 간 성능 비교를 통계적으로 수행해야 한다.

이 과정에서 설계자는 복잡한 모델이 무조건 좋은 성능을 내는 것은 아니라는 것을 깨닫게 된다. 이에 관해서는 본문에서 과적합^{Overfit}과 정규화^{Regularization}로 살펴봤다. 과적합이란 모델이 복잡도를 많이 가질수록 훈련 데이터에 담겨진 노이즈를 구체적으로 묘사하게 돼 평가 데이터셋에서는 나타나지 않는 부분까지 묘사를 하게 되는 현상이다. 이러한 현상은 모수의 크기도 손실로 바라보는 정규화를 통해 해소될 수 있다.

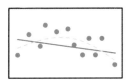 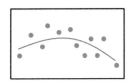 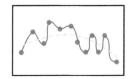

그림 2 과소적합, 이상적합, 과적합된 모델의 추정 결과 예

다음으로 설명하고자 하는 개념은 차원의 저주$^{Curse\ of\ Dimension}$다. 데이터 취득을 열심히 한 신경망 설계자 입장에서는 가급적이면 다양한 데이터를 입력에 활용하고 싶을 것이다. 하지만 다양한 입력을 무작정 활용하는 것은 회귀 모델의 성능을 저하

시키기도 한다. 실제로 많은 독립 변수를 활용하는 것이 종속 변수의 추정에 방해가 될 수 있을까? 예제를 통해 살펴보자. 다음 그림은 차원의 저주 현상을 살펴보기 위해 만들어진 예제 데이터다.

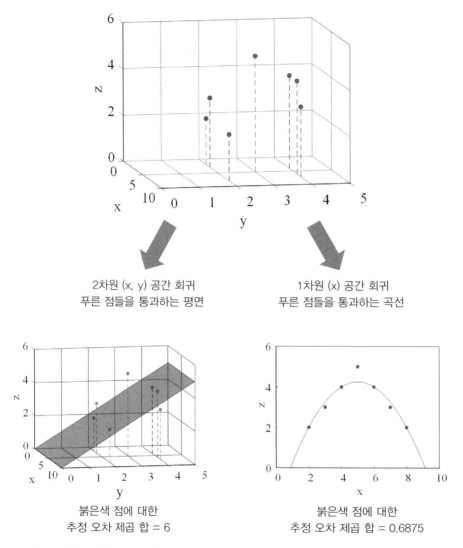

그림 3 파란색 점들을 활용해 만든 회귀 모델로 만든 두 회귀 모델과 붉은색 점들에 대한 추정 오차 비교

예제는 z라는 변수를 x와 y 변수를 사용해 추정하려는 상황을 보인다. 이때 점들 중 파란색들이 훈련 데이터로 선정되고 붉은 점들이 평가 데이터로 선정됐다. 왼쪽 화살표는 x와 y를 모두 활용해 회귀를 수행한 결과를 보이는데, 네 개의 훈련 데이터가 모두 한 평면에 위치해 평면이 회귀 결과로 얻어졌다. 반면 오른쪽 화살표는 x만을 활용해 z를 표현한 모델인데 네 개의 훈련 데이터가 2차 함수의 곡선 위에 있도록 묘사가 가능해 2차 함수 모델이 회귀 결과로 얻어졌다. 이 회귀 결과로 z를 추정했을 때 그 오차 제곱합을 살펴보면 흥미로운 결과를 얻는다. 바로 두 개의 입력 변수를 활용한 경우가 더 큰 오차를 보이고 있는 것이다.

왜 이런 현상이 발생한 것일까? 바로 차원이 증가함에 따라 충분히 많은 훈련 데이터가 수집되지 못했기 때문이다. 왼쪽 회귀 모델은 평면으로 그 회귀 결과가 얻어졌는데 만약 주황색 점들도 훈련 데이터셋에 포함이 됐다면 오른쪽의 모델과 같이 중앙이 볼록하게 솟은 곡면이 얻어졌을 것이다. 이로부터 입력 변수를 다양하게 활용하고 싶다면 그에 비례해 많은(기하급수적 방대한) 데이터 수집이 필요함을 알 수 있다. 입력 변수가 다양할수록 출력을 잘 묘사한다는 것은 너무나도 당연한 상식이지만 그에 따라 설계자에게 요구되는 노력이 매우 많이 증가한다는 점에서 이러한 현상은 차원의 '저주'라고 부르게 됐다. 차원의 저주 현상을 방지하는 방법은 간단하다. 바로 훈련 데이터셋에 입력 변수들의 다양한 조합이 충분히 포함됐는지 살펴보는 것이다. 만약 입력 변수들로 형성되는 공간에서 수집되지 않은 데이터가 있다면 데이터 취득에서 단순히 놓친 것인지, 혹은 실제로 묘사 대상이 되는 시스템에서 발생하지 않는 경우일 것인지 점검해야 한다.

[클라우드 컴퓨팅]

스토리지와 통신 비용이 점차 낮아짐에 따라 우리의 삶은 많이 변하고 있다. 관련해 새로운 사업 분야도 생겨났다. 다름아닌 클라우드 컴퓨팅이다. 현실적으로 개인이나 작은 업체가 확보하기 어려운 저장 공간 및 연산 능력을 일시적으로 대여해줘 연구를 돕는 서비스가 많은 클라우드 업체에 의해 제공되고 있다. 클라우드 서비스 덕분에 개발자는 자신의 컴퓨터에 개발 환경을 전혀 구축하지 않아도 머신러닝을 수행할 수 있게 됐다. 클라우드 서비스 가운데 압도적인 점유율을 가진 서비스로는 GCP^{Google Cloud Platform}, Microsoft Azure, AWS^{Amazon Web Service}가 있다. 이 서비스들은 사실 넓은 분야의 다양한 기능을 제공하고 있고 그 가운데 인공 신경망의 구현을 위한 기능이 포함돼 있다. 각 서비스마다의 장단점이 있고 비용적인 측면도 고려에 포함해야겠지만 모두 공통적으로 손쉬운 구현, 빠른 연산, 클라우드를 통한 배포(공유)를 제공하고 있다. 구체적인 기능과 성능의 차이는 각 공식 홈페이지에서 쉽게 확인할 수 있다. 기술이 빠르게 발전하는 만큼 제공되는 서비스와 플랜이 종종 바뀌기 때문에 공식 홈페이지에서 확인하는 편이 좋다(공식 홈페이지에서 다른 서비스와의 차별점을 중점적으로 설명해주기도 한다).

파이썬 패키지 사용 예제

[pandas 패키지 사용 예제]

> 준비하기
> 깃허브(https://github.com/AcornPublishing/keras-ann) python_practice.zip

pandas는 저장된 데이터를 읽어오고 행과 열 단위로 다루며 연산하는 데 강점을 갖는 파이썬 라이브러리다. 이 책의 예제에서는 데이터를 읽고 다룰 때 pandas 라이브러리를 활용했는데, 관련 예제 코드를 살펴보도록 한다.

다음 코드는 pandas의 series형 변수를 사용하는 예다.

pandas_ex_series.py

```python
import pandas as pd

# series 변수
sr = pd.Series([1, 3, -5, -7])
print('sr =')1
print(sr, '\n')
print('sr.values =', sr.values)
```

```
print('sr.index =', sr.index, '\n')

sr.index = ['a', 'b', 'd', 'c']
print('sr =')
print(sr, '\n')

# loc 을 사용해 특정 index들의 value 얻기 - 순서 바꾸기 가능!
print("sr.loc['d', 'a'] =")
print(sr.loc[['d', 'a']])
```

```
sr =
0    1
1    3
2   -5
3   -7
dtype: int64

sr.values = [ 1  3 -5 -7]
sr.index = RangeIndex(start=0, stop=4, step=1)

sr =
a    1
b    3
d   -5
c   -7
dtype: int64

sr.loc['d', 'a'] =
d   -5
a    1
dtype: int64
```

sr.loc['d', 'a']의 실행 결과를 보면 다시 series형 변수가 반환됐는데, 인자의 순서에 따라 d, a의 index순의 결과가 얻어졌다.

다음은 더 높은 차원의 데이터를 다루는 변수형인 dataframe의 예제다.

```python
import pandas as pd
import numpy as np

# dictionary 변수 생성
data = {
    'Name': ['Jun Lee', 'Daniel', 'Gyu Lim'],
    'Year': [2015, 2016, 2017],
    'Points': [100, 95, 77]}

# DataFrame으로 변환하기
df = pd.DataFrame(data)
print('df =')
print(df, '\n')
print('df.values =')
print(df.values, '\n')

# index와 columns 출력
print('df.index =', df.index)
print('df.columns =', df.columns, '\n')

# column 1개 뽑기 - series 반환
print("df['Year'] =")
print(df['Year'], '\n')  # df.Year과 동일

# column으로 얻은 series의 index 확인
print("df['Year'].index =")
print(df['Year'].index, '\n')  # df.index와 동일 결과

# row 1개 뽑기 - series 반환
print("df.loc[1, :] =")  # df[1] 혹은 df[1, :]은 오류 발생
print(df.loc[1, :], '\n')

# row로 얻은 series의 index 확인
print("df.loc[1, :].index =")
print(df.loc[1, :].index, '\n')  # df.column와 동일 결과

# 복수의 column 뽑기 - dataframe 반환
print("df[['Points', 'Year']] =")
print(df[['Points', 'Year']], '\n')
```

```
# column 연산 및 새 column 추가
df['Rank'] = df['Points'].rank(ascending=False)
df['High Points'] = df['Points'] > 90
print("df =")
print(df)
```

```
df =
      Name  Year  Points
0  Jun Lee  2015     100
1   Daniel  2016      95
2  Gyu Lim  2017      77

df.values =
[['Jun Lee' 2015 100]
 ['Daniel' 2016 95]
 ['Gyu Lim' 2017 77]]

df.index = RangeIndex(start=0, stop=3, step=1)
df.columns = Index(['Name', 'Year', 'Points'], dtype='object')

df['Year'] =
0    2015
1    2016
2    2017
Name: Year, dtype: int64

df['Year'].index =
RangeIndex(start=0, stop=3, step=1)

df.loc[1, :] =
Name      Daniel
Year        2016
Points        95
Name: 1, dtype: object

df.loc[1, :].index =
Index(['Name', 'Year', 'Points'], dtype='object')
```

```
df[['Points', 'Year']] =
   Points  Year
0     100  2015
1      95  2016
2      77  2017


df =
      Name  Year  Points  Rank  High Points
0  Jun Lee  2015     100   1.0         True
1   Daniel  2016      95   2.0         True
2  Gyu Lim  2017      77   3.0        False
```

dataframe형 변수는 열과 행에 이름이 있는 테이블을 다루는 변수다. 행의 이름은 index라 부르고 열의 이름은 column이라고 부른다. Dataframe 변수에서 내부 값들을 추출해 활용하는 방법을 알아두는 것이 데이터를 준비하는 단계에서 알아둬야 할 중요 기술이다.

먼저 values를 사용하면 행과 열을 제외한 내용만을 얻을 수 있다. dataframe 변수에서 특정 데이터를 뽑는 방법은 다양하다. 특정 열의 내용을 얻는 가장 쉬운 방법은 변수 뒤에 대괄호를 붙이고 그 안에 열의 이름을 기입해 해당 열을 series형 변수로 얻는 방법이다. 하나뿐만 아니라 여러 줄의 데이터를 불러오는 것도 가능하다. 하나의 열만 추출할 것이라면 대괄호 대신 마침표(.)를 사용하는 것도 가능하다 (df['Year']는 df.Year와 동일). 반면 특정 행의 내용을 얻으려면 loc 혹은 iloc 함수를 사용해야 한다. 각각 location, index location을 의미한다고 이해하면 된다. 행이나 열의 이름으로 데이터를 얻으려면 {datafram 변수}.loc[{행의 이름 리스트}, {열의 이름 리스트}]를 사용하면 된다. 만약 행이나 열의 위치로 데이터를 얻으려면 {dataframe 변수}.iloc[{행의 순서값 리스트}, {열의 순서값 리스트}]를 사용하면 된다.

[sklearn 패키지의 MinMaxScaler 함수 사용 예제]

여기에서는 MinMaxScaler 기능의 사용법과 역변환 방법을 소개한다. 해당 함수로 생성되는 scaler 객체는 fit 함수를 통해 주어진 데이터의 열별 최대, 최소값을 기억한다. 그리고 transform 함수를 사용해 새로 주어진 데이터를 0과 1 사이의 값으로 대응시킨다. 이 둘을 합쳐서 한 번에 수행하는 기능이 fit_transform 함수다.

0과 1 사이의 값을 원래 데이터의 값으로 되돌려야 할 경우도 있다. fit을 수행한 scaler 객체에 새로운 정규화 데이터를 가져오면 inverse_transform을 통해 본래 크기로 되돌릴 수 있다. 다음 코드는 위 내용의 이해를 돕기 위한 예제 코드다.

min_max_ex.py

```python
from sklearn.preprocessing import MinMaxScaler
import numpy as np

x = np.array([[-1, 4, 10],
              [ 0, 4, 8],
              [ 1, 2, 7]])

new_scaler = MinMaxScaler()
norm_x = new_scaler.fit_transform(x)
print("norm_x =\n", norm_x)

norm_y = [[0., 0.5, 2/3]]
print("y =", new_scaler.inverse_transform(norm_y))
```

출력

```
norm_x =
[[0.        1.        1.         ]
 [0.5       1.        0.33333333]
 [1.        0.        0.         ]]
y = [[-1.  3.  9.]]
```

A2
GPU의 메모리 사용량 제한하기

텐서플로는 기본적으로 훈련 시 컴퓨터에 존재하는 GPU의 메모리를 최대한 많이 할당받아 사용한다. 이로 인해 학습 중 다른 GPU 사용 작업을 해야 하는 경우 어려움이 생긴다. 이를 위해 GPU에 사용되는 메모리의 양을 제한하는 방법이 있다. 텐서플로가 1.x에서 2.x로 가면서 메모리 할당량을 제한하는 방법이 크게 바뀌었는데 이 책에서는 2.x 버전을 위한 방법을 소개한다. 방법은 다음의 코드를 수행하려는 파일의 상단에 삽입하는 것이다.

파일 상단 삽입 코드

```
import tensorflow as tf

gpus = tf.config.experimental.list_physical_devices('GPU')
if gpus:
  try:
    tf.config.experimental.set_virtual_device_configuration(
      gpus[0], [tf.config.experimental. VirtualDeviceConfiguration(memory_limit=4096)])
  except RuntimeError as e:
    print(e)
```

2020-08-19 20:23:47.642724: I tensorflow/core/common_runtime/gpu/gpu_device.cc:1247]
Created TensorFlow device (/job:localhost/replica:0/task:0/device:GPU:0 with 4096
MB memory) -> physical GPU (device: 0, name: GeForce GTX 1060 6GB, pci bus id:
0000:01:00.0, compute capability: 6.1)

memory_limit 인자에 원하는 값을 입력하면 해당 수치(MB)의 공간이 학습에 할당된
다. 작업 관리자에서 성능 탭을 통해서도 사용되는 GPU 메모리의 양을 확인할 수도
있다(다음 그림에서는 6GB 중 4GB만이 할당된 것이 보인다).

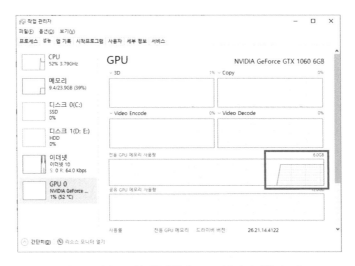

그림 A.1 텐서플로 설정을 활용해 GPU 사용량이 제한된 모습

A3
텐서플로 불러오기 오류 고치기

텐서플로를 사용하는 코드를 처음 실행했을 때 실행이 잘 이루어지지 않았을 수 있다. 여기에서는 그중 두 가지 경우에 대한 해결책을 소개한다.

1) ImportError: DLL load failed: 지정된 모듈을 찾을 수 없습니다 오류

텐서플로가 dll 파일들을 불러오면서 Visual Studio IDE의 기능을 사용하는데 해당 기능이 PC에 없는 경우다. IDE 전체를 설치할 필요는 없고 다음 링크에서 vc_redist.x86.exe, vc_redist.x64.exe 혹은 vc_redist.arm64.exe 중 자신의 CPU에 맞는 것을 설치하면 해결된다. 설치 시 PC 재시작이 필요하다.

https://support.microsoft.com/en-gb/help/2977003/the-latest-supported-visual-c-downloads

2) ImportError: Could not find 'cudart64_10x.dll' 오류

설치한 텐서플로가 CUDA 10.x를 사용하는데 이것이 설치된 CUDA 버전과 다른 경우다. 이 책의 지침을 따라 설치한 경우에는 발생하지 않을 것이다. 다만 cuDNN 을 덮어쓰는 과정에서 실수로 CUDA 10.2의 설치 내용이 지워졌다면 이 문제가 생길 수 있다. 혹은 독자 중 텐서플로를 파이참 내부에서 패키지를 검색해 설치했거나 다른 wheel 파일을 사용했다면 그 경우도 CUDA 버전이 맞지 않을 수 있다. 에러 메시지에 나타난 CUDA를 설치해 해결하면 된다. 이때 해당 CUDA 버전에 맞춰 cuDNN도 다시 찾아 함께 설치해야 한다.

찾아보기

케라스로 완성하는 인공 신경망 기본기

7가지 실전 예제와 노하우

발 행 | 2022년 1월 28일

지은이 | 이　준

펴낸이 | 권 성 준
편집장 | 황 영 주
편　집 | 조 유 나
디자인 | 윤 서 빈

에이콘출판주식회사
서울특별시 양천구 국회대로 287 (목동)
전화 02-2653-7600, 팩스 02-2653-0433
www.acornpub.co.kr / editor@acornpub.co.kr

책값은 뒤표지에 있습니다.